U0516305

清史稿

趙爾巽等撰

第三三册

卷二五七至卷二七八（傳）

中華書局

清史稿卷二百五十七

列傳四十四

趙國祚 許貞 周球 徐治都 胡世英 唐希順 李麟

趙應奎 趙賴 李芳述 陳世凱 許占魁

趙國祚，漢軍鑲紅旗人。父一鶴，太祖時來歸。天聰間，授三等甲喇章京。國祚其次子也。初授牛彔額眞，屯田義州。從征黑龍江。取前屯衞、中後所。順治初，從征江南，克揚州、嘉興、江陰，皆有功。世職自半箇前程累進二等阿達哈哈番。歷官自甲喇額眞累遷鑲白旗漢軍固山額眞。

十三年，加平南將軍，駐師溫州。十五年，授浙江總督。鄭成功犯溫州，國祚督兵擊卻之，得舟九十餘。成功又犯寧波，副都統夏景梅、總兵常進功等督兵擊卻之，奏捷，上以成功自引退，疏語鋪張，飭毋蹈明末行間陋習，罔上冒功。成功旋大舉犯江寧，督兵防禦，事定，部議國祚等玩寇，當奪官，詔改罰俸。國祚督浙江四年，頗盡心民事。歲饑，米值昂，發帑平糶，並移檄鄰省毋遏糶，民以是德之。十八年，調山東，復調山西。康熙元年，甄別各直省督撫，國祚以功不掩過，解任。

吳三桂反，十三年，起國祚江西提督，駐九江。三桂兵入江西境，命移駐南昌。耿精忠應三桂，亦遣兵犯江西，陷廣信、建昌。國祚與將軍希爾根、哈爾哈齊督兵赴援，精忠將易明自建昌以萬餘人迎戰。師分道縱擊，破賊，逐北七十餘里，克撫州。明復以萬餘人來攻，國祚與前鋒統領沙納哈、署護軍統領瓦岱等奮擊破之，斬四千餘級。十四年，大將軍安親王岳樂請以國祚隨征，報可。十五年，師進攻長沙，三桂兵來犯，國祚擊之敗走。尋命移駐茶陵。十八年，長沙下，從安親王攻寶慶。世璠將吳國貴據武岡，國祚與建義將軍林興珠督兵力戰，礮殪國貴，克武岡。國祚以創發乞休。二十七年，卒，年八十，賜祭葬，謚敏壯。子玥襲職，自廣東駐防協領累遷至正紅旗漢軍都統。

許貞，字藎臣，福建海澄人。初爲鄭氏將。康熙三年，率所部至漳州降，授左都督，駐九江。尋移贛縣，以荒地畀降兵屯墾，號「屯墾都督」。

十三年，耿精忠反，遣其將賈振魯、曾若千犯贛州，陷石城，圍寧都。廣信、建昌諸山寇應之，州縣多殘破。貞選所部得健卒四百，會游擊周球赴援，敗賊於黃地，斬級千餘，獲甲幟、砲械無算，遂解寧都圍，復石城。未幾，賊犯興國，貞馳剿，多斬獲。進攻雩都、瑞金，戰天華山、李芬江、長樂里，屢破賊，克橋頭、五仙、白奇、田產、江頭、上龍、寶石諸寨，降賊萬餘，出難民三萬有奇。巡撫白色純上其功，詔嘉許，加太子少保。總督董衞國請增置撫建廣總兵駐建昌，卽以命貞。貞督兵復宜黃、崇仁、樂安諸縣。精忠使誘貞，貞不發書，械其使以聞，予世職拖沙喇哈番。

時大將軍安親王岳樂駐建昌，精忠遣其將耿繼善、楊玉太、李懋珠等分屯城外麻姑、二聖諸山，岳樂憂之，貞曰：「賊雖多，易與，請先破一砦。」卽夕馳攻蕭家坪，破一砦。岳樂乃督兵自吉安進攻長沙，留滿洲兵五百俾貞守建昌。貞所部僅二千，賊詗守兵寡，攻城，分屯城東南從姑山，貞自將銳卒攻之，直上破壘，賊引卻。麻姑山最峻，賊數萬人屯其上，環山立寨。貞休兵數月，時就山麓操演，賊易之，不為備。十五年，春水發，溪澗皆可舟，賊寨隔水為浮橋相屬。貞復引兵操山麓，出不意，督兵直上突賊壘，別將舟載薪焚浮橋，一日破六十餘砦，斬其將揭重信等，其衆殲焉。

繼善屯二聖山，餘衆分屯沙坪、紅門、梓木嶺。貞復休兵數月，當暑，督兵出攻，肉薄陟崖，大破賊。繼善棄砦走入杉關，師從之，進克金谿、南豐。復進克廣昌，攻瀘溪。瀘溪在萬山中，精忠將楊益茂、林鎮等以四萬人守隘，爲之柵。貞督兵陟嶺，援柵以上，焚其壘，遂克瀘溪。懋珠寇南豐，貞赴援，擊賊楊梅巖，斬其將王大耀等，進克新城。十六年，懋珠、玉太走入樂安，副都統尼滿、提督趙賴與貞會師進攻。貞出西路，擊賊白石嶺，復樂安。玉太以六千人來降。韓大任自吉安走入樂安，貞督兵擊之，遇於跌水嶺。一日與八戰，走寧都，立木城都湖塹而守。圍之兩月，大任出走，敗之永豐，又敗之黃塘老虎峒，衆死亡略盡，走福建，詣康親王軍前降。

十七年，逐賊廣昌，破籐弔、楓樹二寨。二寨地絕峻，貞駐師永安山與相對，發火器遙擊，焚其寨，乃破之。敍功，進世職拜他喇布勒哈番，擢撫建廣饒吉南六府提督。廣信土賊江機、楊一豹以數萬人屯江滸山，倚險立木城，四出剽掠。貞與總督董衞國分兵進攻，迭克要隘。賊退入雞公山、猴子嶺，復襲破之，斬萬六千餘級。一豹走洪山。十八年，貞復督兵自弋陽雙港進攻，屢挫賊，斬一豹弟一虎及其衆二千四百有奇。機、一豹俱竄走。命貞提督江西全省軍務。十九年，逐賊入江滸山，貞詗賊謀夜劫營，令築壘，兵露刃立垣下，別將伏林中。賊至，見垣內刃如林，驚走，伏發，大破之。一豹、機亦走福建降。

二十一年，自陳乞罷，詔慰留。尋調廣東提督，朝京師，上褒勞備至，加拖沙喇哈番。貞蒞粵十四年，造哨船，設塘汛，晝夜巡邏，盜賊屏迹。三十四年，卒，贈少傅，賜祭葬。

貞和易，謙抑不伐。馭軍嚴整，戒所部毋淫掠。收城邑，他將議攻山砦，貞曰：「寇亂方烈，民結寨自保，非盡盜也。」止勿攻，全活甚衆。江西民甚德之。

周球，字季珍，江南來安人。順治十二年武進士，授廣州衛守備，署南贛營都司，管游擊事。石城陷，總兵劉進寶遣球赴援，與貞合兵擊賊寧都。民避亂紅石崕洞，賊積薪洞口，將舉火焚之。球兵至，賊走，民以得全。旣克石城，復與貞援興國，球破南安土寇，克崇義、上猶境中諸寨，除游擊。復與游擊李天柱援會昌，破賊。康熙十四年，叛將陳昇引精忠將郭應輔等陷龍泉，球與天柱破黄土關，克龍泉。逐賊，昇自林中出誘戰，伏起，球督兵奮擊，大破之。攻左安口，陟自險徑，殪昇。十五年，贛州增城守兵，球授參將，管副將事。被巡撫佟國正檄援信豐，破黄士標、王割耳等。十六年，援會昌，戰五里排。語詳國正傳。敍功，加都督僉事。復從貞擊破韓大任。大任旣降，球與游擊唐光耀督護降卒至福州。復被大將軍簡親王喇布檄，以二千人從征湖南，守安仁，援永興，立營雞公山，屢破賊，加右都督。十八年，擢太原總兵，進左都督。調漢中，再調眞定。二十二年，卒，贈太子少保，賜祭葬。

徐治都，漢軍正白旗人。父大貴，事太宗，授牛彔額眞，兼工部理事官。師攻錦州，戰松山、杏山、克塔山，取中後所、前屯衞，皆在行間。順治間，從征太原，自河南徇江南。累遷刑部侍郎，兼梅勒額眞。駐防杭州，領左翼。徇福建，攻海澄，還定舟山。累功，授世職三等阿思哈尼哈番，加太子少保。卒，謚勤果，賜祭葬。

治都，初授佐領，兼參領。康熙七年，擢直隸天津總兵。八年，調湖廣夷陵。吳三桂反，十三年，陷沅州，治都率師赴援。時四川文武吏附三桂，叛將楊來嘉、劉之復應之。治都妻許聞鄰境兵民皆從逆，權以治都令約束將弁，撫慰士卒，並脫簪珥勞軍。會上命治都還守夷陵，來嘉、之復以舟師來攻。治都督兵水陸防禦，擊卻之。來嘉據南漳，分路出犯，治都與襄陽總兵劉成龍會師合擊，所斬殺過半。敍功，加左都督。十五年，來嘉復以舟師來攻，治都循江堵截。總兵廨瀕江，寇舟逼廨，妻許督兵與戰，中礮死。總督蔡毓榮、提督桑額疏聞，具述治都忠奮不顧家狀。十八年，擢提督，以胡世英代爲總兵。

賊將王鳳岐據巫山，上命治都戒備。治都練水師，修五板船百，令世英領之；而與成龍督兵出歸州、興山、巴東，扼形勢，相機進剿。十九年，師次巫山，來嘉、鳳岐以萬餘人拒守。師奪隘，賊突出，治都揮刃力戰，來嘉棄馬越山走，擒鳳岐，斬三千餘級，克巫山。進向夔州，夔州賊將劉之衞、瞿洪陞以城降。叛將譚弘遣其子天祕、族人地晉、地升詣軍前請降，繳敕印。上命治都還守夷陵。弘復叛，陷瀘、敍二州。治都與鎭安將軍噶爾漢督兵溯江上，分軍爲三隊擊賊，進克下關城。二十年，進向雲陽，屢敗賊。時弘已死，天祕走萬縣。治都復進復梁山、忠州。敍功，進四級。

二十七年，湖廣督標裁兵夏逢龍作亂，據武昌。治都督兵赴剿，至應城，與賊遇，力戰卻之。遂駐師應城。賊萬餘環攻，治都分兵內外夾擊，賊大潰，奔德安。逢龍乘北風聯巨艦二十順流下，見治都水師嚴整，不敢攻，乃登龍川磯攻陸師。治都督兵迎擊，晝夜鏖戰，斬殺殆盡。逢龍合餘衆泊鯉魚潦，治都令諸將鄭興、楊明錦防賊登陸，而自將水師循江發火器焚賊舟。逢龍再攻陸師，復戰卻之，斬七百餘級，餘多赴水死。其將胡耀乾等以武昌降，逢龍走黃州。振武將軍瓦岱督八旗兵至，黃岡諸生宜畏生擒逢龍以獻，磔於市，亂乃定。捷聞，賜孔雀翎，予世職拖沙喇哈番。

治都師未還，桃源土寇萬人傑爲亂，治都妻孔督兵剿平之。三十二年，朝京師，賚御用冠服。三十三年，詔嘉治都功，用孫思克、施琅例授鎭平將軍，仍領提督事。三十六年，卒，贈太子少保，謚襄毅，賜祭葬。

治都在湖廣十八年，整飭軍紀，民感其惠，爲立祠以祀。

胡世英，字汝迪，安徽歙縣人。初從福建總督李率泰軍。累功至參將。康熙元年，遷湖廣督標中軍副將。十二年，擢副總兵，守荊州。吳三桂反，總督蔡毓榮檄爲中軍。十四年，大將軍順承郡王勒爾錦自荆州渡江擊三桂，世英以四百人爲前鋒。師集圍合，賊援至，衝我師，斷爲二。世英張左右翼略陣，度師已畢濟，乃分騎隊逆戰，人持二炬，賊驚不敢逼，徐引還。十六年，常、澧諸郡饑，三桂將吳應麒屯岳州，糶倉穀以爲利。世英密令人市焉，白勒爾錦乘賊饑督兵水陸並進。世英爲前鋒，櫂小舟直抵巴陵，溯風而戰，偪岸且近。世英呼而登曰：「得城陵磯矣！」師畢登，破賊壘。十八年，應麒走，城民迎師入。勒爾錦請設隨征四鎭，世英授後路總兵，尋調夷陵。十九年，從治都克巫山，擒鳳岐，進取重慶。以病還夷陵，未幾卒。

唐希順，甘肅武威人。自行伍補涼州鎭標把總。康熙十三年，王輔臣叛，希順從總兵孫思克進剿河東，轉戰有功。十五年，從圍平涼，破賊虎山墩，希順奮勇爭先，手足被傷。敍功，予參將銜，管提標千總。尋遷守備，偕參將康調元攻復階州、文縣。

十九年，勇略將軍趙良棟征四川，調希順從軍，遷四川川北鎭標遊擊。時吳世璠將胡國柱等踞關山大象嶺，良棟軍由雅州進剿，復滎經。賊退入箐口驛，分兵扼周公橋、黃泥鋪諸隘，結五營守險。希順從總兵李芳述及調元等進攻土地橋，連破其壘。抵橋口，選步兵千，由間道穿山箐，自山頂下攻。會橋口兵夾擊，賊潰遁。乘夜追襲，次日，復敗賊於黎州，克其城，追至大渡河，奪渡口三，遂復建昌。其冬，從良棟自金沙江下雲南，敗賊於玉皇閣、三市街。二十二年，敍功，予左都督銜。累遷臺灣水師副將。三十二年，擢貴州威寧鎮總兵。

三十五年，聖祖親征噶爾丹，命希順隸西路進剿。自貴州率親丁百，馳抵寧夏。大軍已出塞，希順兼程進，與孫思克軍會，破噶爾丹於昭莫多。敍功，予世職拖沙喇哈番，擢四川提督。疏言：「川省幅員遼闊，蠻、苗雜處，水陸交錯。提標三營，請視各省提標例，營設兵八百。川省額兵三萬六千，臣清釐積弊，兵額充足。即於原額內酌量營汛緩急抽調。提標兵雖他移，餉仍其舊。標下將備等官，材技優長，弓馬嫻熟，又諳蜀中地利。請如松潘、疊溪等營保題事例，擇員題補。」允之。

打箭鑪舊屬內地，上以西藏番部嗜茶，許西藏營官在打箭鑪管理土伯特貿易事。三十九年，營官喋巴昌側集烈爲亂，侵據河東烏泥、若泥、嵐州、善慶、擦道諸處，戕明正、長河西土司蛇蜡喳吧。總督錫勒達奏請移化林營參將李麟督兵捕治。賊復攻圍烹壩、冷竹關，希順檄各路兵赴化林，密疏聞。上命侍郎滿丕統荊州滿洲兵進剿，並詔希順相機行事。蠻兵五千餘，立營十四，在磨西面及磨岡等處。希順雪夜渡瀘水，分兵三路進攻：一自子牛攻哪吒頂，一自烹壩攻大岡，一自督兵出咱威攻磨西面及磨岡。別遣兵自頭道水登山，馳下夾攻。戰五日，各路俱捷，殲蠻兵五千餘，斬喋巴昌側集烈，遂復打箭鑪，喇嘛、番民俱降。尋抵木鴉，番目錯王端柱等繳敕印，歸附喇嘛、番民萬二千餘戶。捷聞，詔嘉獎。尋疏陳善後事，並允行。未幾，以病乞休，命解任調理。四十七年，卒，予祭葬如制。子際盛，襲職，入籍四川。

李麟，陝西咸陽人。自行伍從勇略將軍趙良棟下雲南。敍功，以都司僉書用。康熙三十五年，從振武將軍孫思克擊噶爾丹於昭莫多，大敗之。累遷四川化林營參將。三十九年，昌側集烈作亂，麟奉檄移兵渡瀘，招安咱威、子牛、烹壩、魁梧四處。尋提督唐希順令麟順瀘水至哦可，出磨西面後，夾攻磨岡。麟軍夜迷失道，比明，反出磨西面前，遂攻蠻營，奪磨西面。打箭鑪平。希順追劾麟避險就易駐咱威，致失烹壩；又進兵迷道，誤軍機。詔總督錫勒達及滿丕等訊鞫，以有功免治罪。累擢登州總兵。

五十七年，策妄阿喇布坦擾西藏，命麟選精兵百，自寧夏赴軍前。五十九年，詔都統延信爲平逆將軍，率兵進藏，以麟參贊軍務。尋令護送第六世達賴喇嘛進藏，至沙克河，賊乘夜襲營，擊敗之，連敗賊於齊諾郭勒、綽瑪喇等處。西藏平，麟率兵自拉里凱旋。六十年，授陝西固原提督。雍正元年，遷鑾儀使。追敍平藏功，加右都督，予世職拖沙喇哈番。以老致仕。尋卒。

趙應奎，河南商丘人。少入伍，從恭順王孔有德征湖南、廣西，俱有功。累遷至湖廣施南副將。

康熙十三年，吳三桂陷長沙，調應奎爲江西袁州副將。袁州地逼長沙，又有棚寇，與三桂兵句連。應奎以所部兵力弱，斥貲增募，幷家丁助戰，擒斬賊渠朱益吾等。尋自慈化進剿黃塘、楚山、上栗市，屢敗賊。總督董衞國請設袁臨鎭，卽以應奎爲總兵官。三桂遣賊犯袁州，應奎力守。未幾，其將朱君聘等以數萬人自萍鄉來犯，應奎敗之西村，斬萬五千餘級。分兵趨萬載，斬其將邱以祥等，復其城。三桂使誘降，應奎令子衍慶呈部，部議加應奎左都督，衍慶署都司僉書。尋降敕嘉其忠藎，予世職拜他喇布勒哈番。十四年，遣游擊楊正元剿棚賊於分宜、新喻，擒斬甚衆，盡燬其巢。三桂將揭玉卿犯萬載，遣游擊陳素綸等敗之，斬級千餘；又敗之於白良。三桂將黃立卿復以三桂書誘降，應奎令子衍祥呈部，部議加應奎軍功一等，衍祥授鴻臚寺少卿。十五年，遣游擊李顯宗等逐三桂兵至仙居橋、沙溪、湖塘，皆敗之。三桂兵復結瀏陽諸寇陷萬載，應奎進剿，賊截龍河渡口，夾岸迎拒。應奎督兵渡河，先斬守口賊，直入其壘，賊大潰，追斬無算，復萬載，詔嘉獎。尋授三等阿達哈哈番。

十七年，上以江西已定，命應奎統本標官兵移鎮茶陵、攸縣。疏言：「自三桂反，袁州密邇湖南，臣率孤軍征勦，上游幸獲安全。但彼時兵力苦單，漕運亦匱，臣捐貲贍養親兵，或自備馬匹，或獎以虛銜。嗣戶部侍郎溫岱奏見臣督親丁防禦，蒙恩給臣所養健丁千人步戰兵餉，令臣量爲設官管轄。惟兵丁旣叨餉餼，而所設管轄官未議實授。今臣移駐茶、攸，僅率標兵二千六百，現奉征南將軍穆占、定南將軍華善調往酃縣千四百人。健丁一營，隨臣左右。仰冀天恩，各予實銜，開支實俸。」詔從之。未幾，賊犯永興，敗之。十八年，從大將軍簡親王喇布復祁陽、新寧。大將軍安親王岳樂檄勦賊武岡州楓木嶺，敗三桂將胡國柱等。尋偕貴州提督趙賴攻克龍頭山、泡洞口、瓦屋塘、雲霧嶺、五子坡諸寨。三桂將馬寶敗遁，追擊之，復會同、黔陽等縣。未幾，建義將軍馬承廕以柳州叛，從簡親王率兵討之，承廕降。

二十一年，命以提督充廣西左江鎮總兵。敍功，進二等阿達哈哈番。疏言：「臣昔任思南副將，深知左江爲滇、黔門戶，接壤交南，環以僮、猺，土司不時反覆。鎮標額設四營，共兵三千有餘，多從逆歸命者，習成驕悍。臣標健丁一營，半係親屬，久經訓練，請率赴新任，以資鈐壓。」從之。未幾，以病累疏乞休，詔輒慰留，命衍祥馳驛歸省。應奎卒，贈太子少保，謚襄壯。

趙賴，漢軍正藍旗人。父夢彩，事太宗，以監修福陵，授世職二等阿達哈哈番。賴襲職。從謙郡王瓦克達征叛將姜瓖，以功進一等，幷兼拖沙喇哈番。擢正藍旗漢軍副都統。康熙十三年，從大將軍順承郡王勒爾錦討吳三桂，擢貴州提督，統兵駐九江，調江西。韓大任陷吉安，賴率兵擊敗之。復調湖南，從簡親王喇布剿賊衡山，復衡州府。迭克耒陽、祁陽等縣。敗三桂將吳國貴等，復武岡。十九年，從大將軍貝子彰泰、將軍蔡毓榮進攻貴州，迭克賊寨。敗馬寶於洪江，復黔陽，旋自沅州趨鎭遠，復黎平、銅仁、思州、思南等府。偕將軍穆占敗三桂將高啓隆、夏國相等，復平遠府。大軍進征雲南，詔賴留鎭貴州，擢正藍旗漢軍都統。以老乞休。三十一年，卒。

李芳述，四川合州人。初入伍，隸貴州大定總兵劉之復標下。剿水西土司安坤有功，授千總。

康熙十三年，吳三桂反，之復從逆，脅芳述往湖北，據夷陵、巴東關隘。芳述脫走，留四川，其妻子在大定。越五年，乃得取妻子至敍州。吳世璠加芳述僞總兵，令自巫山襲鄖、襄。芳述留重慶。十九年，勇略將軍趙良棟進取成都，芳述遣人赴軍前呈繳僞劄，率重慶、瀘州、敍州所屬州縣文武吏降。良棟令芳述撫永寧，卽移軍駐守，修繕城垣。甫竣事，世璠將毛友貴等以數萬人來犯，芳述迎擊，賊卻走。尋以悍卒數千偪城，夜樹雲梯攀堞，芳述督兵鏖戰，斃賊千餘，斬友貴於陣。世璠將胡國柱、王邦圖等以顯武將軍印招芳述，芳述封送良棟。良棟以聞，詔授隨征總兵。

未幾，賊陷仁懷、合江。芳述移兵守敍州，擒賊諜，斬以徇。賊來犯，芳述壁城外眞武、翠屏諸山，賊不得逞，潛退馬湖，謀出木川、犍爲襲成都。芳述詗知之，先率兵至犍爲扼其衝，大破賊，躡擊至新增黃茅岡，斬殺過半。降其將夏昇、羅應甲等，拔被掠民二千有奇。擢西寧總兵官，仍從征雲南。二十年，良棟令爲前鋒，自洪雅、滎經二縣出大象嶺之左，敗賊關山。時國柱踞建昌，聞關山、大象嶺俱失，棄建昌走雲南。芳述渡金沙江，會良棟軍取雲南，奪得勝橋，拔其東西二營，遂克雲南。

三十一年，遷貴州提督。四十年，雲南總督巴錫疏劾游擊高鑑，語連芳述徇隱，芳述亦疏訐巴錫，上遣侍郎溫達往讞。芳述應奪俸，免之。四十二年，湖南鎭筸紅苗作亂，芳述移兵會剿，深入苗地，平穤塘山及葫蘆、天星諸寨。疏言：「貴州苗、民雜處，控制尤在得人。保題武職，請以久任苗地、熟悉風土者揀選題補。」詔允行。四十五年，詔獎「芳述久鎭邊境，馭軍有法。現今舊將，罕與比倫」。特加太子少保，授鎭遠將軍。四十七年，卒，贈太子少傅，謚壯敏，賜祭葬。

陳世凱，字贊伯，湖廣恩施人。初附明桂王，爲忠州副總兵。順治十六年，川陝總督李國英駐師重慶，世凱來降，授副將銜。康熙十年，李自成餘黨劉一虎等以數萬人犯巫山，世凱擊卻之。尋從國英進剿，以功加總兵銜。十一年，授杭州副將。

十三年，耿精忠反，浙江總督李之芳駐師衢州，令世凱援金華。甫渡江，聞寇犯龍游，卽遣兵馳擊，通衢州餉道。旣至金華，精忠將閻標自永康、武義來犯，世凱與副都統沃申禦之，發砲擊賊。旣，復與總兵李榮逐賊湯溪，分兵出賊後，而自當其前，獲所置監軍道徐福龍等。精忠將陳重自東陽、葉鍾自浦江先後來犯，與副都統瑪哈達、石調聲督兵擊之敗走。援義烏，破精忠將周彪。敍功，授溫州總兵，加都督僉事。精忠將徐尙朝以數萬人逼金華，世凱出城南十二里與戰，寇甫集，大呼陷陣，寇潰奔，逐北十餘里，殺傷過半。尙朝與精忠將馮公輔合，得五萬人，據積道山，立木城石壘。世凱乘大霧進兵，破木城，斬級萬餘，尙朝敗走。

大將軍康親王傑書師進次金華，令世凱及瑪哈達、榮規處州。十四年，世凱復永康，進攻縉雲，擊破尙朝兵，克之。精忠將沙有祥守處州，壘桃花嶺拒守。世凱等師三道入，奪嶺，有祥走，克處州。尙朝來犯，三戰破賊，獲其裨將，斬八百餘級。移師徇松陽，從貝子傅喇塔攻溫州。十五年，精忠將曾養性及叛將祖弘勳以四萬餘人拒我師，世凱與提督段應舉奮擊，獲其裨將。詔傅喇塔進征福建，世凱以所部從。擊養性得勝山，破其壘。寇舟屯江山，督兵擊之，師行乃無阻，復雲和、泰順諸縣。精忠降，世凱還鎭溫州。十六年，加左都督，予世職拖沙喇哈番。屢招降鄭錦將陳彬、劉天福等。二十二年，進拜他喇布勒哈番。朝京師，上獎其績，諭「輯兵愛民，毋以功大生驕傲」，賜鞍馬、裘服。

二十三年，擢浙江提督。上製聖訓十六條，宣諭士民。世凱請令將卒一體講讀，並援引經史依類附注，爲書三卷，奏進頒行。又奏春秋祭文廟，宜令武職行禮。下九卿議行。二十八年，復朝京師，命還任，以疾未行，卒。遣內大臣佟國維、侍衞馬武奠茶酒，賜祭葬，謚襄敏。子天培，授都司。累遷至浙江提督。世凱勇敢善戰，所向有功，軍中呼爲陳鐵頭。

浙中諸將，佐之芳戡亂者，又有李榮、王廷梅、牟大寅、鮑虎、蔣懋勳。榮，字華庵，廣寧人。黃巖總兵。廷梅，順天人。武進士。自督標中營副將遷平陽總兵。大寅，湖廣人。鎭海總兵。虎，字雲樓，山西應州人。初授南贛鎭標前營游擊。擊李成棟有功，累遷浙江嚴州城守副將。從之芳禦精忠，克壽昌。破土寇黃應茂。尋代榮爲黃巖總兵。懋勳，浙江臨海人。溫州總兵。謚襄僖。

許占魁，字文元，陝西蒲城人，流寓遼東。順治初，從豫親王多鐸定江南，授陝西陽平關參將。六年，土寇趙榮貴擁明宗人森滏號秦王，聚數萬人犯階州。占魁從間道出碧魚口襲其後，先與定西將軍李國翰、臨鞏總兵王允久期夾擊，大破之。遷山西平陽副將。土寇張武挾朱秀唐號魏王，掠聞喜。占魁與游擊苗成龍等分道搜剿，戰紫家峪，擒秀唐等，斬級百餘。累調直隸紫荊關副將。康熙九年，擢延綏總兵，駐榆林。

十三年，提督王輔臣、副將朱龍俱叛應吳三桂，占魁舉首龍所與逆書，上嘉之，下部議敍，加都督同知。延綏標兵多應調征四川，龍等窺榆林防守單弱，屢糾衆來犯。占魁遣副將張國彥、孫維統，游擊謝鴻儒、錢應龍等分道堵剿，自督兵擊賊綏德。賊踞城以拒，發礮，斃賊數百。占魁慮賊襲榆林，率維統等還守榆林，令國彥守波羅堡。龍誘波羅營千總劉尚勇等叛，逼國彥，劫奪敕印。國彥闔門自焚死。叛將孫崇雅戕神木道楊三知、知縣孫世譽、守備張光斗等，遂踞神木，勢張甚。占魁遣子登隆詣闕告急，詔授登隆鴻臚寺少卿，趣將軍畢力克圖、都統覺和托自大同移師赴援。占魁遣維統、應龍等從覺和托擊賊，擒斬無算。復魚河、響水、波羅諸堡，進克神木。畢力克圖復綏德、延安，擒崇雅、尚勇等，悉誅之。國彥、三知等並賜卹，從征將弁敕議敍。

占魁疏言：「王輔臣嗾朱龍竊踞定邊，遂陷綏德、米脂、葭州、神木，賊騎至歸德堡，北距榆林僅二十里。臣集闔城官民誓死守城。嗣因臨洮、鞏昌、延安、慶陽、平涼、漢中、興安、固原相率從逆，榆林一城獨存，餉道隔絕，百姓日食糠秕。臣斥貲購米，計口授食。及大兵旣至，道臣高光祉籌措糧需，將士奮勇擊賊，剋期奏凱，危城得安。皆由文武同心，兵民合力。其在城各官勞績，祈敕部覈議，爲固守孤城者勸。」上俞之，俱命優敍。占魁進左都督，予世職拜他喇布勒哈番。尋以疾乞罷，溫旨慰留。十六年，擢鑾儀使。占魁復以病辭，允馳驛回籍，仍食俸。卒，贈太子少保，賜祭葬視一品，諡恪敏。子登隆，官至雲南臨安知府。

論曰：順治初，漢兵降，猶分隸漢軍；其後撫定諸行省，設提鎭，置營汛，於是有綠營。以綠營當大敵，建戡定之績，自三藩之役始。蔡毓榮、趙良棟將綠營直下雲南諸行省，以戰伐顯者，如國祚輩，皆彰彰有名氏，而治都、芳述功尤著。貞治屯墾，奮起效績，不煩餉運，蓋更有難能者。腹心爪牙，由此其選矣。

清史稿卷二百五十八

列傳四十五

希福 珠滿 瑪奇 額赫訥 洪世祿 彰庫 鄂克遜 莽奕祿 沙納哈
偏圖 瑚里布 達理善 額楚 穆成額 額斯泰 布舒庫 塔勒岱
瓦岱 桑格 伊巴罕 沃申 武穆篤 瑚圖 瑪哈達 傑殷 弟傑都
瓦爾喀

希福，他塔喇氏，滿洲正紅旗人，世居安褚拉庫路。祖羅屯，國初以八百戶來歸，編牛彔。父哈寧阿，官巴牙喇甲喇章京。從征錦州、松山。入山海關，逐李自成至慶都。授牛彔章京世職。希福初任二等侍衛，襲世職。遇恩詔，進一等阿達哈哈番兼拖沙喇哈番。累遷正黃旗蒙古副都統。

康熙十三年，吳三桂反，從大將軍順承郡王勒爾錦赴湖廣。陝西提督王輔臣以寧羌叛，分據平涼、秦州，命希福移師守興安、漢中。十四年，大將軍貝勒洞鄂進攻秦州，希福攻克東、西二關。十五年，調守隴州。十六年，遷前鋒統領。十七年，命赴湖南，駐茶陵。十八年，攻衡州，夜半薄城下，奪門入，賊燒營遁，城復。擢正紅旗滿洲都統。

時耿精忠將馬承廕以南寧降，詔希福率所部赴廣西，佐鎭南將軍莽依圖規雲南。十九年，承廕復叛，戰陶登，大敗之。莽依圖卒於軍，朝命賚塔爲征南大將軍，希福將莽依圖所部以從。至西隆，破石門坎，復安籠所，攻黃草壩，希福屢力戰。旣至曲靖，復馬龍諸城。遣碩塔等下嵩明州，遂會大軍圍省城。希福率前鋒衝擊，賊大潰。其黨馬寶、胡國柱自蜀還救，希福與珠滿、桑額迎戰烏木山，大破之。寶奔姚安，部卒潰，尋降。國柱奔雲龍州，希福追至永昌，截守潞江諸要隘。國柱自度不能脫，縊死。其別將王緒、李匡自焚死。二十一年，擢西安將軍。部議追論希福從征長沙戰失利，當奪官、削世職。上念希福戰功多，命輕之。二十七年，調正紅旗蒙古都統。

二十九年，噶爾丹寇邊，上命裕親王福全出師討之，以希福參贊軍務，破賊烏闌布通。三十一年，授建威將軍，統師駐右衞。三十三年，噶爾丹內犯，將侵根敦戴青，詔希福亟赴圖拉備守禦。希福疏調大同總兵康調元率三千人偕往，並請發察哈爾兵，上責其疑阻，敕還駐右衞。部劾希福不收八旗迻馬糜餉，免官。三十八年，卒。

珠滿，瓜爾佳氏，隸滿洲正白旗，先世居烏拉。祖多和倫來歸，次子額赫瑪瑚任侍衞，攻鄭成功厦門，陣沒，贈拖沙喇哈番，無子。珠滿其兄子也，襲世職，署參領。耿精忠叛，使其黨犯南康，珠滿從將軍尼雅翰擊敗之。吉安旣平，又從莽依圖軍征廣東，入韶州。馬寶等來犯，珠滿居右翼，奮戰，大破賊，寶潰圍出。進取廣西，破吳世琮，解南寧圍。陶登之捷，幷敗世璠將范齊韓、詹仰等援兵。從希福征雲南，石門坎、黃草壩諸役，戰常陷堅。圍省城，斬世璠將胡國柄於烏木山。師還，晉拜他喇布勒哈番兼拖沙喇哈番。累遷護軍參領。三十六年，出爲荆州副都統。三十九年，被命討川蠻，駐守鴉隴江。四十一年，還本官。會鎭筸苗亂，命尙書錫勒達等統師撫勦，以珠滿諳兵事，敕共籌戰守。撫降三百一寨，唯天星寨猶負嵎，師分四路入，珠滿爲策應，攻克葫蘆寨，餘悉平。擢江寧將軍。四十六年，卒，進世職三等阿達哈哈番。

瑪奇，納喇氏，滿洲鑲白旗人，其先哈達萬汗之族。初授顯親王護衞。累遷鑲白旗滿洲都統，列議政大臣。上念廣西將士勞苦日久，宜番休，命與都統趙璉，副都統洪世祿、祖植椿率師往，幷命參贊軍務。次柳州，降僞將三十餘人。賚塔取雲、貴，上趣瑪奇進兵，安籠所、黃草壩諸役，並有功。進軍曲靖，迭克馬龍州、易龍所、楊林城。世璠軍壁渾水塘，與嵩明遙應。瑪奇分遣兵趨嵩明，乘不備，克其東門，賊啓西門遁。迺會貝子彰泰軍入省城，屯歸化寺。世璠使其將胡國柄等出戰，陣斬之，遂合圍，與勒貝等奪城西北銀錠山。賊礮彈雨下，瑪奇挺立當其衝，督兵掘壕築壘。壘成，俯瞰城內，縱礮，賊不支，內亂，世璠死。與穆占入城撫民，授鎮安將軍，駐防雲南。二十三年，坐才力不及，當免；上命撤雲南駐防兵，瑪奇率以還京。三十五年，卒。子常賚，自有傳。

額赫訥，納喇氏，滿洲鑲藍旗人。初任王府護衞，遷巴牙喇甲喇章京。從征雲南及平棲霞土寇，有功，擢鑲藍旗蒙古副都統，駐防兗州。耿精忠叛，分兵犯江西，詔參贊簡親王喇布軍務。馬雄擾廣東，命倍道往援。未至，而尚之信謀亂，將犯贛州。額赫訥退守南贛，連破寇寨二十餘。會叛將嚴自明犯南康，圍信豐，又擊之固鎮鋪，圍解。命參贊莽依圖軍務，赴韶州。馬寶等壁城東山，與額楚擊敗之。旋奉莽依圖檄赴梧州佐傅弘烈，聞祖澤清叛據高州，亟還師次電白。賊殊死守，額赫訥破之，高州平。授護軍統領。從莽依圖進剿柳州，與勒貝、希福分路擊敵，敗之。二十年，克安籠所，略定曲靖、羅平。師既克雲南，凱旋，調前鋒統領，擢鑲藍旗滿洲都統，列議政大臣。噶爾丹犯邊，命屯歸化城。尋召還，以老乞休。卒。

洪世祿，瓜爾佳氏，滿洲鑲紅旗人，世居瓦爾喀。祖噶錫屯，歸太祖，授世管牛彔額眞。順治間，洪世祿嗣職，遷巴牙喇甲喇章京。從征雲南，入緬甸。敍功，予世職拖沙喇哈番。

康熙十二年，擢鑲紅旗蒙古副都統。十四年，大將軍信郡王鄂扎討察哈爾布爾尼，洪世祿參贊軍務。師至達祿，薄敵壘，布爾尼設伏山谷間，以三千餘人出拒。洪世祿將右翼進戰，伏起，師有備，盡殲之。布爾尼悉衆發火器力戰，洪世祿等縱兵分擊，大破之。布爾尼收餘衆屯山岡，洪世祿督兵環射，分道掩殺，布爾尼乃遁走。進世職三等阿達哈哈番。十九年，命與瑪奇等益賚塔兵，攻石門坎，賚塔令勒貝等爲前鋒，洪世祿等繼進，破賊奪隘入；攻黃草壩，洪世祿當頭隊，復力戰破隘。師還。二十三年，以老乞休。二十七年，卒。

彰庫，亦瓜爾佳氏，滿洲鑲白旗人。父多克索哩，事太宗，從伐明，攻南皮，先登，賜號「巴圖魯」，授世職牛彔章京。順治間，累進二等甲喇章京，卒，彰庫襲，自驍騎校署參領。從將軍希爾根討耿精忠，徇撫州，破精忠將易明；戰建昌，陣斬楊益茂等。又擊破邵連登長興山、李茂珠等建昌鎮鼓山。從勒貝攻柳州，破世璠將范齊韓、詹仰等。從賚塔下雲南，克石門坎、黃草壩，皆在行。又從希福逐世璠將馬寶、巴養元，戰於烏木山，大破之，寶等降。師還，進世職一等阿達哈哈番兼拖沙喇哈番，授護軍參領。累遷至鑲黃旗滿洲副都統。致仕，卒。子海寶，康熙三十三年進士，官翰林院檢討，襲職。

鄂克遜，富察氏，滿洲鑲黃旗人。父鄂通武，事世祖，有戰功，授拜他喇布勒哈番。鄂克遜襲職。

康熙十二年，吳三桂反，京師聞變，有楊起隆者，詐稱朱三太子，私改元廣德，號其徒爲「中興官兵」，裂布裹首以白，披身以赤，謀作亂。其徒黃吉、陳益等三十餘人，聚正黃旗周公直家，公直，承恩伯全斌子也，家鼓樓西街。公直出詣都統祖永烈告變，起隆等遽舉火。鄂克遜行過鼓樓，見火，升屋望之，賊皆披甲露刃，遂奔告兵部尙書明珠、都統圖海，永烈與副都統覺羅吉哈禮率兵圍公直家。賊益縱火，流矢如雨，鄂克遜先入，斬十餘人，擒益、吉，悉誅之，獨起隆遁去。後七年，圖海駐軍鳳翔，捕得起隆，檻送京師，誅之。

十三年春，以參領銜從定南將軍希爾根赴江西，至南昌，寇陷龍泉。石灰澳者，縣要隘也，南曰山都澳，北曰河塘澳，寇阻險築壘相犄角。鄂克遜奪其隘口，破南北諸壘，寇遁，躡擊至曹林，拔十餘寨，遂復龍泉。敵來犯，復擊破之。十五年，從簡親王喇布及希爾根攻吉安，敵陣於城北，以火器戰，鄂克遜劘賊壘逐賊，賊墮壕死者甚衆。三桂將馬寶與韓大任以數萬人來援，戰於螺子山，我師敗績。鄂克遜被數創，猶力戰，馬踣，鄂克遜墮，躍而起，手刃數人，復奪馬入陣，收戰士尸，奔而殿。十七年，大任自萬安走福建，鄂克遜與額楚分道逐賊，敗賊汀州老虎洞，焚其壘，殺賊六千餘。

復從穆占徇湖南。時拉寨、薩克察自安仁赴永興，被困。穆占令鄂克遜送米及火藥濟之，賊拒阻，擊却之，乃得達。十八年，與三桂將郭應輔、吳國貴戰於永州，多所俘馘。十九年，師下貴州，戰於新田衞；復進，逐賊鎭遠，克偏橋、興隆二衞。穆占令鄂克遜襲取重安浮橋，師得濟。二十年，師下雲南，圍省城，破象陣，鄂克遜奪歸化寺東西二壘。師還，授江寧駐防佐領，再遷江寧副都統。四十六年，上南巡，鄂克遜迎謁，陳戰績，擢江寧將軍，進三等阿達哈哈番。五十七年，以老乞休。雍正七年，卒，年八十八，謚武襄。

莽奕祿，富察氏，滿洲正白旗人。曾祖阿布岱，自葉赫歸太宗，授牛彔章京世職。莽奕祿襲，累晉二等阿達哈哈番。從師征廣東，敗李定國於新會，進一等。康熙初元，授護軍參領。三桂反，詔署統領，從征湖廣。以功擢鑲白旗蒙古副都統。十九年，從穆占征貴州。時世璠據貴陽，其將韓天福據新添衞，莽奕祿與諸軍擊却之，復龍里。薄貴陽城，世璠遁，遂克之。二十年，進軍平遠，賊據西南山拒戰，又與副都統花色等擊敗其衆，城復。旋下黔西、大定諸城，遂入雲南，會賚塔軍於曲靖，進圍省城。調滿洲副都統，參贊賚塔軍務。雲南平，還，授護軍統領，管佐領，擢都統。三十年，出爲荆州將軍。四十二年，謝病歸。尋卒，謚敏肅。雍正時，命改入正白旗。

沙納哈，伊爾根覺羅氏，滿洲正黃旗人。順治六年，從征大同，克左衞，先登，賜號「巴圖魯」，授拜他喇布勒哈番兼拖沙喇哈番。旋署甲喇額眞。從將軍伊爾德下浙江，克舟山，進三等阿達哈哈番。移師福建討鄭成功，率師爲前鋒，以舟進。俄，舍舟登陸，戰失利，面及項中三矢，師退。吏議奪賜號、世職，以受創重，免籍沒、鞭責。頃之，還拜他喇布勒哈番，授西安駐防佐領。已，命還京，授參領。

康熙十三年，精忠叛，出師江西，敗易明於撫州。賊自建昌入，奉希爾根檄率前鋒兵百，會兩藍旗兵擊卻之。叛將楊富弟楊三與李茂著以萬餘人掠撫州，與護軍統領瓦岱進攻，大捷。三、茂著中箭墮水死。從岳樂進兵瑞州，寇萬五千人自上高扼會浦。與桑額疾擊之，克上高。阮國棟據新昌北山，復與諸將會擊，斬四千餘級，新昌亦復。進規萍鄉。三桂將夏國相等以一萬三千人據來龍山，結寨十二，師環攻之，賊敗潰；沙納哈截殺之，脫者僅四百。十八年，兵進次湘潭，賊遁走。遷正黃旗蒙古副都統、前鋒統領。其秋，國相屯武岡雙井寨，使馬寶等以二萬四千人拒戰。沙納哈將三百人進擊，賊披靡，逐北至楓木嶺。二十年，師至盤江西坡，擊敗世璠將線緎，遂入雲南。世璠以象陣拒師，沙納哈大敗其衆，追迫城下，斬其將胡國柄等九人。雲南平。擢正黃旗蒙古都統，列議政大臣。二十六年，謝病歸。尋卒，卹如制。

偪圖，李氏，漢軍正白旗人，隸內務府。康熙十三年，以奉宸院催長從軍陝西，授都司銜，旋授督標遊擊。十四年，土寇李長腿以千餘人攻淳化、三水，掠三原，偏圖與遊擊繳應善將六百人自涇陽逐賊至紅水溝，俘四十餘，獲旗械、騾馬以歸。又率綠旗兵從將軍阿密達出瓦雲驛，與副都統鄂克濟哈率滿洲兵共趨涇州，賊據隘，數戰破之。進薄城，賊出拒，擊斬三百餘級，遂克之，斬王輔臣將衞民譽。又從護軍統領舒淑攻靈臺，破輔臣將馬瑞軒，拔陶家堡，斬百餘級。又與鄂克濟哈略慶陽，招降二十餘寨。入寧州，破輔臣將魏虎山、馮嘉德等。還軍涇州，又破賊鎮原。

從大將軍貝勒洞鄂攻輔臣平涼，賊築壘高阜；將二百五十人，與護軍統領阿哈多等仰攻，破之。十五年，援商州，克山陽，破輔臣將李茂榮於寬平里，斬百餘級。復援三原，戰西陽鎮，逐賊至鳳凰山，出陷賊難民百餘。尋從大將軍圖海攻平涼，屯虎山墩，斷糧道，輔臣降。十六年，授督標副將。十七年，從征興安，賊據嶺掘壕樹柵，偏圖自窖兒溝出嶺後毀壘，逐賊至香泉。十八年，攻破梁河關，克興安及漢陰、石泉諸縣。

十九年，命從將軍趙良棟南征。二十年，命增置雲南隨征總兵，以授偏圖。吳世璠將胡國柱以二萬餘人屯馬湖拒守，良棟檄偏圖堅守雅州，徇榮經，斬百二十餘級。從良棟軍克關山關，下黎州，奪大渡河隘口。逐賊火場壩，深入山谷中，降世璠將蔡國明、戴聖明、于登明、楊泗等，復越嶲、建昌。渡金沙江，破石虎關。遂攻會城，奪玉皇閣及土橋、東寺、西市三市街，城旋下。二十一年，授永順總兵。敍功，加左都督。三十年，朝京師，擢雲南提督。四十五年，復朝京師，賜孔雀翎。五十年，遷鑲白旗漢軍都統。五十五年，卒。賜祭葬，謚襄敏，予世職拖沙喇哈番。

瑚里布，赫舍里氏，滿洲正紅旗人，世居和穆多哈連。父吳巴海，歸太祖，授牛彔額眞。瑚里布襲。天聰間，擢一等侍衞、噶布什賢章京。事太宗，屢從征伐。順治元年，英親王阿濟格討李自成，瑚里布率正紅旗前鋒兵從。二年，師次綏德，賊乘我未列陣，掠我馬數十。瑚里布追及之山巔，擊賊潰，以所掠馬歸。自成走湖廣，師從之，克安陸。瑚里布破賊，得其戰艦。逐自成至九宮山，五戰皆勝。以功授世職拖沙喇哈番。

三年，肅親王豪格討張獻忠，師將至西充，令瑚里布與參領席卜臣率前鋒四十人，持檄先驅。遇賊騎，突前衝擊，斬三十餘級，俘二人。薄獻忠壘，斬其執纛者，師繼進，與戰，遂殪獻忠。瑚里布復與都統準塔下遵義，戰壁山，破賊。六年，從征湖廣，攻湘潭，徇衡州，皆有俘馘。以功進世職三等阿思哈哈番。累擢正紅旗滿洲副都統、右翼前鋒統領。

十五年，從信郡王多尼南征。十六年，師克雲南，明桂王走緬甸，與左翼前鋒統領白爾赫圖率兵趨永昌，渡潞江，戰磨盤山，克騰越，窮追至南甸。師還，追論磨盤山戰時都統沙里布戰死，瑚里布弗及援，功不敍。康熙十二年，聖祖加恩諸舊將，瑚里布加太子少師。吳三桂反，授都統赫葉安西將軍，改瑚里布護軍統領爲之副，率禁旅自西安進。十三年，趣瑚里布與前鋒統領穆占馳援四川。師次漢中，寇屯陽平關，攻克之。迭破七盤、朝天二關，進攻保寧，三桂將吳之茂拒守，與相持。上命大將軍貝勒洞鄂西征，瑚里布參贊軍務。王輔臣叛應三桂，命瑚里布引兵自漢中還駐西安。尋又命瑚里布從洞鄂攻輔臣，克秦州。進圍平涼，久不下。十五年，以大學士圖海代洞鄂爲大將軍，瑚里布罷參贊，留軍聽調遣。十六年，卒於軍。

達理善，那木都魯氏，滿洲正黃旗人。其先世岳蘇納，與綏芬路長明安圖巴顏同族，歸太祖。達理善其四世孫也。崇德間，以閒散隸驍騎營。從征明，攻濟南，樹雲梯以登，達理善爲第三人，克其城，賜號「巴圖魯」，予世職三等甲喇章京。復從征明，圍錦州，戰松山、杏山間，屢破敵。

順治三年，從梅勒額眞珠瑪喇、和託等駐防杭州，擊敗明將方國安，屢戰皆捷。五年，從討叛將金聲桓，復南昌。累進世職一等阿達哈哈番兼拖沙喇哈番，授甲喇額眞。十五年，從征雲南，攻元江，克之，得明桂王將高應鳳，進世職三等阿思哈尼哈番。

康熙二年，以老乞休。十三年，王輔臣叛，請自効，命署本旗副都統，率師赴西安。十四年，次隴州仙逸關，輔臣屯平涼，遣其將高鼎、蔡元以四千人迎戰。達理善與前鋒統領穆占等共擊之，鼎、元敗走，克關山關。師自清水進，奪渭河橋，次秦州。城寇出戰，達理善縱兵夾擊，寇敗入城，分兵克東關。叛將吳之茂以萬人援平涼，逼秦州立寨，城寇八千餘出應，犯我師。達理善已病，猶督兵力戰，大破賊。尋卒，賜祭葬，謚武毅。事定，兵部敍功，上諭曰：「達理善巴圖魯以老乞休，復請從軍，盡心效力，卒於行間。」復加拖沙喇哈番，合爲二等阿思哈尼哈番。

額楚，烏扎拉氏，滿洲鑲黃旗人，先世居薩哈勒察。順治初，從內大臣和洛輝出師，駐防西安。降將劉洪起以西平叛，樹雲梯攻城，護軍昂海先登，額楚繼之，遂克其城，授牛彔額眞。迭進三等阿達哈哈番。從軍貴州還，適鄭成功犯江寧，遂自荆州馳救，大破成功，進二等。再遷江寧副都統。康熙七年，遷將軍。

耿精忠之叛也，徽州所屬多附賊，移師規績溪，破之，克徽州。賊據休寧新嶺，分兵夾擊，長驅復婺源。詔進征饒州，攻樂平，薄東門，賊出竄，追襲之，俘斬過半。進攻鄱陽，遂定饒州。叛將陳九傑遁入鄱陽湖，毀其舟十餘。次萬年，至石頭街渡口，與賊夾水而軍。額楚自出挑戰，而潛使騎兵濟上游，繞賊後夾擊，俘九傑，誅之。萬年復，並克安仁、弋陽。

上復命贊簡親王喇布軍，軍南昌。會吳三桂遣高天傑陷吉安，與將軍哈勒哈齊攻之，克外郛；馬寶、韓大任等來援，額楚迎戰於螺子山，我師敗績。寶聞長沙被圍，乃引去。坐失機，罷官，留世職，仍領江寧兵赴廣東。寶等復犯韶州。師次蓮花山，賊逼營，城兵出應，戰，破賊，遂與勒貝守韶州。尋命與莽依圖合軍進。叛將祖澤清復以高州應賊，詔趣額楚自肇慶兼程進，至藤縣，遇大疫，士馬多死。疏請增遣備禦，未至而寇集，城陷。與勒貝進解南寧圍，還江寧。十九年，卒。

穆成額，那木都魯氏，滿洲鑲紅旗人。父富喀禪，西安將軍，有勳勞（語在康古里傳），授三等精奇尼哈番。穆成額襲職。精忠叛，命署副都統，從征南將軍希爾根下江西，分守南昌。三桂自長沙遣將犯袁州，與總兵趙應奎赴援，敗賊西村，規萬載，斬其渠邱以祥，城復，遂克安福。精忠將劉進忠搆鄭錦擾瀕海郡邑，上先後命尼雅翰、舒恕率兵赴廣東，以穆成額參贊軍務，克始興，梟通賊守備李光明。尙之信以韶州、南雄叛，退保南安、贛州，克萬安、南康，頻有功。上命舒恕守贛州，而以莽依圖代其任，穆成額參贊如故。廣東定，從莽依圖下粵西。三桂遣將分犯潯州、梧州、桂林、平樂，與額楚、勒貝、傅弘烈幷力討之。次鬱林，戰失利，還守藤縣，尋復陷。坐免官，籍沒。未幾，卒。

額斯泰，富察氏，滿洲鑲白旗人，大學士額色赫弟也。初任一等侍衞。康熙三年，擢副都統。九年，授護軍統領。

吳三桂反，命順承郡王勒爾錦帥師討之，以額斯泰參贊軍務。三桂兵自貴州出，湖南境皆陷。詔與護軍統領伊爾都齊簡銳先發。十三年二月，師次荊州，常德、長沙皆陷。三桂將劉之復、陶繼智率萬餘人犯宜昌，夾江而壘。額斯泰自荊州赴援，與總兵徐治都率舟師橫江截擊。戰甫接，賊潛以三百人擾我師後，我師分擊敗之，得賊舟三，賊敗走。師進次岳州，三桂時屯澧州，其將吳應麒、廖進忠、柯鐸、高起隆據岳州。馬寶、胡國柱率二萬人會於澧州，水陸坌集，設鹿角阻我騎兵。額斯泰與貝勒察尼等議，令前鋒先奪山岡扼賊吭，繼乃分路截擊，奪據城陵磯及七里橋，俾首尾不相顧。至期，聞貝勒營吹角，額斯泰率戰艦進，衆乘之，賊大潰。

是歲冬，命參贊貝勒尙善軍務，規岳州，與賊相持久。十五年二月，詔趣尙善進兵。尙善乃令額斯泰督所部水陸諸軍以進。賊舟列陣洞庭，貫以鐵鎖，額斯泰率銳卒衝其北，使副都統路什擊其南。戰甫交，額斯泰鏖轟進，礮矢雨坌，衞卒死者五人，額斯泰不爲動，進如前，手刃數十人，遂克君山，獲賊舟五十餘，詔嘉之。十六年，卒於軍。師旋，追論征岳州遲留不進，坐籍家產，上宥之。

額斯泰偉幹有雅量，䘏軍愛民，諳韜略。嘗圖滇、楚阨塞，懸壁諦視。既寢疾，猶强起視事。卒日，軍民爲位哭，哀動郊野。孫傅鼐，自有傳。

布舒庫，吳魯氏，滿洲正黃旗人。父納爾泰，官牛彔額眞。從征大同叛將姜瓖，率子噶爾琿、納什庫力戰，陣亡。布舒庫其長子也。以巴牙喇壯達從征江西、雲南，戰常陷堅，授拜他喇布勒哈番。康熙初，授參領，擢正黃旗蒙古副都統，列議政大臣。韓大任據吉安，上命參贊簡親王喇布軍務。次永豐，大任兵至，與提督趙賴同擊之。賊退守山寨，布舒庫綏師誘之，弗應。相持月餘，大任引去，追斬千餘級。大任走福建，又與哈克三追剿，連破之老虎洞、鞍子嶺，賊勢以蹙，大任降。還征湖南。互詳哈克三傳。賊犯永興，穆占令守河岸，賊不能進。遂從穆占取耒陽，進規常寧。與塔勒岱數敗賊，逐北翟里橋，去永州四十里。又從穆占攻城，賊大潰。與簡親王喇布會師武岡。十九年，授正黃旗滿洲副都統。擊敗馬承廕，克雒容，承廕復降。旋卒，謚剛壯。

塔勒岱，博和里氏，滿洲鑲白旗人。初授噶布什賢壯達。康熙初，從征緬甸，授前鋒侍衛。三桂叛，從軍，從穆占逐賊野狐嶺。賊隱深林中，出步騎誘戰，發其伏，殲之。克陽平關，進次保寧蟠龍山。師敗引還，兩遇賊，擊之敗去，予拖沙喇哈番。從討王輔臣，戰隴州，進圍秦州，克之。遂趨平涼，屢捷。十五年，命從穆占移師湖南，駐攸縣，擊敗三桂將王國佐。又敗黃士彪、裘萬寶於酃縣、桂陽州；敗吳國貴、吳應麒於永州、沅州。凱旋，授護軍參領。擢鑲白旗蒙古都統，進拜他喇布勒哈番兼拖沙喇哈番。二十五年，卒，謚勇壯。

瓦岱，鈕祜祿氏，滿洲鑲黃旗人，額亦都孫也。父敖德，事太宗，分額亦都舊轄人戶，益以新附瑚爾哈部衆，授敖德世管牛彔事。屢從征有功，授二等阿達哈哈番。瓦岱其第三子也。初任侍衞，署巴牙喇甲喇章京，從征雲南、湖廣有功，即眞。

康熙十三年，耿精忠叛，命署護軍統領，從安親王岳樂援江西，所至爲軍鋒。次撫州，戰鍾家嶺，被巨創。寇夜襲營，仍力戰卻之，並擊敗精忠將易明等。又戰瑞州北山，撫定東鄉。移師徇建昌，精忠將邵連登擁衆可八萬，因山爲壘，負險抗拒。瓦岱與將軍希爾根分陣山下，鳴角仰攻，多所斬獲。連登中矢，餘潰，復絕其歸路，得賊舟六十餘。遂下建昌，乘勝克新城。十五年，復萍鄉，進規長沙，仍爲軍鋒。戰南橋、齊家峒，皆捷。十八年，克長沙，以次下衡州、寶慶，並殲賊於武岡，克其城。渡紫陽河，賊分據渡口，瓦岱偕諸軍進戰，引兵襲其後，夾擊之，賊大敗。湖南平。授護軍統領，予世職拖沙喇哈番。

二十一年，授江寧將軍。二十三年，車駕南巡，嘉其居官廉，賚御用袍，幷白金千。二十四年，召授鑲黃旗滿洲都統，以博濟代之。諭曰：「將軍、副都統與地方官多不相能，唯瓦岱克諧衆志，爾當效之。」既至京，任議政大臣。

二十七年，湖廣裁兵，夏逢龍倡亂，命爲振武將軍往討之。師至黃州，逢龍所署置總兵趙得等迎降，胡約謙等復獻武昌、漢陽二城，諸生宜畏生執逢龍以獻，磔之，並誅其黨與，班師。

三十年，詔授定北將軍，率師赴圖拉，追擊噶爾丹至克魯倫河。三十一年，命偕都統班達爾沙督理達勒鄂莫、瑚爾鄂莫屯田。坐督耕不勤，免官，削雲騎尉。尋卒。

桑格，喜塔臘氏，滿洲正白旗人，庫禮子。桑格以三等侍衞襲世職一等阿達哈哈番兼拖沙喇哈番。善射，擢一等侍衞。康熙十五年，授護軍統領，從希爾根赴江西。上諭以江西爲粵東咽喉，江、浙脣齒；兵民持兩端，當協同將軍領重兵進剿。至則攻易明於撫州，援賊自建昌至，倚城結壘，合城寇拒戰。桑格夷其壘，明遁，州復。明復來犯，再敗之。希爾根移師入城，桑格出至碣石，遇賊，戰大捷。連克上高、新昌、東鄉諸縣，擊斬連登，明遁，遂下建昌。

吳三桂將夏國相據萍鄉，桑格會諸軍並進，戰來龍山，連破十二寨，國相奔長沙。十八年，克長沙。御製詩寵異之，有「百戰威名早已揚」句。湖南上游，惟武岡楓木嶺與辰州辰龍關皆天險，爲入貴州要道。三桂將吳國貴、馬寶據武岡，桑格與伊巴罕督兵攻之，鏖戰三晝夜，國貴中砲死，餘潰走，遂克楓木嶺。二十年，以怠職罷官。

三十五年，上親征噶爾丹，詔署護軍統領。師至克魯倫河，請追擊逸寇，與平北將軍馬思喀進次烏蘭西路。噶爾丹已敗，收集降衆，護送至張家口。還京，復護軍統領原品。三十八年，卒。

伊巴罕，格濟勒氏，滿洲正白旗人，世居雅蘭。其世父舒珠，從征黑龍江有功，授拜他喇布勒哈番。無子。伊巴罕襲。初任三等侍衞，改刑部郎中兼佐領。累進二等阿達哈哈番。嗣以護軍參領援江西，擊走建昌賊及撫州援寇，復新昌、萍鄉。楓木嶺之捷，功最，擢前鋒統領。出爲盛京將軍。康熙二十四年，徵還，復授前鋒統領。二十五年，追錄前功，進世職一等兼拖沙喇哈番。尋卒。

沃申，鈕祜祿氏，滿洲正紅旗人。崇德時，以噶布什賢兵從伐明錦州，克松山。順治元年，從入關，平保定，進征山、陝，授拜他喇布勒哈番，賜號「巴圖魯」。平舟山有功，加拖沙喇哈番。累遷杭州副都統。

康熙十三年，耿精忠叛，浙東告警，與總督李之芳赴衢州禦之。尋徙守金華，精忠將閻標自溫州來犯，輒敗走。又遣將焚浦江寇壘，遂會貝子傅喇塔取台州，道義烏，遇精忠將趙明卿，擊敗之。十四年，精忠將林沖等據仙居，師三路入，戰白水洋。沃申縱兵張兩翼，令營總薩木哈將左，侍衞卦塔將右。戰移時，賊堅持不退，沃申直前擊之，連破二壘。太平賊聞我師至，就叛將曾養性乞兵以守。時夜將半，沃申三面梯攻，缺其西而隱卒城外以待其逸。黎明，賊果啓西門遁，伏起，大潰。

師入仙居，寇水陸扼險守，沃申詗知有路通黃巖，可襲其後，伐木鑿石，開道以濟師。夜達黃巖，賊大驚，遣其黨吳長春扼半山嶺，沃申身先士卒，大破之。進梁蓬隘口，又大敗其衆。養性奔福建，十五年，搆瑞安石塘賊分路入寇，與副都統吉勒塔布先後擊退之。其夏，傅喇塔被命征福建，沃申從。浦城爲四達要衢，入福建捷徑也。精忠將連登雲以二萬餘衆守隘，沃申攻奪山寨，武穆篤等乘霧直搗其巢，復雲和。精忠降，沃申守延平。亡何，鄭錦勢益熾，使其將吳淑取邵武，薄延平，頓木城、新屯渡口，別遣將潛擾浦塘隘口。沃申率師破之，乘勢渡河攻木城，賊潰走，遇其將楊德來援，又敗之小河岸，斬萬餘人。邵武、汀州相繼復。泰寧、建寧、寧化、長汀、清流、歸化、連城諸縣以次皆降。其將朱寧遁入海，據石井寨。

十六年，師分三路入，沃申進自東路，克清寺。十七年，寇萬餘人逼漳州，其將劉國軒壁對河爲犄角。城兵寡，沃申以千餘人赴援，瑚圖分道亦至，大破之。賊退據長泰，謀犯南靖，頓蜈蚣山。沃申與瑚圖併力迎擊，自辰至未，賊大潰，棄寨走，克長泰。賊退據江東橋，截漳、泉路。沃申與浙江提督石調聲力戰，攻橋東岸，自長泰深入奮擊之，賊遁走，江道乃通。

十八年，錦將林盛據東石，其地近泉州，爲金門、廈門屏蔽，三面皆海，寇嬰城固守。沃申精選前鋒，架雲梯，乘潮落亟進，親薄壕指麾，遂拔東石。十九年，錦將林深與我水師相拒，別遣將扼大定、小定，梗我舟行道。會泉州無舟，沃申自陸路取大定，奪其中寨；追至小定，賊遁，燔其巢。適海澄已下，乘勝渡海取尾高溪，與漳州兵夾攻，寇屯金、廈者皆竄出大洋。師還，沃申留守泉州。初江山之陷也，積骸盈野，議者頗咎之。守金華，奉檄取溫州，赴事又緩；守台州時，小梁山寇勢盛，未能擊。廷臣追論其罪，坐免。沃申在行間久，大小凡九十餘戰，身被創二十餘處，一時稱驍將。三十年，卒。

武穆篤，富察氏，滿洲鑲黃旗人。初任巴牙喇甲喇章京。從伐明桂王，自貴州入雲南，擊敗其將李成蛟於涼水井、李定國於雙河口；進至盧噶，定國列象陣拒戰，大敗之，追至磨盤山，又大捷。授拖沙喇哈番。又剿山東土寇于七，有功，授前鋒參領。精忠叛，從將軍傅拉塔率師自浙江下福建，次台州。賊壁黃瑞山，謀犯天台，其地當江北，爲水陸咽喉。武穆篤與吉爾塔布、塞白理悉力攻克之。師至涼蓬隘口，殺伏賊幾半，賊夜遁。武穆篤追擊於黃土嶺，賊潰退黃巖，師圍城，曾養性遁走，城復。師至上塘嶺，養性擁衆三萬拒戰，武穆篤統前鋒衝擊，大敗之，身被數創，獲甲械無算。太平、樂淸、青田三縣，大荆、磐石二衞相繼收復。石塘嶺之役，功最。康熙十七年，創發，卒於軍。喪還，遣侍衞內大臣奠茶酒，命賜卹視前鋒統領，進拜他喇布勒哈番，謚襄壯。

瑚圖，洪鄂氏，滿洲鑲白旗人。以巴牙喇壯達從征湖廣、福建，屢有功。康熙二年，授江寧協領。八年，擢副都統。

十三年，耿精忠叛，命與副都統瑪哈達率所部赴杭州，參贊平南將軍賚塔軍務。精忠將馬九玉遣別將胡錦等犯衢州，與副將王廷梅等擊敗之，復破賊大溝源、焦園、紅橋諸處。十四年，九玉屯衢州西南，夜渡水襲我軍；與廷梅往擊之，敗之杭埠。九玉復遣別將李廷桂軍元口村，設木城，絕我糧運，並據東西山爲犄角，瑚圖分兵擊之，燔其木城，賊敗走。十五年，覆其兵大溪灘，江山復。九玉奔常山，瑚圖進圍之，遁去。逐至江西玉山界，克常山，進拔浦城。及精忠降，隨軍駐福州。

鄭錦將徐耀以三萬人至烏龍江南，軍小門、直鳳諸山，又與總兵董大來夾擊之，破其壘十四，賊大潰，進駐泉州。土寇數謀亂，輒敗去，徙守漳州。十七年二月，寇陷石瑪，逼海澄。從黃芳世赴援，敗寇彎腰樹、觀音山，寇收餘衆壘石瑪拒師。逾月，寇舟二百乘潮至，與石瑪寇相表裏，將夾擊我軍。瑚圖從芳世堅守，潛令總兵黃藍襲其後，擊之，毀其舟九，寇保壘。海澄圍解。時漳州兵少，瑚圖晝夜循徼不少休。錦兵連艅數百，蹈瑕入東關，砲擊之退。已，復至，搆山寇蔡寅扼天寶山，截我餉道。瑚圖督戰，焚其船，寇殊死戰，不少卻。會芳世援師至，迺遁去。

未幾，劉國軒、吳淑復破海澄，陷長泰，餉道又阻。瑚圖以八百人扼要路，淑率萬餘衆逼漳州，國軒夾水而軍爲聲援。值副都統沃申率師至，瑚圖從賚塔分路進擊，至蔗林，遇伏，師少卻。瑚圖斬卻退者三人，衆迺奮進，連破十六營。寇退據長泰，謀犯南靖。瑚圖引兵進，寇以兵五萬分軍龍虎、蜈蚣二山，復與沃申鏖衆力戰，寇迺敗，棄營走，遂克之。然寇猶據江東橋不退，賚塔軍其西，而令瑚圖、沃申與提督石調聲取橋東岸，乃間道踰朝天嶺，過龍江口，深入寇軍奮擊。寇棄寨，走入舟，據橋口，急擊之，寇出江遁。漳、泉路始通。國軒還海澄。

十八年，寇頓鼈頭山，復數窺江東橋，謀斷我後路。師分四路入，瑚圖與副都統瑪思文爲一路，擊敗之。十九年，攻克玉洲各寨。寇敗竄廈門。海澄再復。隨賚塔赴潮州，再戰破賊。閩、粵平，還江寧。二十三年，擢杭州將軍。二十六年，卒，詔獎其清慎，予卹，謚敏恪。

瑪哈達，佟佳氏，滿洲正白旗人，禮部承政巴都里孫。康熙七年，自參領擢正白旗滿洲副都統。吳三桂反，詔守兗州，徙安慶。精忠叛，赴浙參贊賚塔軍務。時大將軍傑書至金華，精忠將陳重自東陽來犯，瑪哈達與都統石調聲等敗之山口村小河岸，追擊至鄭家店。俄，精忠將徐尙朝擁衆五萬人犯金華，距城十二里結寨，瑪哈達與台吉察渾、都統巴雅爾、總兵李榮等分兵擊敗之。精忠將張元兆以二萬人屯壽溪，又與巴雅爾、榮移兵擊之，破壘十八，斬兆元及其衆二千餘。尙朝復據積道山，與總兵陳世凱等乘霧進兵，破其木城。十四年，擊精忠將沙有祥等於桃花嶺，復處州。尙朝、有祥等又來攻，復與察渾、榮、世凱分兵擊敗之。十五年，擢杭州將軍。傑書下福建，瑪哈達從賚塔自衢州率兵先驅。大溪灘、仙霞嶺諸役，戰常陷堅。進復建寧、延平，還杭州。論功，予三等阿達哈哈番。二十三年，召授正白旗滿洲都統。坐補官徇情，罷，遣戍黑龍江。二十八年，卒。

傑殷，韓氏，滿洲正紅旗人，其先爲朝鮮人。父義，歸太祖，授世職一等參將。傑殷初授一等侍衞，累遷正紅旗滿洲副都統。康熙十一年，遷護軍統領。十四年，察哈爾布爾尼叛，從內大臣佟國綱率師駐宣府。

王輔臣叛，上命將軍畢力克圖率師駐大同，以傑殷參贊軍事。土寇朱龍據榆林，畢力克圖移師討之，次謝村，分兵爲三隊，傑殷乘夜先發，黎明次河岸。賊三千餘據楊家店渡口，傑殷督兵渡河擊賊，賊潰，克吳堡，遂趨綏德。賊屯虎爾崖山口，傑殷督兵仰攻，殪其裨將，俘七十餘人，進破臥牛城，復米脂、延川諸縣，復進收延安及諸屬縣，並定宜川縣境二十六寨。再進攻平涼，大將軍貝勒洞鄂令傑殷領左翼兵爲前鋒，輔臣以萬餘人列陣迎戰。傑殷督兵擣其中堅，戰自巳至未，凡三勝，復分兵環擊，殲馘甚衆。自是屢擊卻輔臣兵。

十五年，吳三桂將吳之茂以萬餘人屯秦州，爲輔臣聲援。洞鄂令傑殷移師禦之，戰谷口山崖，斬五十餘級。與將軍佛尼埒、提督王進寶會師。議出賊後斷糧道，傑殷督兵先行，戰羅家堡、戰鹽關、戰三十里鋪，屢擊敗之茂護糧兵。之茂揚言將斷臨洮、鞏昌道，傑殷移師伏羌，戰平頭山、戰馬塢，又屢擊敗之茂護糧兵，破其壘，克通渭，還駐秦州。大將軍圖海下平涼，之茂引兵走。傑殷與佛尼埒率師夜追之，及於牡丹園，力戰破陣，克祁山堡。之茂別部兵自西和至，敗之祁山嘴，又敗之清陽峽。選輕騎逐之茂，及於石牙兒關，之茂以二十人越山遁，斬五千餘級，俘五百餘人，克禮、西和二縣。

三桂將王屏藩走階州，督兵追之，降其兵三百餘，復還駐秦州。十九年，攻保寧，克順慶，並復所屬州縣，進駐成都。尋卒，賜祭葬，予世職拜他喇布勒哈番。

弟傑都，順治十六年，以巴牙喇甲喇章京從將軍達素徇厦門，破鄭成功舟師。康熙十三年，從前鋒統領穆占自陝西入四川，破之茂神將石存禮於朝天關；趨保寧屯蟠龍山，屏藩引衆劫營，絕我師餉道。師引退，傑都殿，力戰，死之，予世職拜他喇布勒哈番兼拖沙喇哈番。

瓦爾喀，完顏氏，滿洲鑲紅旗人。初任噶布什賢壯達，稱驍勇，中創不少卻，數被優賚。崇德時，從貝勒岳託伐明，攻懷來、寶坻，略山東，攻克海豐，並先登。又從貝勒阿巴泰攻范縣，薄城，以矛鑿垣爲磴，緣而上，克之。順治初，從肅親王豪格徇四川，數擊敗張獻忠兵。有護軍阿納海者爲敵困，瓦爾喀策馬突前，格殺二人，翼之出。與梅勒額眞烏拉禪駐防大名，擊土寇。累進三等阿達哈哈番，授工部理事官，董修宮殿，進一等。十六年，署噶布什賢章京。從固山額眞卓洛駐防雲南，討平元江土司。康熙元年，還京，授參領，兼督捕理事官。還西安副都統。七年，擢將軍。

十二年，吳三桂反，湖南、廣西皆應。命瓦爾喀偕佛尼埒赴四川備守禦，許便宜行事。師次漢中，分三道入，擊叛將譚弘野狐嶺，發其伏，殲之。乘勝復陽平、七盤、朝天諸關，先後斬萬餘級，獲旗幟、器械稱是。時賊據保寧，師進偪，鑿壕塹與相持，久弗下。瓦爾喀遘疾，卒於軍，謚襄敏。尋追論保寧不疾進兵，又守隘弗嚴，損將士，部議追奪官階、世職，並削謚。

論曰：希福將莽依圖所部，轉戰下雲南，功最多。鄂克遜、偏圖等皆與攻雲南，而偏圖留鎮三十年，撫定創夷。瑚里布、達理善以夙將從軍，額楚戰廣西，額斯泰戰湖南，瓦岱戰江西，沃申戰閩、浙，傑殷、瓦爾喀戰川、陝，皆有功績。是時傾禁旅以出，八旗將士敵愾策勳，斯其尤炳著者也。

清史稿卷二百五十九

列傳四十六

宜里布　哈克三　阿爾護　路什　雅賚　擴爾坤　王承業 王忠孝

宜里布，他塔喇氏，滿洲正白旗人，阿濟格尼堪子也。初授兵部副理事官。順治八年，襲三等伯爵，兼管牛彔。恩詔進一等伯。擢刑部侍郎，調吏部。鄭成功據臺灣爲亂，議者謂當徙瀕海居民入內地，以避剽掠，絕接濟，命宜里布與尙書蘇納海歷江南、浙江、福建勘疆界。既定，還京師，擢正白旗蒙古都統。康熙七年，調本旗滿洲都統，列議政大臣。

吳三桂反，十三年，大將軍順承郡王勒爾錦率師討之，以宜里布參贊軍務。既至荆州，三桂自常德攻陷松滋，襄陽總兵楊來嘉、副將洪福叛附之，壁穀城、鄖陽間，窺覘郡邑，詔宜里布守宜昌。十四年，來嘉等犯南漳，順承郡王承制授宜里布討逆將軍印，與副都統根特往援。來嘉等引退，旋復犯均州，壘武當山下，宜里布督兵擊之，斬千餘級，來嘉等復引退。

時三桂屯松滋北山，緣江置戰艦，謀水陸並進。命宜里布與都統范達禮等守襄陽、均州諸處。三桂遣其將張以誠與來嘉等寇南漳，宜里布與總督蔡毓榮分率勁旅夾擊，斬三千餘級。十六年，命與將軍穆占率荆州滿洲兵自岳州下長沙，克茶陵。三桂兵奔攸縣，宜里布追擊之，斬四千餘級，俘百餘，克攸縣。

十七年，穆占師進克郴州、永興諸處，駐師郴州，而令宜里布守永興。三桂遣其將馬寶、胡國柱等來犯，與副都統哈克三督兵禦之，力戰，殞於陣。喪還，遣內大臣奠茶酒，復遣侍衞諭其母曰：「宜里布侍朕久，深知其爲人。出師有勞績，方謂功成奏凱，卽可相見。忽聞陣沒，悽愴痛悼！爾家貧，予白金六百爲治喪資。」賜祭葬，謚武壯。子阿什坦襲爵。

哈克三，佟佳氏，滿洲正藍旗人。父法薩里巴圖魯，以驍騎校從征戰沒。哈克三初授禮部筆帖式，累遷員外郎。順治十四年，改授巴牙喇甲喇章京。康熙二年，李自成餘孽李來亨等據茅麓山，剽掠爲民害，從將軍穆里瑪等討之。賊入山，哈克三從巴牙喇纛章京堪泰自山後進，大破之；復與總兵于大海夾擊，多所斬馘，來亨自縊死。擢正藍旗蒙古副都統。十二年，調滿洲副都統，尋遷護軍統領。

十四年，察哈爾布爾尼叛，大將軍信郡王鄂扎率師討之，哈克三參贊軍務。師次達祿，布爾尼列陣以待，而隱兵山谷間以誘我師。土默特兵遇伏，哈克三力禦敗之。復督驍騎突賊陣，賊潰奔，斬馘甚衆，布爾尼以三十騎遁。敍功，授三等阿達哈哈番。

十六年，大將軍簡親王喇布討吳三桂，哈克三參贊軍務。三桂將韓大任據萬安，哈克三與副都統雅沁等分道進，大任渡河走。哈克三以山逕隘不容騎，請調綠旗兵守隘，斷賊餉道，上責其稽延，敕窮追毋縱入楚。賊竄興國山中，追擊之黃塘、新田鋪，師舍騎而徒，奮擊，賊大潰。復選輕騎夜逐賊至姜坑嶺，賊據險自保，哈克三分兵環攻，斬千餘級。大任等收餘衆走福建，屯老虎洞。十七年三月，與都統巴雅爾，副都統錫三、雅沁、布舒庫等分隊奪隘，斬六千餘級，獲所置總兵以下三百餘。大任窮蹙，率衆詣康親王軍降，哈克三還吉安。旋命赴湖南，與將軍穆占會師駐郴州。三桂將馬寶、胡國柱攻永興急，穆占令哈克三率師赴援，與都統宜里布力戰，同歿於陣。喪還，遣內大臣奠茶酒，予白金五百治喪，賜祭葬，謚武毅，進世職一等阿達哈哈番兼拖沙喇哈番，無子，以弟之子巴爾泰襲。

阿爾護，富察氏，滿洲鑲紅旗人，世居輝發。父鄂拜，國初來歸，管牛彔。從入關，擊走李自成。復從征福建有功，予世職一等阿達哈哈番。累遷鑲紅旗蒙古副都統。阿爾護初授王府長史。

康熙十三年，命署副都統，與將軍坤巴圖魯率師出駐汝寧。其冬，吳三桂將王屏藩等自四川窺陝西，提督王輔臣叛應之。與坤巴圖魯赴西安。十四年，將五百人守寶雞。賊來犯，擊之，敗去，追至天王村，撫定歸州十二堡，降其將七、兵千餘。八月，詔分將軍佛尼埒兵六百授阿爾護，守棧道諸險要。與三桂將彭時亨戰仰天池，大捷。出螞蟻河口，望見賊營分立九龍山，卽以銳師胥加之，賊大潰。十月，三桂將石存禮等擁衆八千出棧道，據益門鎭口，分七營窺寶雞，兼爲王輔臣聲援。阿爾護令軍中曰：「有能攻剋隘口者，賞與克州縣城同。」軍士氣奮，分三道上，直搗其巢，力戰，自巳至未，七營盡破，追奔十數里，射殪其將，獲旗幟、器械無算。迭破賊仰天池山下，及益門鎭東邵家山、黃兒子溝、沈家坡諸處，自是賊不敢出棧道。

十五年，授鑲紅旗蒙古副都統。從將軍穆占移師湖廣。十六年，三桂將吳國貴犯長沙，力戰，死之。事聞，謚敏壯，予三等阿達哈哈番。

路什，納喇氏，滿洲鑲黃旗人，世居章甲城。父克恩，歸太祖。路什以驍勇稱。崇德七年，師入兗州，以雲梯攻城，路什先登，克之，賜號「巴圖魯」，予世職遊擊。

順治初，以甲喇額眞從入關，與牛彔額眞袞泰將步兵擊李自成；復與梅勒額眞阿哈尼堪逐自成至慶都，敗之，自成潰而西。二年，從英親王阿濟格徇陝西，與梅勒額眞阿喇善攻綏德，圍延安，七戰七克。時自成南走商州，奔湖廣，躡追至武昌，獲其孥。論功，進二等。張獻忠據蜀，久不下。三年，從肅親王豪格西征，會叛將賀珍等犯漢中，分兵守雞頭關，路什與巴牙喇纛章京鰲拜擊卻之；追破珍於楚湖，入四川，所向皆捷。獻忠旣滅，分兵剿餘賊，俘斬甚衆，進三等阿思哈尼哈番。

十五年，從信郡王多尼南征，師入貴州。明桂王將羅大順出拒戰於黔西州十萬溪箐，路什與噶布什賢噶喇依昂邦鄂訥、梅勒額眞噶褚哈分兵擊之，連破數營，敵大潰。敍功，進二等。

吳三桂反，路什年已七十，請從征，遂從貝勒尚善徇湖南。康熙十七年秋，以偏師取湘陰，進洞庭湖，守九馬嘴。寇至，風大作，泊綠林灘，舟被擊，路什猶賈勇發矢石，擊殺十數人，力竭，死。時七月二十八日也。事聞，進一等兼拖沙喇哈番。

子布納海，襲。聖祖親征噶爾丹，布納海從內大臣費揚古出西路，戰於昭莫多。師有功，進三等精奇尼哈番。卒，子瑚什屯，降襲二等阿思哈尼哈番。

雅賚，納喇氏，滿洲正藍旗人。初任王府長史，兼佐領。康熙十三年，命署副都統，駐防江寧，未至，徙駐安慶。耿精忠遣其將擾江西，廣信、建昌、饒州並陷。大將軍安親王岳樂率禁旅南征，駐南昌，以雅賚與署領都統阿喀尼參贊軍務，移兵攻彭澤。既，詗知賊據小姑山，先遣兵擊之。賊結水寨拒戰，我軍出其後，陟山而下，斬其裨將，餘衆多被創赴水死。師進攻彭澤，城西臨江，南北皆倚山，路險峻，乃督兵略其東，陟山，樹雲梯以登。賊不能抗，縱火啓東門走，追擊敗之，遂進攻湖口。安親王軍至，賊棄城走都昌，雅賚追及之，敗竄鄱陽湖，所置吏以湖口降。

十四年，將水師逐賊鄱陽湖，趨五桂寨，賊棄寨走，其將黃浩浮舟來犯，擊卻之。追至梅溪、瑞洪、康山湖及壩口，先後得船數百，斬數千級，與陸軍會苜蓿灣，克餘干縣。復進征建昌，精忠將邵連登據常興山，列營三十，雅賚攻其左，諸軍自右擊之，盡夷其巢，連登中流矢死。復與都統霍特征廣信，次石峽，方暑，士馬疲渴，猝遇伏，師少卻，雅賚直前奮戰，中礮死，賜祭葬，謚襄壯，予世職拜他喇布勒哈番。

擴爾坤，薩克達氏，滿洲鑲紅旗人，世居那穆都魯。祖葉古德，歸太祖，編牛彔，俾統之。父喜福，任兵部理事官。崇德間，從征黑龍江，順治初，從征漢中，皆有功。復出討姜瓖，瓖將屯寧武關，分據左衞。喜福力戰，被巨創，卒於軍，世職累進二等阿達哈哈番。

擴爾坤初授牛彔額眞。從征貴州，戰屢捷。康熙初襲職，遷護軍參領，擢鑲紅旗蒙古副都統。吳三桂反，命率師駐防太原。十三年，從駐西安。會四川告警，命進駐漢中。三桂將吳之茂犯廣元，遣兵敗之，復分水陸兼進，又擊之敗去。之茂遣裨將賀騰龍劫糧二郎關，擴爾坤馳擊，獲騰龍。之茂復遣裨將何德成犯廣元，分兵渡河擊卻之，逐北三十餘里。尋以七盤、朝天諸關復陷賊，詔還駐漢中。

十四年，漢中乏餉，將軍錫卜臣領兵還城固，擴爾坤率右翼兵殿後。三桂將彭時亭等擁衆八千據險邀阻，擴爾坤擊潰之，且戰且行三晝夜，次洋縣金水河，七戰皆捷。諸軍前行，仍令擴爾坤殿，俄賊環偪，力戰中創，殞於陣，賜祭葬，進世職三等阿思哈尼哈番。子遜扎齊，襲職，官至工部尙書。

王承業，字瓊山，江南廬江人。少入伍。康熙初，從軍福建，克金門、厦門。累擢遊擊，遷廣西副將。十七年，將軍莽依圖徇廣西，以承業爲新設援剿中營總兵，管副將事。十八年，吳世琮犯梧州，承業擊敗之。世琮棄營宵遁，克潯州。世琮以十萬人分屯貴州、廣西諸要隘，而自將兵圍南寧。承業赴援，設奇與城兵相犄角，戰新村西山之巓，斬六千餘級，世琮負重傷敗走，南寧圍解。遂自陶鄧山進剿柳州，叛將馬承廕以二萬人拒戰，擊敗之，乘勝定象州，承廕遂降。

其冬，將軍賚塔自南寧直進雲南，檄承業至西隆。吳世璠將何繼祖據石門坎，去安籠所三十里，地僻道險。十九年正月，承業奮勇入，連奪二隘口，復所城。繼祖退據黃草壩，列象拒戰，承業疾擊之，自卯至未，毀其營二十有二。克曲靖，取霑益，下馬龍、楊林，大小三十餘戰，無不披靡。既抵會城，壁城外歸化寺。世璠將胡國柄、劉起龍出拒，承業引守備林廷熺鏖戰，自卯至午，突入賊陣，礮中額，墜馬死。廷熺單騎馳救，賊矢雨集，亦殞於陣。事聞，詔贈承業右都督，廷熺贈都司僉事。

王忠孝，奉天人。以參將銜從軍屢有功，累擢署左翼總兵官。從將軍賚塔下雲南，爲前鋒。克西隆，攻廣西縣，忠孝與所部遊擊林桂選勇士數十人，越嶺疾馳下，大破賊。攻石門坎，師盛旗幟，鳴鼓角，趨上游，忠孝與桂督兵涉水，出間道繞其後，破敵砦。攻黃草壩，與桂引敵入谷，伏起，夾擊，斬世璠軍裨將。既破隘，師進薄雲南會城。國柄等出戰，忠孝與承業、廷熺同時戰死，贈都督同知。

廷熺，廣東南海人。桂，廣東番禺人。忠孝既戰沒，桂佐賚塔定雲南，代爲左翼總兵官。

論曰：吳三桂白首舉事，號善用兵。屯松滋數年，不敢渡江攻荆州。晚欲通贛、粵道，宜理布、哈克三以死拒，然終不得逹，安在其爲善用兵也？阿爾護輩殺敵致果，授命疆場。承業戰沒雲南城下，悍敵致死，誠有不易當者。故比而論之，亦以見戡定始末。他死事者，語別見忠義傳，不能徧著也。

清史稿卷二百六十

列傳四十七

姚啓聖 子儀　吳興祚　施琅 朱天貴

姚啓聖，字熙止，浙江會稽人。少任俠自喜。明季爲諸生。順治初，師定江南，遊通州，爲土豪所侮，乃詣軍前乞自效。檄署通州知州，執土豪杖殺之，棄官歸。郊行，遇二卒掠女子，故與好語，奪其刀殺之，還女子其家。去附族人，籍隸鑲紅旗漢軍。舉康熙二年八旗鄉試第一，授廣東香山知縣。前政負課數萬，繫獄，啓聖牒大府，悉爲代償。尋以擅開海禁，被劾奪官。

十三年，耿精忠反，兵入浙江境，陷溫州傍近及台、處諸屬縣。聖祖命康親王傑書統師進討，啓聖與子儀募健兒數百詣軍，以策干王。檄署諸暨知縣，剿平紫瑯山土寇。十四年，以王薦，超擢溫處道僉事。從都統拉哈達克松陽、宣平二縣。十五年，偕副都統沃申、總兵陳世凱等剿賊石塘，焚其木城，斬獲甚衆，乘勝復雲和。精忠先是，精忠以書招鄭錦，錦至復拒之，將士多爲內應，錦遂取泉、漳二府，據廈門。精忠與戰，復屢敗。啓聖又使儀破精忠將曾養性於溫州。十月，師入仙霞關，趨福建，精忠降。擢啓聖福建布政使，率兵討錦。吳三桂將韓大任驍勇善戰，世稱小淮陰者也，自贛入汀，謀與錦合。啓聖說之降，簡其部卒，得死士三千人，以爲親軍。十六年，從康親王復邵武、興化，盡取漳、泉地。錦遁歸廈門。總督郎廷佐奏啓聖與子儀屢著戰功，贍軍購馬，具甲冑弓矢，糜白金五萬，皆出私財，詔嘉獎。

十七年，錦遣其將劉國軒、吳淑、何佑等復犯漳、泉，海澄公黃芳世、都統穆赫林、提督段應舉等與戰，敗績，遂陷海澄、長泰、同安、惠安、平和諸縣。詔擢啓聖福建總督，條上機宜，「請調福寧鎮兵助攻泉州，調衢州、贛州、潮州三鎮兵助攻漳州，復設漳浦、同安二總兵，增督標兵五千」。通省經制兵萬八千，申明臨陣賞罰，禁厮役占兵額」。下議政王大臣議，衢、贛、潮三路皆重地，未便徵發，既增督標兵，毋庸復廣通省兵額，餘皆從其議。七月，偕海澄公黃芳度自永福進克平和、漳平。國軒等解泉州圍，進逼漳州，壁於蜈蚣嶺。啓聖率壯士鍾寶、張黑子等出戰，將軍賚塔、都統沃申等夾擊，連破賊寨，斬其將鄭英、劉正璽等十餘人，國軒遁海澄，乘勝復長泰。敍功，進正一品。九月，復遣儀率兵攻同安，敵棄城遁，斬潮溝。

其將林欽等。尋偕副都統吉勒塔布、提督楊捷等進攻海澄，敗國軒於江東橋，又敗之於

十八年，國軒與淑、佑等踞郭塘、歐溪頭，欲斷江東橋以犯長泰。啓聖偕賚塔、捷及巡撫吳興祚等邀擊，大敗之，先後招降所置吏四百餘、兵一萬四千有奇。國軒等復率萬餘人謀奪榴山寨，啓聖偕賚塔及副都統石調聲擊敗之，至太平橋、潮溝，斬千餘級。十九年，會賚塔等攻海澄。時提督萬正色先克海壇，啓聖及總兵趙得壽、黃大來等分兵七路並進，破十九寨；別遣將渡海，拔金門、厦門，降錦將朱天貴等，錦退保澎湖，盡復所陷郡縣。進兵部尚書、太子太保。

二十年，左都御史徐元文劾「啓聖疏請借司庫銀十二萬，經營取息，侵占民利；題報軍前捐銀十五萬，皆剋軍餉朘民膏而得。閩民極困，啓聖不能存撫，拆毁民居，築園亭水閣，日役千人，舞女歌兒充牣房闥；又强取長泰戴氏女爲妾。海壇進師，力爲阻撓，及克厦門，又言當直取臺灣。始欲養寇，繼欲窮兵。吳興祚、萬正色平海奏功，啓聖嶄妒，妄謂正色與錦將朱天貴有約，讓海壇而去。險詐欺誣，乞敕部嚴議」。上令啓聖覆奏，啓聖言：「臣於康熙十七年十月進兵至鳳凰山，因一時投誠者多，犒賞不繼，與撫臣吳興祚議外省貿易，頗有微利，前督臣李率泰、經略洪承疇嘗借帑爲之，遂冒昧上疏，未蒙俞允。臣自入仕，

京師未有產業，而軍前捐銀十五萬有奇者，香山罷官後，貿易七年，得積微貲，併臣浙江祖產變價，及親朋借貸，經年累月而後有此。臣於十七年七月至省，見總督官廨爲耿精忠屯兵毀傷傾圮，因捐貲修整，日役不過數十，柵外員役私舍，令其自行撤除。至臣妾皆有子女，年已老大，並無歌兒舞女，强取戴氏女，尤無其事。十八年十一月，臣密陳進剿機宜，請水陸五道進兵，並未阻撓。至得廈門卽攻臺灣，先於十八年九月預陳，亦非屆時發議。撫臣、提臣拜疏出師，平賊首功已定，臣何所容其嫉妒。朱天貴應撫投誠，天貴言之而臣始知之。臣任三閩三職，雖無妒功之心，實有溺職之咎。乞敕部嚴議，別簡賢能。」疏入，報聞。二十一年，敍克海澄、金門、廈門功，授世職拜他喇布勒哈番兼拖沙喇哈番。

方鄭錦屢入寇，徙濱海居民入內地，俾絕接濟、避侵掠，下令越界者罪至死，民多蕩析。及禁旅班師，驅繫良民子女北行，啓聖白王嚴禁。復捐貲贖歸難民二萬餘人，並請開海界、復民業，聽降卒墾荒，民困漸蘇。及錦死，子克塽仍其爵，稱延平王，凡事皆決之國軒等。啓聖令知府卞永譽、張仲舉專理海疆，多以金帛間其黨與。克塽乃遣使齎書，願稱臣入貢，不薙髮登岸，如琉球、高麗例。啓聖以聞，上不許，趣水師提督施琅進征。

二十二年六月，琅進攻臺灣，取澎湖。啓聖駐廈門督饋運，以大舟載金、繒、貨、米至軍，大賚降卒，遣之歸，臺民果攜貳。復設間使克塽與國軒互相猜，衆莫爲用。琅遂定臺灣，克塽、國軒等皆降。語具琅傳。啓聖還福州，未幾，疽發背，卒。明年，部議以啓聖修繕船舶、軍械，浮冒帑金四萬七千有奇，應追繳，上念其勞，免之。

子儀，膂力絕人，雄偉與父埒。初以捐納知縣從征，累戰有功。康親王檄署遊擊。議敍，內擢郎中。上以儀有才略，且自陳願以武職自效，改都督僉事，以總兵用。歷狼山、杭州、沅州、鶴慶諸鎮總兵，鑲紅旗漢軍副都統。卒，賜祭葬。

鍾寶，少業屠，流爲盜。啓聖令香山，招之降。後啓聖征福建，寶偕同降者二十人隸麾下，每戰輒當前，所向有功。累進秩都督僉事。啓聖卒，遂歸。後數年，部議注官，授潼關參將，遷靖邊協副將。卒。寶撫兵民有恩，稱爲鍾佛子。

韓大任，降後入覲，聖祖以其爲三桂將，留爲內務府包衣參領。二十九年，從佟國綱征噶爾丹，次烏闌布通，伏發，國綱歿於陣。大任驚曰：「吾聞臨陣失帥，兵家大罪。吾以叛逆之黨，蒙恩不死。今豈可坐必死之律，復對獄吏乎？」因馳入賊陣，手刃數十人，死之。

吳興祚，字伯成，漢軍正紅旗人，原籍浙江山陰。父執忠，客禮親王代善幕，授頭等護衞。興祚自貢生授江西萍鄉知縣。金聲桓叛，郡縣多被寇，萍鄉以有備獨完。坐事罷。旋以守禦功復官，授山西大寧知縣，遷山東沂州知州。白蓮敎嘯聚爲患，興祚開諭散遣之。

復坐事降補江南無錫知縣。縣吏虧庫帑，更數政未得償，官罷不能去。興祚至，爲請豁除，其當償者出私財代輸。淸丈通縣田，編號繪圖，因田徵賦。飛詭隱匿，皆不得行。縣徭役未均，最煩苦者爲圖六。興祚以入官田徵租雇役，民害乃除。歲飢，爲粥食餓者。八旗兵駐防蘇州，興祚請於領兵固山，單騎彈壓。兵或取民雞，立笞之，皆奉約束。塘溢，兵不得渡，立竹於塘旁，懸燈以爲識，騎行如坦途。

康熙十三年，遷行人，仍留知縣事，用漕運總督帥顏保薦，超擢福建按察使。有朱統錩者，號明裔，耿精忠私署敉遠將軍，及精忠降，自稱宜春王，據貴溪爲亂，與福建錯壤。興祚輕騎至光澤，撫其將陳龍等，遣降將陽自歸爲內應，令龍導師入，其將馮珩等縛統錩，率兵三千以降。

十七年，擢巡撫。時鄭錦踞臺灣，遣其驍將劉國軒等陷漳、泉屬縣，復圍泉州。興祚率標兵自興化赴援，至仙遊，錦將黃球等率二千人結土寇萬餘屯白鴿嶺。興祚分兵三道，自當中路，與戰，自辰至酉，相持不卽退。興祚遣兵自間道奪白鴿嶺關口，斬級六百，墮岸溺水死者甚衆，寇乃潰走，追敗之於嶺頭灣，復永春、德化二縣。國軒自泉州走入海，以巨艦數百出沒赤嶼、黃崎諸處。興祚遣總兵林賢等統水師出海，分三路夾攻，焚敵艦六十餘，俘斬六千有奇。疏報捷，並言：「海逆逼犯漳、泉，大軍由陸路進發，跋涉疲難。臣前捐募水兵，一戰破賊，但兵力稍薄，未易輕取廈門。若得水師二萬，再添造戰船，可直搗巢穴，掃蕩鯨波。」詔允行。

十八年，國軒率兵二千至郭塘、歐溪頭，欲斷江東橋以犯長泰，興祚與都統吉勒塔布、總督姚啓聖會師擊走之。興祚遣驛傳道王國泰等招降錦將蔡沖璵、林忠等三百八十五人，兵萬二千五百，拔難民千二百，得舟六十七。敍前後功，進秩正一品。

十九年，疏言：「鄭錦盤踞廈門，沿海生靈受其荼毒。臣去冬新造戰船，水師提督萬正色分配將士，自閩安出大洋操練。俟舊存船艘修葺完整，江南礮手齊集，即相機進取廈門。」二月，正色師進海壇，興祚自泉州會寧海將軍拉哈達、總兵王英等赴同安，攻克汭洲、潯尾諸隘。渡海，拉哈達出中路，英右，興祚左，奮戰，敵大潰，遂克廈門。時正色已取海壇，降錦將朱天貴等，復遣兵取金門，餘衆悉竄臺灣。捷聞，詔嘉獎，下部優敍。興祚因請留澳民防守，蠲荒田租糧，減關課。正色亦請於海澄、廈門分兵駐守。上命侍郎溫岱赴福建會議。溫岱至，啓聖與言正色復海壇，與天貴先有約乃進兵，無殺賊攻克事。溫岱還京師，兵部據其言，議興祚冒功，上命仍議敍，予世職拜他喇布勒哈番兼拖沙喇哈番。

二十年，擢兩廣總督。興祚上官，疏言尙之信在廣東橫徵苛斂，民受其害數十年。因舉鹽埠、渡稅、稅總店、漁課諸害，悉奏罷之。自遷界令下，廣東沿海居民多失業，興祚疏請展界，恣民捕採耕種。上遣尚書杜臻、內閣學士石柱會興祚巡歷規畫，兵民皆得所。又言潮州海汛遼闊，商民往來貿易，恐宵小潛蹤，應令澄海協達濠營水汛官兵船隻改歸南澳水師鎮統轄，與碣石鎮互相聯絡，巡防外海島嶼，詔並允行。二十四年，疏請於廣東、廣西二省設爐鼓鑄，給事中錢晉錫、御史王君詔疏劾興祚鼓鑄浮冒，下吏議，當鐫秩，命以副都統用。

三十一年，授歸化城右翼漢軍副都統，復坐事鐫秩。三十五年，上征噶爾丹，命自呼坦和碩至寧夏安十三塘，興祚願効力坐沙克舒爾塘，未幾，復原秩。三十六年，卒。

興祚爲政持大體，除煩苛，卒後遠近戴之。歷官之地，並籲祀名宦。

施琅，字琢公，福建晉江人。初爲明總兵鄭芝龍部下左衝鋒。順治三年，師定福建，琅從芝龍降。從征廣東，戡定順德、東莞、三水、新寧諸縣。芝龍歸京師，其子成功竄踞海島，招琅，不從。成功執琅，並縶其家屬。琅以計得脫，父大宣、弟顯及子姪皆爲成功所殺。十三年，從定遠大將軍世子濟度擊敗成功於福州，授同安副將。十六年，成功據臺灣，就擢琅同安總兵。

康熙元年，遷水師提督。時成功已死，其子錦率衆欲犯海澄，琅遣守備汪明等率舟師禦之海門，斬其將林維，獲戰船、軍械。未幾，靖南王耿繼茂、總督李率泰等攻克廈門，敵驚潰，琅募荷蘭國水兵，以夾板船要擊，斬級千餘，乘勝取浯嶼、金門二島。敍功，加右都督。三年，加靖海將軍。

七年，琅密陳錦負嵎海上，宜急攻之。召詣京師，上詢方略，琅言：「賊兵不滿數萬，戰船不過數百，錦智勇俱無。若先取澎湖以扼其吭，賊勢立絀；倘復負固，則重師泊臺灣港口，而別以奇兵分襲南路打狗港及北路文港海翁堀。賊分則力薄，合則勢蹙，臺灣計日可平。」事下部議，寢其奏。因裁水師提督，授琅內大臣，隸鑲黃旗漢軍。

二十年，錦死，子克塽幼，諸將劉國軒、馮錫範用事。內閣學士李光地奏臺灣可取狀，因薦琅習海上事，上復授琅福建水師提督，加太子少保，諭相機進取。琅至軍，疏言：「賊船久泊澎湖，悉力固守。冬春之際，颶風時發，我舟驟難過洋。臣今練習水師，又遣間諜通臣舊時部曲，使爲內應。俟風便，可獲全勝。」二十一年，給事中孫蕙疏言宜緩征臺灣。七月，彗星見，戶部尙書梁淸標復以爲言，詔暫緩進剿。琅疏言：「臣已簡水師精兵二萬、戰船三百，足破滅海賊。請趣督撫治糧餉，但遇風利，卽可進行，並請調陸路官兵協剿。」詔從之。

二十二年六月，琅自桐山攻克花嶼、猫嶼、草嶼，乘南風進泊八罩。國軒踞澎湖，緣岸築短牆，置腰銃，環二十餘里爲壁壘。琅遣遊擊藍理以鳥船進攻，敵舟乘潮四合。琅乘樓船突入賊陣，流矢傷目，血溢於帕，督戰不少卻，總兵吳英繼之，斬級三千，克虎井、桶盤二嶼。旋以百船分列東西，遣總兵陳蟒、魏明、董義、康玉率兵東指雞籠峪、四角山，西指牛心灣，分賊勢。琅自督五十六船分八隊，以八十船繼後，揚帆直進。敵悉衆拒戰，總兵林賢、朱天貴先入陣，天貴戰死。將士奮勇夾擊，自辰至申，焚敵艦百餘，溺死無算，遂取澎湖，國軒遁歸臺灣。克塽大驚，遣使詣軍前乞降，琅疏陳，上許之。八月，琅統兵入鹿耳門，至臺灣。克塽率屬薙髮，迎於水次，繳延平王金印。臺灣平，自海道報捷。疏至，正中秋，上賦詩旌琅功，復授靖海將軍，封靖海侯，世襲罔替，賜御用袍及諸服物。琅疏辭侯封，乞得如內大臣例賜花翎，部議謂非例，上命毋辭，並如其請賜花翎。

遣侍郎蘇拜至福建，與督撫及琅議善後事。有言宜遷其人、棄其地者，琅疏言：「明季設澎水標於金門，出汛至澎湖而止。臺灣原屬化外，土番雜處，未入版圖。然其時中國之民潛往生聚，已不下萬人。鄭芝龍爲海寇，據爲巢穴。及崇禎元年，芝龍就撫，借與紅毛爲互市之所。紅毛聯結土番，招納內地民，漸作邊患。至順治十八年，鄭成功盤踞其地，糾集亡命，荼毒海疆。傳及其孫克塽，積數十年。一旦納土歸命，善後之計，尤宜周詳。若棄其地，遷其人，以有限之船，渡無限之民，非閱數年，難以報竣。倘渡載不盡，竄匿山谷，所謂藉寇兵而齎盜糧也。且此地原爲紅毛所有，乘隙復踞，必竊窺內地，鼓惑人心。重以夾板船之精堅，海外無敵，沿海諸省，斷難安然無虞。至時復勤師遠征，恐未易見效。如僅守澎湖，則孤懸汪洋之中，土地單薄，遠隔金門、厦門，豈不受制於彼，而能一朝居哉？臣思海氛既靖，汰內地溢設之官兵，分防兩處：臺灣設總兵一、水師副將一、陸營參將二、兵八千；澎湖設水師副將一、兵二千。初無添兵增餉之費，已足固守。其總兵、副將、參、遊等官，定以二三年轉陞內地。其地正賦雜糧，暫行蠲豁。駐兵現給全餉，三年後開徵濟用，卽不盡資內地轉輸。蓋籌天下形勢，必期萬全，臺灣雖在外島，關四省要害，斷不可棄。並繪圖以進。」疏入，下議政王大臣等議，仍未決。上召詢廷臣，大學士李霨奏應如琅請。尋蘇拜等疏亦用琅議，並設縣三、府一、巡道一，上命允行。

琅又疏請克塽納土歸誠，應擕族屬與劉國軒、馮錫範及明裔朱桓等俱詣京師，詔授克塽公銜，國軒、錫範伯銜，俱隸上三旗，餘職官及桓等於近省安插墾荒。復疏請申嚴海禁，稽核貿易商船，命如所議。

二十七年，入覲，溫旨慰勞，賞賚優渥。上諭琅曰：「爾前爲內大臣十有三年，當時尙有輕爾者。惟朕深知爾，待爾甚厚。後三逆平定，惟海寇潛據臺灣爲福建害，欲除此寇，非爾不可。朕特加擢用，爾能不負任使，舉六十年難靖之寇，殄滅無餘。或有言爾恃功驕傲，朕令爾來京。又有言當留勿遣者，朕思寇亂之際，尚用爾勿疑，況天下已平，反疑而勿遣耶？今命爾復任，宜益加敬慎，以保功名。」琅奏謝，言：「臣年力已衰，懼勿勝封疆之重。」上曰：「將尚智不尚力。朕用爾亦智耳，豈在手足之力哉？」命還任。三十五年，卒於官，年七十六，贈太子少傅，賜祭葬，謚襄壯。

琅治軍嚴整，通陣法。尤善水戰，諳海中風候。將出師，值光地請急歸，問琅曰：「衆皆言南風不利，今乃刻六月出師，何也？」琅曰：「北風日夜猛。今攻澎湖，未能一戰克。風起舟散，將何以戰？夏至前後二十餘日，風微，夜尤靜，可聚泊大洋。觀釁而動，不過七日，舉之必矣。卽偶有颶風，此則天意，非人慮所及。鄭氏將劉國軒最驍，以他將守澎湖，雖敗，彼必再戰。今以國軒守，敗則膽落，臺灣可不戰而下。」及戰，雲起東南，國軒望見，謂颶作，喜甚。俄，雷聲殷殷，國軒推案起曰：「天命矣！今且敗。」人謂琅必報父仇，將致毒於鄭氏。琅曰：「絕島新附，一有誅戮，恐人情反側。吾所以銜恤茹痛者，爲國事重，不敢顧私也。」子世綸、世驃，自有傳；世范，襲爵。

朱天貴，福建莆田人。初爲鄭錦將。康熙十九年，師下海壇，以所部二萬人、舟三百來降，授平陽總兵。琅攻澎湖，天貴以師會。國軒拒戰，天貴以十二舟薄敵壘，焚其舟，殺傷甚衆，戰益力，俄，中飛礮仆舟中，猶大呼殺賊，遂卒，贈太子少保，謚忠壯。

論曰：臺灣平，琅專其功。然啓聖、興祚經營規畫，戡定諸郡縣。及金、厦既下，鄭氏僅有臺澎，遂聚而殲。先事之勞，何可泯也？及琅出師，啓聖、興祚欲與同進，琅遽疏言未奉督撫同進之命。上命啓聖同琅進取，止興祚毋行。既克，啓聖告捷疏後琅至，賞不及，鬱鬱發病卒。功名之際，有難言之矣。大敵在前，將帥內相競，審擇堅任，一戰而克。非聖祖善馭羣材，曷能有此哉？

清史稿卷二百六十一

列傳四十八

楊捷 石調聲　萬正色　吳英　藍理　黃梧 子芳度　從子芳世　芳泰

穆赫林 段應舉

楊捷，字元凱，義州人，先世居寶應，明初，以軍功授後屯衞指揮使，世襲，遂家焉。捷初爲明裨將，順治元年來降，授山西撫標中軍遊擊。嵐縣土寇高九英等聚衆剽掠，巡撫馬國柱檄捷捕治，斬九英，毀其巢。國柱遷總督，以捷爲督標中軍參將，旋擢副將。

四年，師定廣東，命捷率宣化、大同兵三千往鎭撫。五年，行次池州，金聲桓、李成棟叛。大將軍譚泰請以捷駐防九江會剿，卽授九江總兵，率兵復都昌，獲聲桓所置吏余應桂等，斬之。江西平，敍功，予世職拖沙喇哈番。十年，從靖南將軍喀喀木討廣東叛鎭郝尚久，復潮州。調陝西興安，經略大學士洪承疇請留原鎭，加右都督。調福建隨征右路總兵，十二年，敍復潮州功，進左都督。鄭成功侵掠福建，與戰雲霄、銅山諸處，屢捷。十六年，擢江南提督。會成功陷鎮江，窺江寧，加太子少保，充江南隨征左路總兵，駐揚州，防江北要汛。十八年，命署盧鳳提督，尋調山東。土寇于七敗竄入海，捷捕治其黨五十餘人，誅之。康熙十二年，調江南。十七年，鄭錦攻漳州，陷海澄。調捷福建，轄水陸各軍，進少保兼太子太保。疏言：「臣前剿賊雲霄、銅山間，深知閩兵不力戰。自任江南提督，召募材健，訓練有年。擬選三千人隨征福建。」詔允之。捷至福州，聞錦犯泉州，卽督兵趨惠安。錦將劉國軒斷洛陽橋，以三千人據陳山壩阻我師，捷遣遊擊李璉等襲破之。總兵黃大來與副都統禪布等會師洛陽橋南夾擊，國軒遁，泉州平。錦將王一鵬復窺惠安，捷令總兵張韜禦之，捕斬略盡。其別將葉明、紀朝佐等出沒德化、永春間，蕭武等以舟師泊湄州，窺興化。捷遣將防守策應，移師至漳州。偕副都統吉爾塔布等敗國軒於江東橋，又分兵屯守柯坑山、鳳山、萬松關諸要隘，遣別將扼守榴山寨。

捷初上官，疏請別設水師提督，得以專禦陸路。上授捷昭武將軍，領福建陸路提督事。十八年，國軒率衆劫榴山寨，欲奪江東橋。捷會平南將軍賚塔等分兩翼夾擊，大敗之於下坑山及歐溪頭，斬級千餘，獲甲仗無算。國軒屯獅子山，聯絡遠近各寨爲聲援。十九年，捷親率健卒剿平烏嶼諸寨，與總督姚啓聖、總兵姚大來等分下玉洲、三汊、石碼，連破十九寨，進取海澄。錦將蘇侃以城降，遂乘勝與浙江提督石調聲復厦門，國軒自銅山竄歸臺灣。是年，以老病乞罷，命還任江南提督。敍復海澄功，進世職三等阿達哈哈番。三十九年，卒，年七十四，贈少傅兼太子太傅，謚敏壯。孫鑄，襲職，請改籍揚州衞。

石調聲，漢軍鑲黃旗人。以佐領從征廣東，敍功，予世職拖沙喇哈番。遷參領，駐防福建。擢杭州副都統。耿精忠犯浙江，調聲迎擊，屢卻賊。擢浙江提督。康熙十七年，鄭錦遣劉國軒等犯海澄，詔趣調聲赴援，未至而海澄陷，康親王檄守惠安。賊陷同安，遂圍泉州，惠安亦陷。調聲退軍興化，與參贊大臣禪布攻復惠安，遂北至洛陽橋。泉州圍解。復偕副都統沃申破賊江東橋。頃之，國軒等復奪橋，斷餉道，將軍賚塔檄調聲迎擊，敗之。十九年，復厦門、金門，國軒遁。調聲還浙江任。初賊陷江山、惠安，戰士暴骨多未瘞，議者以咎調聲。二十一年，追論奪官及世職。尋卒。

萬正色，字惟高，福建晉江人。少入伍。以招降海寇陳燦等，敍功，授陝西興安遊擊。康熙十二年，吳三桂反，正色從西安將軍瓦爾喀征四川。叛將譚弘等據陽平關拒戰，敗之於野狐嶺，乘勝復廣元、昭化。累擢岳州水師總兵。時三桂據岳州，扼守洞庭湖套，植木爲樁阻我師。十七年，正色上官，率舟師夜入亂葦中，拔樁盡，擊賊，屢敗之。三桂將江義、巴養元、杜輝等率舟二百攻柳林嘴，正色與遊擊唐善等擊之，毀其舟。是歲三桂死於衡州，其子應麒與輝、義等守岳州。正色遣千總魏士曾齎書十四分致應麒部將，士曾爲所殺，應麒亦殺部將之受書者，遂內訌。其將陳華、李超、王度沖出降，應麒棄城遁，遂復岳州。正色爲士曾請卹，贈守備。十八年，追敍克陽平關功，加左都督。

大將軍康親王傑書征福建，耿精忠降，而鄭錦猶踞金門、廈門，陷海澄。正色自以閩人習海上事狀，因陳水陸戰守機宜，言：「福建負山枕海，賊蹤出沒靡常。宜擇官兵習於陸者分布要害，使賊不得登岸；水軍自萬安鎭順流直下金門，塞海澄以斷其歸路。賊自廈門來援，則從金門掩擊。更請蠲除沿海邊地雜派，設法招撫，善爲安置，則賊黨自散。」疏入，詔加太子少保，調福建水師總兵，擢提督。時議檄調荷蘭國船進取廈門，正色疏言：「荷蘭船遲速莫必，延至三四月，風信轉南，卽難前進。今新舊鳥船俱集，臣與撫臣吳興祚決計進討，臣率水師直攻海壇，興祚率陸兵爲聲援。」

十九年，正色征海壇，分前鋒爲六隊，親統巨艦繼之，又以輕舟繞出左右，幷力夾攻，發砲擊沉敵艦，溺死三千餘人，遂取海壇。其將朱天貴遁，正色追躡至平海澳，天貴走崇武，正色掩擊，大敗之。與將軍拉哈達、總督姚啓聖、巡撫吳興祚、提督楊捷會師取廈門，天貴降。

錦竄歸臺灣。疏請分兵鎮守濱海要地，上遣兵部侍郎溫岱莅視。尋議銅山、厦門諸處量設總兵以下官，留水師二萬人分鎮之。初，海壇旣克，下兵部敍功。啓聖語溫岱：「正色先與天貴約乃進兵，未嘗與賊戰。」兵部疏聞，上命仍議敍，予世職拜他喇布勒哈番。上諭正色規取臺灣，正色請緩師。二十年，改陸路提督。

二十五年，調雲南。未幾，與鶴慶總兵王珍互訐，命與珍詣京師質問。總督范承勳劾正色納賄侵蝕，上遣侍郎多奇、傅拉塔按治，下刑部論死，上以正色功多，特宥之，奪官，仍留世職。三十年，卒。

吳英，字爲高，福建莆田人。幼爲海賊掠置島中，更姓王。康熙二年，赴泉州降，授守備劄。從提督王進功攻鄭錦，拔銅山城，加都司僉書銜。尋授浙江提標都司。

十三年，耿精忠反，其將曾養性侵浙，總兵祖弘勳以溫州叛應之，分犯寧波、紹興。英從提督塞白理擊敗之，降其將李榮春等，遷左營遊擊。十四年，養性、弘勳率衆十餘萬犯台州。英言於塞白理，陽修毛坪山徑，潛引兵間道自仙居襲賊後，賊踞黃巖牛山嶺拒戰。英偕遊擊曾承等冒矢石前進，斬其將劉邦仁等，遂復黃巖，遷中軍參將。

十五年，貝子傅拉塔規復溫州，養性、弘勳率三萬人乘夜劫營。英分兵五百伏賊後，自率精銳據大羊山，阻其要道，遇賊，殊死戰，身中數槍。師繼進，伏盡起，賊大潰，斬獲無算。尋從提督石調聲援象山，賊屯石門、西溪二嶺。英偕遊擊侯奇等分兵三道抵慈谿，擊沉賊船，殲其衆，遂復象山。九月，康親王傑書進征福建，精忠降，養性、弘勳引退。其將馮公輔猶踞松陽，英入山，招之降。其黨林惟仁等屯處州，英勦撫兼用，斬賊五百餘，降惟仁及兵千餘。

十七年，錦犯泉州，康親王檄調聲赴援，英率師從。錦將劉國軒據洛陽橋，英自上游陳山壩渡江，以奇兵出賊後，造浮橋濟師，前後夾攻，斬級六百有奇。遷福建督標中軍副將。率師援漳州，連克十九寨，轉戰至江口，發礮擊沉敵船，遂復海澄。十八年，國軒復擁衆數萬屯郭塘、歐溪頭，謀奪江東橋，英擊走之，擢同安總兵。

十九年，偕寧海將軍拉哈達、巡撫吳興祚自同安港口分兵，進克廈門，錦遁歸臺灣。是年英奏請復姓。二十二年，移興化，會施琅進攻澎湖。英偕總兵朱天貴、林賢等自八罩嶼乘風進擊，遊擊藍理陷圍，英衝入敵陣，拔之出。翌日，進取虎井嶼，英右耳中槍，益力戰，躍入敵艦，手刃其將鄭仁，餘悉駭竄。國軒與鄭克塽乞降，事具琅傳。

二十四年，入覲，奏言：「臺灣地勢絕險，土番止求衣食，素無他願。自來小寇竊發，皆由內地奸民作祟，陸師搜捕易盡。前議設水師趕繒雙篷船百，請減十之八，留二十船分撥臺灣、澎湖二處，傳遞文書。臺灣、澎湖經制官兵一萬員名，前議以鹿皮、白糖通洋助餉，不能如期給發。臣見臺灣民田之外，別有水田，俱屬鄭氏親黨及其部將，耕牛甚多。請分四千屯田，每兵給田三十畝、牛一，課耕種。農隙操練，則兵有恆產，餉可省半。」疏入，命議行。尋移鎮浙江舟山。擢四川提督。

英先以軍功加左都督，授世職拖沙喇哈番。敍平臺、澎功，進世職三等阿達哈哈番。三十六年，調福建陸路提督，改水師。上南巡，英朝行在，賜御書榜額。召見，問：「福建今有無海寇？」英對曰：「海寇斷不至蔓延，若蔓延，任臣等何用？惟海中與城郭不同，一水汪洋，乘一小舟，隨處可藏匿。商賈失利，不得已走而爲盜，往往有之，不可遽謂之海寇也。」上降詔獎英篤實而明達，尋授威略將軍，仍領水師提督事，復御製詩賜之，勗以黽勉防徼。五十一年，卒，年七十六，贈太子少保。

藍理，字義山，福建漳浦人。少桀驁，膂力絕人。集族人勇健者擊殺海寇盧質，詣吏，欲因以爲功，吏疑亦盜也，繫之獄。康熙十三年，耿精忠反，悉縱繫者，令赴藩下授職。理間道走仙霞關詣康親王軍降，爲嚮導，破叛將曾養性於溫州。十五年，從師入閩，授建寧遊擊。十七年，從都統賚塔敗海寇於蜈蚣山，復長泰。十八年，遷灌口營參將。十九年，總督姚啓聖駐師漳浦，令理分兵守高浦，辭不赴，劾理虛兵冒餉，坐奪官。下部議罪，擬杖徒，理請剿海寇自贖，上允之，發軍前効力。

二十一年，提督施琅征臺灣，知理英勇，奏署右營遊擊領舟師，部議格之，特旨允行。琅令理當前鋒，諸弟瑤、瑗、珠皆從。鄭克塽遣其將劉國軒守澎湖，令曾遂等率衆數萬迎敵，戰艦蔽海。理督兵與戰，自辰至午，戰益力。遂發礮，彈掠理而過，理仆，遂遙呼曰：「藍理死矣！」瑤扶理起立，理亦呼曰：「藍理在，曾遂死矣！」呼刀，族子法以授理，見理腹破腸流出，爲掬而納諸腹，瑗傅以衣，珠持匹練縛其創。理呼殺賊，麾兵進，擊沉敵艦二，敵大潰。琅過理舟慰勞之，令治創復戰。琅舟膠淺沙，敵艦環圍之，理聞，赴援。理舟書姓名篷上，敵憚理，戰爲稍卻，追擊，大敗之。得敵艦，請琅易舟，出，逐敵至西嶼，殺傷殆盡，遂克澎湖。臺灣平，敍功，仍授參將，加左都督。

未幾，丁父憂。二十六年，服闋，詣京師，迎駕趙北口，召至御前，問澎湖戰狀，命解衣視其創，慰勞甚至，超授陝西神木營副將。尋擢宣化鎭總兵，掛鎭朔將軍印。二十九年，移定海。四十二年，復移天津。賜花翎、冠服，並御書牓曰「所向無敵」賚焉。四十三年，以舊傷疾作，乞解任，溫旨慰留，遣御醫診視。理以畿輔地多荒窪，請於天津開墾水田百五十頃，歲收稻穀，民號曰「藍田」。

四十五年，擢福建陸路提督。四十六年，上南巡，理迎駕揚州，賞賚有加，復御書榜曰「勇壯簡易」。四十七年，丁母憂，命在任守制。五十年，巨盜陳五顯等糾二千人擾泉州永春、德化諸縣。事聞逾數月，理始疏陳，並言村落安集如故，上斥其誑，命奪職，總督梁鼐、巡撫滿保先後劾理貪婪酷虐諸狀，遣侍郎和託、廖騰煃會督撫按治得實，論斬，詔從寬免死，入京旗。五十四年，師北征，剿策妄阿喇布坦，理請赴軍前効力，賜總兵銜，從都統穆爾賽協理北路軍務。以病回京，尋卒。詔免所追銀兩，遣其妻子回籍歸葬。

理虓勇善戰。性率直。官福建提督，政行於鄉里。捕治盜賊，遂及諸豪家。修橋梁，平道路，率富民錢，益積怨。泉州民繪虎爲榜，列理諸累民狀，以是得罪。上念其舊功，終矜全之。弟瑤，未仕；瑗，官至金門總兵；珠，累官參將。

黄梧，字君宣，福建平和人。初爲鄭成功總兵，守海澄。順治十三年，梧斬成功將華棟等，以海澄降。大將軍鄭親王世子濟度以聞，封海澄公。十四年，總督李率泰疏請益梧兵，合四千人，駐漳州。梧與李率泰及提督馬得功、都統郎賽水陸分道進，破七城，克閩安鎭。敍功，賜甲胄、貂裘，加太子太保。梧牒李率泰，薦委署都督施琅智勇忠誠，熟諳沿海事狀，假以事權，必能剪除海孽；又言成功全藉內地接濟，木植、絲綿、油麻、釘鐵、柴米，士宄陰爲轉輸，齎糧養寇，請嚴禁；並條列滅賊五策，復請速誅成功父芝龍。率泰先後上聞，琅得擢用，芝龍亦誅。尋命嚴海禁，絕接濟，移兵分駐海濱，阻成功兵登岸，增戰艦，習水戰，皆用梧議也。

及成功病卒，其將萬義、萬祿、楊學皐、陳莽、陳輝、顏立勳、黃昌、黃義、余期英等詣梧降。康熙二年，師攻廈門，靖南王耿繼茂出潯尾，梧偕李率泰出蒿嶼，督水陸將卒夾擊，斬獲無算，遂克廈門、金門、浯嶼三島。鄭錦遁據銅山。繼茂令梧統兵駐雲霄防剿。三年，梧招錦將周全斌、陳昇、黃廷、何政、許貞、李思忠等來降。遂偕繼茂、李率泰及提督王進功乘夜渡海，拔銅山。錦走還臺灣。

梧疏言：「自海上歸誠，十二年中，先後招撫文武吏二百餘、兵數萬人，有蒙賜封侯伯且世襲者。臣公爵未定何等及承襲次數，乞敕部覈議。」尋命定封一等公，世襲十二次。七年，兵部議裁汰諸行省兵額，梧標下額定官三十員、兵一千二百人，餘移駐河南。十三年，耿精忠反，傳檄至漳州。梧方病疽，聞變驚恚，遂卒。

子芳度，字壽巖。梧既卒，陽以梧命答精忠，而陰募兵自守，凡二月餘，得壯士六千人，遂斬精忠所置都督劉豹等，誓師登陴，以蠟丸函疏，遣黃藍間道馳奏。上嘉梧忠藎，降詔優卹，以芳度襲爵；並諭師自浙江、江西、廣東三路入福建。芳度詗何路兵先到，迎會合勦。尋疏言：「漳州介耿、鄭二逆間，自八月以來，堅與耿拒，僞與鄭和。因得陰行招募，練成勁旅萬人，分布漳城及龍溪等五縣。無何，耿逆來犯，臣率衆迎擊，擒斬無算。二逆搆怨已深，勢必俱敗。誠得粵省大兵乘勝進攻，臣當率師迎會，迅奏掃除之功。」十四年，復言：「臣拒耿餌鄭，固守一載有餘。近二逆通好，臣謀已洩。鄭逆遂撤回各鎭，蠭聚海澄，備糧繕器。臣知其狡謀，遣總兵楊壯猷等扼守平和，並令臣從兄芳泰突圍赴廣東，接引大兵。鄭逆率衆圍城，晝夜攻擊。臣連次出兵，斬其將黃鼎新、盧英等。但孤城缺餉，百計難支。計粵路援師，旦夕可至。乞密敕浙江、江西兩路兵迅速進發，俾二逆不能相顧，臣可會合奏功。」

漳州自五月被圍至七月，敵來益衆，豎雲梯攻城，礮毀城堞三十餘丈。芳度率將士拒戰，殲賊無算。敵環攻不退，芳度連疏告急。詔趣統兵諸將迅速赴援，並撥餉接濟。十月，城中糧盡，叛將吳淑引賊陷城。芳度率兵巷戰，力竭，赴開元寺井死，年二十有五。賊戕其尸，母趙、妻李自經。從父樞、從兄芳名、弟芳聲、芳祜並死。期功男女從死者三十餘人。賊又斲梧棺，毀其尸。副將蔡隆，遊擊朱武，外委張瓊、戴鄰、陳謙俱罵賊死。事聞，優詔褒卹，贈芳度王爵，謚忠勇，如多羅郡王例，遣大臣致祭。隆、武、瓊、鄰、謙俱贈官有差。

梧兄子芳世，字周士。先於康熙元年齎梧疏入覲，留京師，授一等侍衞。及芳度遣藍齎疏告急，芳世自陳乞從大軍自廣東進援，上許之，以爲福建隨征總兵官，降敕褒勉。芳世至廣東，會弟芳泰自漳州突圍出，芳世督兵赴援，距漳州僅二日，聞城陷，退屯惠州。芳度殉難，詔以芳世襲爵。十五年，叛將馬雄等誘芳世兄弟附三桂，不從，乘間脫走，至江西信豐，遣藍齎疏陳陷賊始末。上嘉之，加太子太保，命仍鎮守漳州。藍自參將擢海澄總兵，令馳赴康親王軍，俟漳、泉恢復，收集海澄公部下散失官兵，鎮守汛地。

十六年，芳世疏言：「臣叔梧遺骸遭賊殘毀，請與芳度一體議卹。臣叔樞罵賊而死，臣弟芳名、芳聲奮力守城，同日遇害，並乞賜卹。」詔贈梧太保，謚忠恪，樞贈按察使僉事，芳名、芳聲贈太常寺卿，各予廕；賜芳世蟒袍、弓矢、鞍馬，褒嘉甚至。

十七年，錦將劉國軒、吳淑犯海澄，芳世與總督郎廷相、副都統孟安等迭敗之觀音山、秬山頭、石瑪村等處。國軒退犯漳州，芳世率兵堵剿，殲賊甚衆。山寇蔡寅詐稱朱三太子，糾衆數萬，與錦通，犯漳州。芳世擊敗之於天寶山，斬其渠楊寧等。芳世疏言：「漳州亂後，臣叔梧、弟芳度舊部離散，臣漸次收集，得四千八百人，選補本標五營六百人，餘無額可補，乞汰留三千人，別立三營，視經制給餉。」部議從之。未幾，病卒，遺疏言：「閩省久困兵禍，漳州尤甚。願大師底定後，嚴飭有司輕徭薄賦，甦此殘黎。」並區畫海疆數事，復以子溥年纔九歲，請以弟芳泰襲爵，詔贈少保，謚忠襄。

芳泰，字和士。少爲諸生。佐芳度守漳州，突圍出乞援。城陷後，父母妻子皆遇害。至廣東，值尚之信叛，芳泰與芳世從巡撫楊熙力戰得出。尋授江南京口總兵。芳世卒，襲爵。屢出勦賊，復平和、漳平諸縣。總督姚啓聖疏言芳泰年少，不能轄標兵。下部議，令芳泰詣京師。芳泰疏請暫駐汀州，爲兄芳度營葬。啓聖復言海澄公標下舊兵，聞芳泰在汀州，皆走依之，僞將吳淑兄弟以曾害芳度，不敢來降，請敕芳泰速離福建。十八年，芳泰至京師，上言：「臣久經行陣，不爲幼弱。離漳已十月，不聞吳淑投誠。督臣無計辦賊，以臣藉口。臣當壯年，乞仍駐閩疆督勦，以報主恩。」上慰諭之。二十二年，許其回籍營葬。二十九年，卒，以子應纘爲芳度後，襲爵。四十九年，應纘爲芳泰請卹，贈太子少保。乾隆初，追謚襄愍。三十二年，高宗特詔以公爵世襲罔替。

應纘卒，謚溫簡。無子，以從子仕簡爲後，襲爵。乾隆初，朝京師。高宗以其幼，令還里待命。十九年，授衢州總兵。二十四年，遷湖廣提督，歷廣東、福建陸路水師。疏發廈門商船陋規，上嘉之，諭：「汝知恩，朕亦知人。」漳、泉民流入臺灣，屢出劫掠，仕簡親渡海督兵捕治。再入覲，賜黃馬褂、雙眼花翎、黑狐端罩。病後偶躓，賜人參、高麗清心丸。淡水生番戕同知楊凱，復渡海督兵捕治，加太子太保。林爽文亂起，督兵討之，師久無功。總督常青、李侍堯先後劾仕簡貽誤，奪官，逮下刑部論斬，特宥之。尋赦歸，卒。

仕簡子秉淳前卒，以其孫嘉謨襲爵。秉淳初授藍翎侍衞，累遷至狼山總兵。嘉謨初授頭等侍衞，累遷至溫州總兵。

穆赫林，博爾濟吉特氏，滿洲正藍旗人。祖瑣諾木，爲兀魯特貝勒。太祖時，從明安來歸。積戰閥，授二等總兵官。卒，順治間，追謚順良。再傳，子僧格襲世職，遇恩詔，累進三等伯。卒，穆赫林襲職。康熙五年，授正藍旗滿洲副都統，列議政大臣。

吳三桂反，十三年，偕都統拉哈達率兵駐防兗州，旋命移駐江寧。時耿精忠叛應三桂，大將軍康親王傑書、將軍貝子傅喇塔討之。穆赫林率所部喀喇沁、土默特兵赴浙江，與傅喇塔師會。十四年，從攻台州，精忠將林沖糾衆萬餘，列十三寨拒戰。穆赫林督兵攻拔其寨，斬獲無算，復仙居。

師自黃巖進，精忠將曾養性偕叛將祖弘勳據溫州分水陸迎戰，穆赫林擊敗之上塘嶺，得戰艦三十餘。精忠將彭國明率衆五千瀕甌江列寨，穆赫林率兵至寶帶橋奮擊，斬級千餘，盡獲其槍械旗幟，遂薄江而陣，賊來犯，輒戰卻之。溫州繞城爲壕屬甌江，爲閘以蓄水，師爭閘，賊護甚力，久未能薄城。時康親王傑書駐金華，檄傅喇塔與穆赫林速攻城。穆赫林言必得大礮乃可克。十五年，上責王貝子等遷延，師無功。王因劾穆赫林與副都統吉勒塔布、提督段應舉等違令瞻顧狀，命事平議罪。八月，康親王自衢州攻克仙霞關，精忠降，徙養性、弘勳等至福州，檄穆赫林移師福建，駐守延平。

鄭錦使其將吳淑、吳潛自邵武來攻，穆赫林擊之浦塘隘口，陣斬其將楊大任等，乘勝復邵武、汀州二府及所屬縣。錦屢犯泉州，復侵潮州，穆赫林與副都統沃申、總兵馬三奇等分兵赴之，屢捷。十七年，錦犯海澄，穆赫林與海澄公黃芳世率兵迎擊於灣腰樹，戰失利，退保海澄。錦復糾衆環偪，據高阜瞰城中，礮石交下，穆赫林與應舉協力固守，糧盡，身負重創，未幾城陷，乃與應舉自經死。事平，吏議穆赫林征溫州師無功，守海澄聞援且至，不能突圍出，當奪官及世職，籍其家，上以穆赫林有戰功，貰籍沒，命其從子赫達色襲爵。世宗時，詔與應舉並入祀昭忠祠。

段應舉，漢軍鑲藍旗人。父思信，明廣寧千總。太祖取廣寧，來降，予世職備禦。卒，應舉襲。從端重親王博洛討叛將姜瓖，攻汾州及太谷，克之。復從貝勒屯齊征湖南，屢有功。累擢鑲藍旗漢軍梅勒額眞，進世職二等阿達哈哈番。偕鎭國將軍王國光赴廣東，駐防潮州。康熙三年，勦叛將蘇利於南塘鋪，賊敗遁，復碣石衞。敍功，進世職一等。尋署山東提督。十三年，率兵赴杭州勦禦耿精忠，授福建提督。擊賊仙居、黃巖、太平、樂淸，進圍溫州，皆捷。十五年，從康親王征福建，精忠降。時鄭錦據漳、泉、興化，與將軍拉哈達合兵進勦，復興化、泉州二城。復分兵定漳州及海澄等縣，應舉進駐海澄。十七年，劉國軒、吳淑等陷平和，穆赫林戰失利。詔責應舉不能平賊，調江寧提督楊捷代之，應舉仍以副都統從征。尋城陷，死之。

論曰：鄭氏爲海疆患三十餘年，捷、正色扞衞艱難，內定泉、漳，外收金、廈；英、理遂佐施琅越海恢疆，而理尤忠奮，稱虎將。方鄭氏亂時，有自海上降者，輒優以封爵，林興珠爲建義侯，鄭鴻逵爲奉化伯，周全斌爲承恩伯，鄭纘緒爲慕恩伯，梧最先降，授成功舊封。子芳世殉漳州，以忠延世。穆赫林等死海澄，孤城抗節，亦自有足稱者。悍寇死戰，禦之艱，克之尤偉矣！

清史稿卷二百六十二

列傳四十九

魏裔介　熊賜履　李光地

魏裔介，字石生，直隸柏鄉人。順治三年進士，選庶吉士。四年，授工科給事中。五年，疏請舉經筵及時講學，以隆治本。又言：「燕、趙之民，椎牛裹糧，首先歸命。此漢高之關中，光武之河內也。今天下初定，屢奉詔蠲賦，而畿輔未霑實惠，宜切責奉行之吏，彰信於民。」俱報聞。

轉吏科，以母憂歸。服闋，九年，起故官。應詔疏言：「上下之情未通，滿、漢之氣中閡。大臣闒茸以保富貴，小臣鉗結以習功名。紀綱日弛，法度日壞。請時御正殿，召對羣臣，虛心諮訪。令部院科道等官面奏政事，仍令史官記注，以求救時之實。」時世祖親政，裔介疏言：「督撫重臣宜慎選擇，不宜專用遼左舊人。」又言：「攝政王時，隱匿逃人，立法太嚴，天下囂然，喪其樂生之心。後以言官陳說，始寬其禁，責成州縣，法至善也。若舍此之外別有峻法，竊恐下拂人心，上干天和，非尋常政治小小得失而已。」上韙之。

河南巡撫吳景道援恩詔薦舉明兵部尚書張縉彥。裔介疏言：「縉彥仕明，身任中樞，養寇誤國，有盧杞、賈似道之奸，而庸劣過之。宜予擯棄，以協公論。」疏下部議，以事在赦前，予外用。又疏言：「州縣遇災荒，既經報部，其例得蠲緩錢糧，即予停徵，以杜吏胥欺隱。並就州縣積穀及存貯庫銀，先行賑貸。」下所司議行。時直隸、河南、山東諸省災，別疏請賑。上命發帑金二十四萬，分遣大臣賑之，全活甚衆。

十一年，遷兵科都給事中。東南兵事未定，疏言：「今日劉文秀復起於川南，孫可望竊據於貴筑，李定國伺隙於西粵，張名振流氛於海島，連年征討，尚稽天誅。爲目前進取計，蜀爲滇、黔門戶，蜀既守而滇、黔之勢蹙，故蜀不可不先取。此西南之情形也。粵西稍弱，昨歲桂林之役未大創，必圖再犯，以牽制我湖南之師。宜令藩鎮更番迭出，相機戰守。此三方者，攻瑕宜先粵西。粵西潰則可望膽落，滇、黔亦當瓦解。」又疏劾湖南將軍續順公沈永忠擁兵觀望，致總兵官徐勇、辰常道劉昇祚力竭戰死。永忠坐罷任奪爵。復劾福建提督楊名高玩寇，致漳州郡縣爲鄭成功淪陷，名高坐罷任。

尋遷太常寺少卿，擢左副都御史。十三年，疏劾大學士陳之遴營私植黨，之遴坐解官，發遼陽閒住。十四年，遷左都御史，上諭之曰：「朕擢用汝，非繇人薦達。」裔介益感奮，盡所欲言。四月，因欽天監推算次月日月交食，疏請廣言路，緩工作，寬州縣考成，速頒恩赦，釋滯獄，酌復五品以下官俸，減徵調之兵，節供應之費。上嘉之，下部詳議以行。嘗侍經筵，講漢文帝春和之詔，因舉仁政所宜先者數事。正陽門外菜園爲前朝嘉蔬圃地，久爲民居，部議入官。裔介過其地，民走訴，卽入告，仍以予民。十六年，加太子太保。十七年，京察自陳。以御史巡方屢坐貪敗，責裔介未糾劾，削太子太保，供職如故。

時可望猶據貴州，鄭成功亂未已。裔介疏言：「可望恃崗蠻爲助，宜命在事諸臣加意招徠，予以新敕印，舊者毋卽收繳，則歸我者必多。成功作亂海上，我水師無多，惟於沿海要地增兵築堡，使不得泊岸劫掠，然後招其攜貳，散其黨與，海患可以漸平。」下部議行。未幾，疏劾大學士劉正宗、成克鞏欺罔附和諸罪，命正宗、克鞏回奏，未得實，下法司勘訊，並解裔介官與質。讞定，正宗獲罪籍沒，克鞏奪職視事，復裔介官。時以雲南、福建用兵，加派錢糧。裔介疏請敕戶部綜計軍需足用卽停止，上命未派者並停止。康熙元年，雲南旣定，疏言：「雲南旣有吳三桂藩兵數萬，及督提兩標兵，則滿洲兵可撤。但滇、黔、川、楚邊方遼遠，不以滿洲兵鎭守要地，倘戎寇生心，恐鞭長莫及。荆、襄乃天下腹心，宜擇大將領滿兵數千駐防，無事則控制形勢，可以銷姦宄之萌；有事則提兵應援，可以據水陸之勝。」疏下部，格不行。復請以湖廣總督移駐荊州，從之。

進吏部尚書。三年，拜保和殿大學士。時輔臣柄政，論事輒爭執，裔介調和異同，時有所匡正。預修世祖實錄，充總裁官。九年，典會試。是年內院承旨會吏、禮二部選新進士六十人，試以文字，擬上中下三等入奏，上親定二十七人爲庶吉士。御史李之芳劾裔介所擬上卷二十四人，先使人通信，招權納賄；並謂與班布爾善相比，引用私人。班布爾善官大學士，黨鼇拜，伏法。上命裔介復奏，裔介疏辨，幷言：「臣與班布爾善同官，論事輒齟齬。以鼇拜之勢燄，足跡不至其門，豈肯附班布爾善？臣服官以來，彈劾無所避忌。前劾劉正宗，其黨切齒於臣者十年於玆。之芳，正宗同鄉，今爲報復。」因自請罷斥，疏下吏部會質。之芳力爭，裔介自引咎。部議以之芳劾奏有因，裔介應削秩罰俸，上寬之，命供職如故。十年，以老病乞休，詔許解官回籍。世祖實錄成，進太子太傅。二十五年，卒，賜祭葬如制。

裔介居言路最久，疏至百餘上，敷陳剴切，多見施行。生平篤誠，信程、朱之學，以見知聞知述聖學之統。著述凡百餘卷，大指原本儒先，並及經世之學。家居十六年，躬課稼穡，循行阡陌，人不知其爲故相也。雍正間，祀賢良祠。乾隆元年，追諡文毅。

熊賜履，字敬修，湖北孝感人。順治十五年進士，選庶吉士，授檢討。典順天鄉試，遷國子監司業，進弘文院侍讀。

康熙六年，聖祖詔求直言。時輔臣鼇拜專政，賜履上疏幾萬言，略謂：「民生困苦孔亟，私派倍於官徵，雜項浮於正額。一旦水旱頻仍，蠲豁則吏收其實而民受其名，賑濟則官增其肥而民重其瘠。然非獨守令之過也，上之有監司，又上之有督撫。朝廷方責守令以廉，而上官實縱之以貪；方授守令以養民之職，而上官實課以厲民之行。故督撫廉則監司廉，守令亦不得不廉；督撫貪則監司貪，守令亦不得不貪。此又理勢之必然者也。伏乞甄別督撫，以民生苦樂爲守令之賢否，以守令貪廉爲督撫之優劣。督撫得人，守令亦得人矣。雖然，內臣者外臣之表也，本原之地則在朝廷。其大者尤在立綱陳紀、用人行政之間。今朝廷之可議者不止一端，擇其重且大者言之：一曰，政事極其紛更，而國體因之日傷也。國家章程法度，不聞略加整頓，而急功喜事之人又從而意爲更變，但知趨目前尺寸之利以便其私，而不知無窮之患已潛滋暗伏於其中。乞敕議政王等詳議制度，參酌古今，勒爲會典，則上有道揆、下有法守矣。一曰，職業極其隳窳，而士氣因之日靡也。部院臣工大率緘默瞻顧，外託老成愼重之名，內懷持祿養身之念。憂憤者謂之疏狂，任事者目爲躁競，廉靜者斥爲矯激，端方者詆爲迂腐。間有讀書窮理之士，則羣指爲道學，誹笑詆排，欲禁錮其終身而後已。乞申飭滿、漢諸臣，虛衷酌理，實心任事，化情面爲肝膽，轉推諉爲擔當。漢官勿阿附滿官，堂官勿偏任司員。宰執盡心獻納，勿以唯諾爲休容，臺諫極力糾繩，勿以鉗結爲將順，則職業修舉，官箴日肅而士氣日奮矣。一曰，學校極其廢弛，而文教因之日衰也。今庠序之教缺焉不講，師道不立，經訓不明。士子惟揣摩舉業，爲弋科名掇富貴之具，不知讀書講學、求聖賢理道之歸。高明者或汎濫於百家，沉淪於二氏，斯道淪晦，未有甚於此時者也。乞責成學院、學道，統率士子，講明正學，特簡儒臣使司成均，則道術以明，教化大行，人才日出矣。一曰，風俗極其僭濫，而禮制因之日壞也。今一裘而費中人之產，一宴而糜終歲之糧，輿隸被貴介之服，倡優擬命婦之飾，習爲固然。夫風俗奢、禮制壞，爲飢寒之本原，盜賊、訟獄、凶荒所由起也。乞明詔內外臣民，一以儉約爲尚，自王公以及士庶，凡宮室、車馬、衣服，規定經制，不許逾越，則貪風自息、民俗漸醇矣。雖然，猶非本計也。根本切要，端在皇上。皇上生長深宮，春秋方富，正宜慎選左右，輔導聖躬，薰陶德性，優以保衡之任，隆以師傅之禮；又妙選天下英俊，使之陪侍法從，朝夕獻納。毋徒事講幄之虛文，毋徒應經筵之故事，毋以寒暑有輟，毋以晨夕有間。於是考諸六經之文，監於歷代之迹，實體諸身心，以爲敷政出治之本。若夫左右近習，必端其選，綴衣虎賁，亦擇其人。佞倖不置於前，聲色不御於側。非聖之書不讀，無益之事不爲。內而深宮燕閒之間，外而大廷廣衆之地，微而起居言動之恆，凡所以維持此身者無不備，防閑此心者無不周，主德淸明，君身强固。由是直接二帝三王之心法，自足措斯世於唐、虞、三代之盛，又何吏治之不淸，民生之不遂哉？」疏入，鼇拜惡之，請治以妄言罪，上勿許。

七年，遷秘書院侍讀學士。疏言：「朝政積習未除，國計隱憂可慮。年來災異頻仍，饑荒疊見，正宵旰憂勤、徹懸減膳之日，講學勤政，在今日最爲切要。乞時御便殿，接見羣臣，講求政治，行之以誠，持之以敬，庶幾轉咎徵爲休徵。」疏入，鼇拜傳旨詰問積習、隱憂實事，以所陳無據，妄奏沽名，下吏議，鐫二秩，上原之。八年，鼇拜敗，命康親王傑書等鞫治，以鼇拜銜賜履，意圖傾害，爲罪狀之一。方鼇拜輔政擅威福，大臣稍與異同，立加誅戮。賜履以詞臣論事侃侃無所避，用是著直聲。上卽位後，未舉經筵，賜履特具疏請之，並請設起居注官。上欲幸塞外，以賜履疏諫，乃寢，且嘉其直。

九年，擢國史院學士。未幾，復內閣，設翰林院，更以爲掌院學士。舉經筵，以賜履爲講官，日進講弘德殿。賜履上陳道德，下達民隱，上每虛己以聽。十四年，諭奬其才能淸愼，遷內閣學士，尋超授武英殿大學士，兼刑部尙書。十五年，陝西總督哈占疏報獲盜，開復疏防官，下內閣，賜履誤票三法司核擬。旣，檢舉，得旨免究。賜履改草簽，欲諉咎同官杜立德，又取原草簽嚼而毀之，立德以語索額圖。事上聞，吏部議賜履票擬錯誤，欲諉咎同官杜立德，改寫草簽，復私取嚼毁，失大臣體，坐奪官。歸，僑居江寧。

二十三年，上南巡，賜履迎謁，召入對，御書經義齋榜以賜。二十七年，起禮部尚書。未幾，以母憂去。二十八年，上復南巡，賞賚有加。二十九年，起故官，仍直經筵。命往江南讞獄，調吏部。會河督靳輔請豁近河所占民田額賦，命賜履會勘。奏免高郵、山陽等州縣額賦三千七百二十八頃有奇。三十四年，弟編修賜瓚以奏對欺飾下獄，御史龔翔麟遂劾吏部銓除州縣以意高下，賜履僞學欺罔，乞嚴譴。下都察院議，賜履與尚書庫勒納，侍郎趙士麟、彭孫遹當降官，上不問，賜瓚亦獲赦。

三十八年，授東閣大學士兼吏部尚書，預修聖訓、實錄、方略、明史，並充總裁官。典會試者五。以年老累疏乞休。四十二年，溫旨許解機務，仍食俸，留京備顧問。四十五年，乞歸江寧。比行，召入講論累日。賜履因奏巡幸所至，官民供張煩費，惟上留意，上頷之，給傳遣官護歸。四十六年，上閱河，幸江寧，召見慰問，賜御用冠服。四十八年，卒，年七十五，命禮部遣官視喪，賜賻金千兩，贈太子太保，諡文端。五十一年，上追念賜履，知其貧，迭命江寧織造周恤其家；諭吏部召其二子志契、志夔詣京師，皆尚幼，復諭賜履僚屬門生醵金佽之。

賜履論學，以默識篤行爲旨，其言曰：「聖賢之道，不外乎庸，庸乃所以爲神也。」著閑道錄，嘗進上，命備省覽。雍正間，祀賢良祠。

李光地，字晉卿，福建安溪人。幼穎異。年十三，舉家陷山賊中，得脫歸。力學慕古。康熙九年成進士，選庶吉士，授編修。十二年，乞省親歸。十三年，耿精忠反，鄭錦據泉州，光地奉親匿山谷間，錦與精忠並遣人招之，力拒。十四年，密疏言：「閩疆褊小，自二賊割據，誅求敲扑，民力已盡，賊勢亦窮。南來大兵宜急攻，不可假以歲月，恐生他變。方今精忠悉力於仙霞、杉關，鄭錦幷命於漳、潮之界，惟汀州小路與贛州接壤，賊所置守禦不過千百疲卒。竊聞大兵南來，皆於賊兵多處鏖戰，而不知出奇以擣其虛，此計之失也。宜因賊防之疏，選精兵萬人或五六千人，詐爲入廣，由贛達汀，爲程七八日耳。二賊聞急趨救，非月餘不至，則我軍入閩久矣。賊方悉兵外拒，內地空虛，大軍果從汀州小路橫貫其腹，則三路之賊不戰自潰。伏乞密敕領兵官偵諜虛實，隨機進取。仍恐小路崎嶇，須使鄉兵在大軍之前，步兵又在馬兵之前，庶幾萬全，可以必勝。」置疏蠟丸中，遣使間道赴京師，因內閣學士富鴻基上之。上得疏動容，嘉其忠，下兵部錄付領兵大臣。時尚之信亦叛，師次贛州、南安，未能入福建。康親王傑書自衢州克仙霞關，復建寧、延平，精忠請降。師進駐福州，令都統拉哈達、賚塔等討鄭錦，並求光地所在。十六年，復泉州，光地謁拉哈達於漳州。拉哈達白王，疏稱「光地矢志爲國，顚沛不渝，宜予褒揚」，命優敍，擢侍讀學士。行至福州，以父喪歸。

十七年，同安賊蔡寅結衆萬餘，以白巾爲號，掠安溪。光地募鄉勇百餘人扼守，絕其糧道，賊解去。未幾，錦遣其將劉國軒陷海澄、漳平、同安、惠安諸縣，進逼泉州，斷萬安、江東二橋，南北援絕。光地遣使赴拉哈達軍告急，値江水漲，道阻，乃導軍自漳平、安谿小道入。光地從父日煌率鄉勇度石珠嶺，芟荆棘，架浮橋以濟。光地出迎，具牛酒犒軍。又使弟光垤、光垠以鄉兵千度白鴿嶺，迎巡撫吳興祚軍於永春。師次泉州，擊破國軒，竄入海。拉哈達上其功，再予優敍，遷翰林學士。光地上疏推功將帥，辭新命，不允；並官日煌，後積功官至永州總兵。

十九年，光地至京師，授內閣學士。入對，言：「鄭錦已死，子克塽幼弱，部下爭權，宜急取之。」且舉內大臣施琅習海上形勢，知兵，可重任，上用其言，卒平臺灣。

陳夢雷者，侯官人。與光地同歲舉進士，同官編修。方家居，精忠亂作，光地使日煌潛詣夢雷探消息，得虛實，約並具疏密陳破賊狀，光地獨上之，由是大受寵眷。及精忠敗，夢雷以附逆逮京師，下獄論斬。光地乃疏陳兩次密約狀，夢雷得減死戍奉天。

二十一年，乞假奉母歸。二十五年，還京，授翰林院掌院學士，直經筵，兼充日講起居注官，教習庶吉士。逾年，以母病乞歸省。二十七年，至京。初，光地與侍讀學士德格勒善，於上前互相稱引。上召德格勒與諸詞臣試乾清宮，以文字劣，鐫秩。旋掌院庫勒訥劾其私抹起居注事，下獄論罪。詔責光地，光地引罪，乞嚴譴，上原之。尋擢兵部侍郎。三十年，典會試。偕侍郎博霽、徐廷璽，原任河督靳輔勘視河工。三十三年，督順天學政。聞母喪，命在任守制。光地乞假九月回里治喪。御史沈愷曾、楊敬儒交章論劾，上令遵初命。給事中彭鵬復疏論光地十不可留，目爲貪位忘親，排詆尤力。乃下九卿議，命光地解任，在京守制。三十五年，服闋，仍督順天學政。三十六年，授工部侍郎。

三十七年，出爲直隸巡撫。初，畿輔屢遭水患，上以漳河與滹沱合流易汎濫，命光地導漳自故道引入運河，殺滹沱之勢。光地疏言：「漳河現分爲三：一自廣平經魏、元城，至山東館陶入衞水歸運；一爲老漳河，自山東丘縣經南宮諸縣，與完固口合流，至鮑家嘴歸運；一爲小漳河，自丘縣經廣宗、鉅鹿合於滏，又經束鹿、冀州合於滹沱。由衡水出獻縣完固口復分爲兩支：小支與老漳河合流而歸運，大支經河間、大城、靜海入子牙河而歸淀。今入衞之河與老漳河流淺而弱，宜疏濬；其完固口小支應築壩逼水入河，更於靜海閻、留二莊挑土築隄，束水歸淀，俾無汎濫。」詔報可。尋奏霸州、永清、宛平、良鄉、固安、高陽、獻縣因濬新河，占民田一百三十九頃，請豁免賦額，從之。通州等六州縣額設紅剝船六百號，剝運南漕，每船給贍田，遇水旱例不蠲免，光地奏請援民田例概蠲免之。三十九年，上臨視子牙河工，命光地於獻縣東西兩岸築長隄，西接大城，東接靜海，亙二百餘里；又於靜海廣福樓、焦家口開新河，引水入淀：由是下流益暢，無水患。四十二年，上褒其治績，擢吏部尚書，仍管巡撫事。四十三年，給事中黃鼎楫、湯右曾、許志進、宋駿業、王原等合疏劾光地撫綏無狀，致河間饑民流入京畿，並寧津縣匿災不報狀。光地疏辨，引咎乞罷，詔原之。再疏辭尚書，不許。尋疏劾雲南布政使張霖假稱詔旨，販鬻私鹽，得銀百六十餘萬，霖論斬，籍沒。四十四年，拜文淵閣大學士。時上潛心理學，旁闡六藝，御纂朱子全書及周易折中、性理精義諸書，皆命光地校理，日召入便殿揅求探討。四十七年，皇太子允礽以疾廢，命諸大臣保奏諸皇子孰可當儲位者。尚書王鴻緒等舉皇子允禩，上切責之。詢光地何無一言，光地奏：「前者皇上問臣以廢太子病，臣奏言徐徐調治，天下之福，臣未嘗告諸人也。」光地被上遇，同列多忌之者，凡所稱薦，多見排擠，因以撼光地。撫直隸時，御史呂履恆劾光地於秋審事任意斷決，上察其不實，還其奏。給事中王原劾文選郎中陳汝弼受贓，法司論絞，汝弼，光地所薦也。上察其供證非實，下廷臣確核，得逼供行賄狀，汝弼免罪，承讞官降革有差，原奪官。

光地益敬慎，其有獻納，罕見於章奏。江寧知府陳鵬年忤總督阿山，坐事論重辟，光地言其誣，鵬年遂內召。兩江總督噶禮與巡撫張伯行互訐，遣大臣往訊，久不決。嗣詔罷噶禮，復伯行官，光地實贊之。桐城貢士方苞坐戴名世獄論死，上偶言及侍郎汪霦卒後，誰能作古文者，光地曰：「惟戴名世案內方苞能。」苞得釋，召入南書房。其扶植善類如此。

五十二年，與千叟宴，賜賚有加。頃之，以病乞休，溫旨慰留。越二年，復以爲請，且言母喪未葬，許給假二年，賜詩寵行。五十六年，還朝，累疏乞罷，上以大學士王掞方在告，暫止之。五十七年，卒，年七十七，遣恆親王允祺奠醊，賜金千兩，謚文貞。使工部尚書徐元夢護其喪歸，復諭閣臣：「李光地謹慎淸勤，始終一節，學問淵博。朕知之最眞，知朕亦無過光地者！」雍正初，贈太子太傅，祀賢良祠。

弟光坡，性至孝，家居不仕，潛心經術。子鍾倫，舉人，治經史性理，旁及諸子百家，從其叔父光坡治三禮，於周官、禮記尤精，稱其家學。從子天寵，進士，官編修，有志操，邃於經學，與弟鍾僑、鍾旺俱以窮經講學爲業。鍾僑進士，官編修，督學江西，以實行課士，左遷國子監丞。鍾旺，舉人，授中書，充性理精義纂修官。

論曰：聖祖崇儒重道，經筵講論，孜孜聖賢之學，朝臣承其化，一時成爲風氣。裔介久官臺諫，數進讜言，爲憂盛危明之計，自登政府，柴立不阿，奉身早退，有古大臣之風。賜履剛方鯁直，疏舉經筵，冀裨主德，庶乎以道事君者歟？光地歷中外，得君最專，而疑謗叢集，委蛇進退，務爲韜默。聖祖嘗論道學不在空言，先行後言，君子所尚。夫道學豈易言哉？

清史稿卷二百六十三

列傳五十

王弘祚　姚文然　魏象樞　朱之弼　趙申喬

王弘祚，字懋自，雲南永昌人。明崇禎三年舉人。自薊州知州遷戶部郎中，督餉大同。順治元年，授岢嵐兵備道。總督吳孳昌以弘祚籌畫軍餉，請仍留大同。二年，以總督李鑑薦，仍授戶部郎中。中原初定，圖籍散佚。弘祚聰強習掌故，戶部疏請修賦役全書，以弘祚主其事。弘祚謂：「民不苦正供而苦雜派，法不立則吏不畏，吏不畏則民不安。閭閻菽帛之輸，朝廷悉知之，則可以艱難成節儉。版籍賦稅之事，小民悉知之，則可以燭照絕侵漁。」裁定賦役，一準萬曆間法例，晚末苛細巧取，盡芟除之，以爲一代程式。三年，加太僕寺少卿。六年，遷太僕寺卿，仍領郎中。

十年，擢戶部侍郎。時雲、貴尚爲明守，孫可望據辰州。弘祚請於江南、江西、湖廣豐稔之地，採米穀、儲糧餉爲進取計。又言：「黔國公沐天波世守雲南，得民心，其僚屬有散處江寧者，宜令往招天波爲內應。貴州九股黑苗，自都勻、黎平遠及慶遠、靖州，近爲可望蹂躪，宜加意撫綏，俾令歸化。冠服異制，勿驟更易。」上以所言足助撫剿，下經略大學士洪承疇採行。

十一年，給事中郭一鶚劾弘祚修賦役全書逾久未成，弘祚疏辨，一鶚復劾其巧飾。下部議，以各省册報稽遲，弘祚不舉劾，論罰俸。十二年，疏請禁有司私派累民、將領冒名領餉，皆下部議行。十三年，以河西務鈔關員外郎朱世德徵稅不如額，援赦請免議，坐降三級，命留任。十五年，賦役全書成，敍勞，還所降級。考滿，廕子。尋擢尚書，加太子少保。命同大學士巴哈納等校訂律例。十六年，進太子太保。

雲南平，迭疏上善後諸事，請開鄉試，愼署員，設重鎭，稽丁田，恤士紳，撫土司，寬新政。既，又疏言司道宜久任，州縣宜部選，投誠宜解散，荒殘宜軫恤，爐座宜多設。弘祚聞父母喪，疏乞解官奔赴，命在任守制。踰月，命出視事。十八年，聖祖卽位，疏請歸葬，許之。旋諭促還朝。

康熙三年，授刑部尙書，尋復還戶部。四年，星變地震，求直言。弘祚疏言：「異星見，天失其常；地震，地失其常。挽回天地之變，首在率循人事之常。」漕糧自通州運京師，或謂水次支散，可省轉搬費。弘祚持不可，謂：「水次支散，受者艱負戴。必減直而售，則米狠戾在外。京倉頒給雖有糶者，顆粒皆在都下。根本至計，不宜以小利遽變。」又有議盡裁州縣存留與變漕糧官運爲商運者，固爭不得，具疏上之，卒如弘祚議。

六年，用輔政大臣鼇拜議，戶部增設滿尙書，以授瑪爾賽，與弘祚齟齬。七年，戶部失察書吏假印盜帑，大學士班布爾善獨罪弘祚，坐奪官。八年，鼇拜得罪，起弘祚兵部尙書。九年，以老乞休，命馳驛歸里，食原俸。弘祚中道疾作，僑居江寧。念未終事父母，輯永思錄，自號曰思齋。十一年，疏辭俸，諭曰：「卿在官著有勞績，引年乞休，賜祿頤養，毋固辭。」十三年，卒，賜祭葬，謚端簡。

姚文然，字弱侯，江南桐城人。明崇禎十六年進士，改庶吉士。順治三年，以安慶巡撫李猶龍薦，授國史院庶吉士。五年，改禮科給事中。六年，疏請「赦撫、按、道恩詔淸理刑獄，勿任有司稽玩。條赦之外，有可矜疑原宥者，許專疏上陳」。又請重定會試下第舉人選用例，以廣任使。又言：「直隸與山東、河南接壤，盜賊竊發，東西竄匿，難於越境追捕。請改保定巡撫爲總督，轄直隸、山東及河南懷慶、衞輝、彰德三府。」又請敕各省督撫勿濫委私人署州縣官。諸疏皆下部議行。尋轉工科。

八年，世祖親政，疏請令都察院甄別各省巡按，下部院會議，以六等考核，黜陟有差。是歲，江南、浙江被水，文然請災地漕米改折，視災重輕定折多寡。既，又言：「折漕例新定，民未周知。官吏或折外重徵耗銀，或先已徵米而又收折，或折重運輕，其弊不一。請敕漕臣密察嚴劾。」上並採納。十年，疏言大臣得罪不當鎖禁，得旨允行。遷兵科都給事中，乞歸養。

康熙五年，起補戶科給事中。六年，疏言：「四川、湖廣諸省官吏，借殿工採木，搜取民間屋材、墓樹，宜申飭禁止。」又言：「採買官物，其由官發價者，如有駁減餘銀，例貯司庫。若價出自民，餘銀宜還之民間。」又言：「案牘煩冗滋弊，一部可逕結之事，卽應一部逕結；一疏可通結之事，卽應一疏通結。若各省錢糧考成已報完者，部臣宜於議覆時卽予開復。」均如所請。九年，考滿內陞，命以正四品頂帶食俸任事。故事，給事中內陞，還籍候補。留任自文然始。文然與魏象樞皆以給事中敢言負清望，號「姚魏」。十年，兩江總督麻勒吉坐事逮詣京師，仍用鎖繫例。文然復上疏論之，上諭：「自後命官赴質，概免鎖繫，著爲令。」

尋遷副都御史，再遷刑部侍郎。十二年，調兵部督捕侍郎。京口副都統張所養劾將軍柯永蓁徇私縱恣，令文然往按，永蓁坐罷。遷左都御史。十三年，疏言：「福建耿精忠、廣西孫延齡皆叛應吳三桂，中間阻隔，賴有廣東。精忠將士舊駐其地，熟習山川形勢，倘與延齡合謀相犄角，則廣東勢危。江西境與福建、廣東接，倘侵據贛州南安，驛道中斷，餉阻郵梗。宜駐重兵通聲援。」上嘉納之。陝西提督王輔臣叛，河南巡撫佟鳳彩引疾，上已許之；文然言河南近陝西，流言方甚，鳳彩得民心，宜令力疾視事，上爲留鳳彩。

文然屢有論列，尤推本君身，請節慎起居。孝誠皇后崩，權攢鞏華城，上數臨視，文然密疏諫，且引唐太宗作臺望昭陵用魏徵諫毀臺事相擬，上亦受之，不怫也。十五年，授刑部尙書。時方更定條例，文然曰：「刃殺人一時，例殺人萬世，可無慎乎？」乃推明律意，鉤稽擘討，必劑於寬平，決獄有所平反，歸輒色喜。嘗疑獄有枉，爭之不得，退，長跪自責。又以明季用刑慘酷，奏除廷杖及鎮撫司諸非刑。十七年，卒，賜祭葬，謚端恪。

文然淸介，里居幾不能自給，在官屛絕餽遺，晚益深研性命之學。子士基，官湖廣羅田知縣；士塈，官陝西朝邑知縣：皆有治行。

魏象樞，字環極，山西蔚州人。順治三年進士，選庶吉士。四年，授刑科給事中。疏言：「明季大弊未禁革者，督、撫、按聽用官舍太雜，道、府、州、縣胥隸太濫，請嚴予淸釐。」報可。五年，劾安徽巡撫王懩受賕庇貪吏，懩坐罷。轉工科右給事中。時以滿、漢雜處不便，令商民徙居南城。象樞疏言：「南城地狹，商民賃買無房，拆蓋無地。請下部察官地官房，俾民輸銀承業。」復疏請更定會典。並下部議行。七年，轉刑科左給事中。

八年，世祖親政，有司有以私徵侵帑坐罪者，象樞疏陳其弊，請飭州縣依易知單造格眼册，注明人戶姓名、糧銀、款目及蠲賑清數，上大吏覈驗，印發開徵；又請定布政使會計之法，以杜欺隱，立內外各官治事之限，以清稽滯：皆見施行。復疏言：「聖政方新，機務孔多，中外相望治平，非同昔日。上近巡京畿，輔臣當陪侍法從，盡啓沃之忠。倘遠有臨幸，亦宜諫止鑾輿，副保傅之責。」又因災變上言，謂天地之變，乃人事反常所致。語侵權貴尤急。九年，轉吏科都給事中。十年，大計，疏請復糾拾舊制，言官糾拾未得當，不宜反坐，下所司，著爲令。因復疏言順治四年吏科左給事劉楗以糾拾被譴，宜予昭雪，上爲復楗官。

總兵任珍失職怨望，並擅殺其家人，下九卿科道議罪，大學士陳名夏等二十八人，別爲一議，象樞與焉。上責其徇黨負恩，下部議，罪應流，寬之，命留任。十一年，大學士寧完我劾名夏，辭連象樞，謂象樞與名夏姻家牛射斗有連，象樞糾劾有誤，吏部議降級，名夏改票罰俸，命逮問。象樞自陳素不識射斗，得免議。尋以名夏父子濟惡，言官不先事論劾，各科都給事中皆鐫秩，象樞降補詹事府主簿，稍遷光祿寺丞。十六年，以母老乞終養。

康熙十一年，母喪終，用大學士馮溥薦，授貴州道御史。入對，退而喜曰：「聖主在上，太平之業方始。不當以姑且補苴之言進。」乃分疏，言：「王道首敎化，滿、漢臣僚宜敦家敎。」

「督撫任最重，有不容不盡之職分、不容不去之因循，宜責成互糾。」「制祿所以養廉，今罰俸例太嚴密，宜以記過示罰，增秩示恩。」「治河方亟，宜蓄人才備任使。」「戒淫侈宜正人心，勵風俗宜修禮制。」聖祖多予褒納。復疏糾湖南布政使劉顯貴侵公帑不當內陞，給事中佘司仁欺罔不法，皆坐黜。十二年，以歲滿加四品卿銜，尋擢左僉都御史。

十三年，歲三遷，至戶部侍郎。會西南用兵，措兵食，察帑藏，多所規畫。疏論籌餉，請確估價直，嚴覈關稅，慎用各直省布政使。十七年，授左都御史。疏言：「國家根本在百姓，百姓安危在督撫。願諸臣爲百姓留膏血，爲國家培元氣。臣不敢不爲朝廷正紀綱，爲臣子勵名節。」因上申明憲綱十事，上嘉其切中時弊。各直省舉劾屬吏多失當，江蘇嘉定知縣陸隴其有清名而被劾罷，象樞疏薦之。鎮江知府劉鼎溺職，題陞糧道；山西絳州知州曹廷兪劣跡顯著，糾察不及：象樞疏劾之。磨勘順天鄉試卷，因陳科場諸弊，請設內簾監試御史；考核各直省學道，舉勞之辨、邵嘉，劾盧元培、程汝璞，上如其議以爲黜陟。

十八年，遷刑部尚書。象樞疏言：「臣忝司風紀，職多未盡，敢援漢臣汲黯自請爲郎故事，留御史臺，爲朝廷整肅綱紀。」上可其奏，以刑部尚書留左都御史任。分疏劾山西巡撫王克善、榷稅蕪湖主事劉源諸不法狀，皆坐黜。七月，地震，象樞與副都御史施維翰疏言：「地道，臣也。臣失職，地爲之不寧，請罪臣以回天變。」上召象樞入對，語移時，至泣下。

明日，上集廷臣於左翼門，詔極言大臣受賕徇私，會推不問操守；將帥克敵，焚廬舍，俘子女，攘財物；外吏不言民生疾苦；獄訟不以時結正；諸王、貝勒、大臣家人罔市利，預詞訟：上干天和，嚴飭修省。是時索額圖預政貪侈，詔多爲索額圖發，論者謂象樞實啓之。

尋命舉廉吏，象樞舉原任侍郎雷虎、班迪、達哈塔、高珩，大理寺卿瑚密色，郎中宋文運，侍講蕭維豫，布政使畢振姬，知縣陸隴其、張沐凡十人。上諭曰：「雷虎朕亦聞其清，以其怠惰罷黜，既經象樞特薦，授內閣學士。班迪清慎，因使往江西按事，未能明晰，問以民間苦樂，又謝不知，以是鐫秩。餘令吏部議奏錄用。」十九年，仍授刑部尚書。尋命與侍郎科爾坤巡察畿輔，按治豪猾，還奏稱旨。

象樞有疾，上賜以人參及參膏，命內侍問飲食如何。二十三年，奏事乾清門，蹎焉，即日疏乞休，再奏，乃許之，命之入對，賜御書寒松堂額，令馳驛歸。二十五年，卒，年七十一，賜祭葬，諡敏果。

象樞以馮溥薦再起。象樞見溥，問何以見知？溥曰：「昔余爲祭酒，故事，丁祭不得陪祀者，當於前一日瞻拜。君每期必至，敬慎成禮。一歲直大雨，君仍至，肅然瞻拜而去，此外無一人至者。余以是知君篤誠。」子學誠，進士，授中書。上推象樞恩，改編修，官至諭德。嘉慶間，錄賢良祠諸臣後裔，賜象樞四世孫熤舉人。

朱之弼，字右君，順天大興人。順治三年進士，授禮科給事中，轉工科都給事中。八年，疏言：「國家宜重名器。舊制，胥吏供役年久無過，予以議敍，選用佐貳。今戶、兵等部書役別繫職銜，非官非吏，有玷班行。此曹起自貧乏，不數年家貲鉅萬，衣食奢侈。非舞文作奸，何以致此？戶、兵堂司官歲有遷轉，此曹歷年久不去，官爲客，吏爲主，流弊何窮。請嚴察褫奪。」下部議行。九年，以父喪去。十一年，起補戶科都給事中。

十二年，疏言：「小民納糧一也，而其目有四：曰漕糧、白糧、軍糧、恤孤糧。軍糧、恤孤糧程限遲緩，無增耗之費，有力之家，往往營求撥兌；單弱之戶，派納漕、白，苦樂不均。軍糧行折色，軍得銀則妄費，生掛欠之弊。恤孤糧半飽豪強，鰥寡孤獨無由控訴。請飭漕臣下各省糧道，親督州縣畫一編徵，盡數輸納，敢有撥兌者治罪。」又言：「錢糧侵欠，兵食不充，爲上所廑念。侵欠之大者，曰漕欠、糧欠。漕欠責漕督親督糧道，糧欠責督撫親督布政使，令本年附徵。某年欠項逾限不完，以溺職論，有司侵虧怠緩，糾劾不貸。如此，則年銷年欠，宿逋可淸。」上韙其言，並嚴飭行。又疏言：「國家章制大備，部臣實心任事，利自知舉，弊自知革。今乃盡若事外，遇事至，才者不肯決，無才者不能決，稍重大卽請會議。不然，行外察報，遷延歲月而已；不然，聽督撫參奏，科道指糾而已；不然，苟且塞責，無容再議而已：上下相諉，彼此相安。國家事安得不廢，百姓安得不困？欲致太平，必無之事也。臣愚謂今日求治，首在擇人。上面召諸大臣親試才品，因能授任；復考其歷事後興利幾何，除弊幾何，定功罪，信賞罰，則法行而事舉矣。」上納之弼言，諭六部去怠忽舊習。一歲中四遷，授戶部侍郎。十三年，河西務鈔關員外郎朱世德徵稅不如額，戶部援赦請免議，上切責譴部臣，之弼降三級。

十五年，授光祿寺少卿，再遷左副都御史。疏言：「巡按未得其人，當責都察院考核，巡按之賢不肖，卽都察院堂上官賢不肖。臣與諸巡按約，操守當潔清，舉劾當得宜，撫按當互糾。臣等定差不公，考核不當，巡按賢者不薦，不肖者不糾，諸御史亦得論劾。至巡方應行諸事，當令掌河南道會諸御史各抒見聞，奏請明定畫一。」從之。

世祖惡貪吏，命官得贓十兩、役得贓一兩，皆流徙。令既行，之弼疏論其不便，略謂：「自上諭宣傳後，撫按所糾，必無以大貪入告者。何則？一經提問，有司無不圖保身命，雖盈千累百，而及其結讞，期不滿十兩而止。是未糾以前，徒層累而輸於大吏。被糾之後，又層累而輸於問官。尺籍所科，百不一二。蓋雖起龔、黃爲今之有司，未有不犯十兩之令者。而今普天之下，皆不取十兩之有司，豈眞出古循吏上哉？良以令嚴則思遁，徒有名而無其實也。上但擇撫按一大貪者懲之，一大廉者獎之，則衆貪懼、衆廉奮矣。」

會歲旱求言，之弼疏言：「山東巡撫耿焞、河南巡撫賈漢復以墾荒蒙賞，兩省百姓卽以賠熟受困，歲增數十萬賦稅，多得之於鞭笞敲剝，呼天搶地之孑遺。怨苦之氣，積爲沴厲。」又疏劾戶部賑濟需遲，救荒無術。京師既得雨，河南報彰德、衞輝以旱成災，戶部奏：「上步禱天壇，時雨方降。彰德、衞輝地接畿南，何獨請蠲恤？請覆勘。」之弼疏爭，略謂：「百里不同風，千里不同雨，安得以輦下例率土？且以撫臣疏報爲不可信，而又倚以覆勘，使撫臣告災如前，部臣信之不可，不信必易人而勘，徒使地方增煩擾耳。自夏徂冬，被災州縣未盡停徵，待勘明已至來春，雖蠲免，徒飽吏橐，饑民轉爲溝中瘠久矣。」與尚書王弘祚廷辨，卒從之弼議。十八年，復授戶部侍郎。

康熙四年，調吏部。五年，遷左都御史，擢工部尙書。六年，疏言：「福建官兵月米五十餘萬石，歲徵十萬餘石，餘皆糴諸市，石值銀二兩四錢。朝廷買米養兵，絕不抑值以累民。臣聞延、建、汀、邵諸府民以買米攤賠爲累，有願繳田入官者。漳、泉之間，按地派米，石必加六斗，又迫令折價三四兩不等，數倍於正供，民不勝其朘削。」上特諭督撫嚴察。

七年，調刑部。八年，疏言：「各省存留錢糧，順治間軍需正迫，有裁減之令。昨年部臣又請酌減。存留各欵，原爲留備地方公用，事不容已，費無所出，勢不得不派之民間，不肖有司因以爲利。宜復康熙七年以前存留舊例。」又疏言：「八旗家丁，每歲以自盡報部者不下二千人。人雖有貴賤，均屬赤子。請敕諭八旗，凡蓄僕婢，當時其教誨，足其衣食，卹其勞苦，減其鞭笞，使各得其所。歲終刑部列歲中自盡人數，係某旗某家，具册呈覽，俾人知儆惕。」又言：「世祖嚴治貪官蠹役，特立嚴法，如非官役，不用此例。今不論有祿無祿，通用重典。貪蠹事發，被證畏同罪，刑訊不承，使大貪漏網。請嗣後因事納賄，仍擬同罪。如逼抑出錢，倘非官役，許用舊律。」詔並如所請。九年，調兵部。十四年，以母喪去官。十七年，起授工部尚書。二十二年，會推湖北按察使，之弼舉道員王垓，不當上意，以所舉非材，吏部議降三級調用。尋卒。

之弼內行修篤，事親孝，與其弟之佐相友愛。之佐，順治十四年進士，選庶吉士，歷官侍讀學士。嚴事之弼，雖白首，執子弟禮甚謹。

趙申喬，字愼旃，江南武進人。康熙九年進士。二十年，授河南商丘知縣，有惠政。二十五年，以賢能行取，命以主事用。二十七年，授刑部主事。三十年，遷員外郎，以病乞歸。四十年，以直隸巡撫李光地薦，召見，上察申喬敬愼，超擢浙江布政使。陛辭，上諭曰：「浙江財賦地，自張鵬翮後，錢糧多蒙混，當秉公察核，不虧帑，不累民。布政使爲一省表率，爾淸廉，屬吏自皆守法。」申喬頓首謝曰：「臣蒙皇上特擢，不黽勉爲好官，請置重典。」申喬上官，不挾幕客，治事皆躬親，例得火耗，悉屏不取。四十一年，上諭獎申喬居官清，能踐其言，就遷巡撫。布政使舊有貼解費，歲支不過十之五，申喬積二千餘金，封識以授代者，曰：「吾奏銷不名一錢，後將難繼，得此足辦一歲事，毋以擾民也。」錢塘江潮齧塘，申喬令鎔鐵貫石，築子塘爲護。

湖南鎭筸紅苗殺掠爲民害，民走京師叩閽陳狀，給事中宋駿業因劾總督郭琇、巡撫金璽、提督林本植諱匿不爲民去害，上命侍郎傅繼祖、甘國樞及申喬往按，盡發紅苗殺掠害民狀，琇等皆坐罷。調申喬偏沅巡撫。四十二年，疏言與總督喻成龍檄衡永道張士可入苗洞宣撫，已聽命者二十餘寨，並與提督俞益謨發兵討諸不率命者。上命尚書席爾達等率荆州駐防滿洲兵，並檄廣東、貴州、湖北三省提督，會成龍等進攻。自龍椒洞至於天星寨，分道搜剿，斬悍苗千餘，三百餘寨咸聽命受約束，苗悉定。申喬疏上善後諸事，移辰沅道駐其地。上獎征苗諸將，貴州提督李芳述功最，並褒申喬強毅。

上南巡，申喬朝行在，上以湖南地偏遠，官吏私徵、加耗倍於他省，特詔申飭。申喬還，建上諭碑亭於通衢，示屬吏，並疏劾巴陵知縣李可昌等違例苛斂，奪官逮治。四十五年，申喬疏言：「清浪、平溪二衞地處山僻，請改米徵銀，俾省運費。」四十六年，疏言：「漕運旗丁舊有耗贈、行月銀米，於起運前預發。給事中戴嵩條奏俟至通州補發，意在防其虧缺。湖南運道遠於江、浙，例本無耗贈，惟恃行月銀米爲轉運之資。今既扣存，窮丁不能涉遠，必致誤漕。請仍舊例預發。」上許之，著爲令。

四十七年，命赴湖北按讞荊州同知王侃等侵蝕木稅，疏請裁港口渡私稅，荊州關稅部差如故。申喬還，又請以靖州屬鸕鷀關稅併入辰州關。別疏言：「營兵給餉，每於正月支領，時地丁尚未開徵，挪移則累官，預徵則累民，請以隔歲餘存米石撥給兵餉。」並下部議行。內閣學士宋大業祭告南岳還京師，劾申喬輕褻御書，詔詰申喬。申喬疏辨，並言：「大業初使湖南，餽金九千。此次再使湖南，餽金五百，意不慊，札布政使董昭祚，言南岳廟工餘銀册報部。臣仍報部充餉，以是誣劾。」大業坐奪官，申喬鐫五級留任。

四十八年，疏劾提督俞益謨取兵糧三十五石，詔詰益謨。益謨劾申喬苛刻，請並解官質訊。四十九年，上命尚書蕭永藻往按，永藻察申喬疏實，上爲罷益謨，而命申喬還職。尋擢左都御史，諭曰：「申喬甚清廉，但有性氣，人皆畏其直。朕察其無私，是以護惜之。」五十年，疏請刻頒部行則例。劾編修戴名世所著南山集、孑遺錄有大逆語，下刑部，鞫實坐斬。五十一年，疏請禁營兵冒名食糧；又言上普免各省地丁錢糧，惟潼關衞、大同府徵本色，不在蠲例，請如奉天、臺灣例，一體蠲免：並允所請。

又疏言每歲農忙，京師當遵例停訟。上諭曰：「農忙停訟，聽之似有理，實乃無益。民非獨農也，商訟則廢生理，工訟則廢手藝。地方官不濫准詞狀，准則速結，訟亦少矣。若但四月至七月停訟，而平日濫准詞狀，又復何益？且此四月至七月間，或有姦民詐害良善，寃向誰訴？八月以後，正當收穫，亦非閒時。福建、廣東四季皆農時，豈終歲停訟乎？讀書當明理，事有益於民，朕卽允行，否則斷乎不可也。」五十二年，廣東饑，命往督平糶。尋授戶部尚書。

五十三年，旗丁請指圈滄州民地，直隸巡撫趙弘燮議以旗退地另撥，部議不許。申喬言滄州民地有旨停圈，宜如弘燮議，上從之。時方鑄大錢，商人請納銀領易小錢送寶源局改鑄，命內務府會戶部議。申喬言：「收小錢，有司責也，商人圖利，恐近藉端擾民，不可許。」而疏已上，議准申喬奏，請罷斥。上召問狀，申喬言：「司官但送侍郞畫題，爲所藐視，無顏復居職。」上曰：「君子懲忿窒慾，此語宜詳思。司官藐視，但當奏劾。爾性苛急，不能容人。天地之大德曰生，非但不殺而已。蓋於萬物皆養育而保全之。爾在官誠廉，然豈可恃廉而矯激乎？」命任事如故。卒用申喬議，罷商人納銀領錢。

申喬子鳳詔，官太原知府。上幸龍泉關，鳳詔入謁，上以申喬子優遇之。問巡撫噶禮賢否，鳳詔言噶禮淸廉第一，上爲擢噶禮江南總督。及噶禮以貪敗，上舉鳳詔問尚書張鵬翮，鵬翮言其貪。五十四年，山西巡撫蘇克濟劾鳳詔受賕至三十餘萬，命奪官按治。申喬疏謝不能教子，請罷斥，上責其詞意忿激，非大臣體，命任事如故。鳳詔坐贓罪至死。

五十九年，以病乞休。上仍奬申喬清廉，令在官調治。鳳詔贓未清，命免追，並諭大學士，謂「速傳此旨，使其早知，庶服藥可效也」。尋卒，年七十有七，賜祭葬，謚恭毅。雍正元年，加贈太子太保。六年，湖廣總督邁柱疏劾屬吏虧帑，有申喬在偏沅時事，例當分償。世宗特命免之。

論曰：弘祚定賦役，文然修律例，皆爲一代則，其績效鉅矣。象樞廉直謇謇，能規切用事大臣，尤言人所難言。之弼意主於愛民，凡所獻替，皆切於民事。申喬名輩差後，清介絕流輩，慷慨足以任國家之重。貞元之際，自摅亂入昇平，開濟匡襄，諸臣與有力焉。

清史稿卷二百六十四

列傳五十一

郝維訥　任克溥　劉鴻儒　劉楗 朱裴　張廷樞

郝維訥，字敏公，直隸霸州人。父傑，明崇禎進士。順治初，授行人，遷戶部給事中。迭疏請開經筵，祀闕里，廢斥諸臣才堪錄用者量予自新，朝賀大典內監不得入班行禮，俱下部議行。累遷戶部侍郎。卒。

維訥，順治四年進士，授刑部主事，再遷郎中。七年，出爲福建督糧道僉事。師下漳南，糧運多阻，維訥督米二萬石浮海達泉州以濟軍。巨盜張自盛犯延、卲，徙維訥權延建卲道，設方略，用間散其黨，自盛就擒。尋署按察使，謝苞苴，絕羨耗。舉卓異，復用孫承澤、成克鞏薦，十一年，召授通政司右參議。累遷大理寺卿。十三年，擢戶部侍郎，調吏部。十六年，丁父憂。服闋，起戶部侍郎，復調吏部。

康熙三年，典會試，尋擢左都御史。維訥以開國二十餘年，南徼初定，民困未蘇，疏言：「天下大弊在民窮財盡，連年川、湖、閩、廣、雲、貴無不增兵增餉，本省不支，他省協濟。臣觀川、湖等省尚多曠土，若選綠旗及降兵精銳者隸之營伍，給以牛種，所在屯田，則供應減而協濟可以永除，閭里無追呼之困。」又疏言：「巡按既裁，地方巡視責歸督撫。督撫任重事繁，出巡動踰旬月，恐誤公務，況騎從衆多，經過滋擾。至屬官貪廉，閭閻疾苦，咨訪耳目，仍寄司道。請嗣後事關重大者，仍親身巡察，餘概停止。」又疏言：「山西、山東等省偏旱，發帑賑濟，聖恩至爲優渥，特窮鄉僻壤恐難遍及，惟蠲免錢糧，率土均霑實惠。但田有田賦，丁有丁差，前者被災地方，例多免糧不免丁；其有丁無田者，反不得與有田之戶同霑恩澤。請丁銀均如田糧分數蠲免。」又疏言：「貪吏罪至死者，遇赦免死，並免交吏部議處。此曹饕狠藉藉，未可令其復玷名器，貽害地方。雖新例赴部另補，貪殘所至，播虐惟均。請敕部定議，凡贓款審實者，遇赦免罪，仍當奪官。庶官箴可肅，民害可除。」皆下部議行。

五年，遷工部尚書，調刑、禮二部。八年，調戶部。疏請停督撫勘災，申禁圈取民地，並得旨允行。十一年，調吏部。時兵興開捐納，正途日壅，維訥爲斟酌資格，按缺分選，銓法稱平。十八年，給事中姚絺虞請寬免科道風聞言事之禁，下廷臣議，維訥謂：「言官奏事，原不禁其風聞。但風聞奏參審問全虛者，例有處分，否則慮有藉風聞挾私報怨者，請仍照定例行。」從之。

維訥領吏、戶二部最久，法制多經裁定。凡事持大體，遇會議、會推、朝審，委曲斟酌，期於至當。敷奏條暢，所見與衆偶有同異，開陳端緒，不留隱情，上深重之，往往從其言。十九年，遭母憂。服闋，詣京師，未補官，卒，謚恭定。

任克溥，字海眉，山東聊城人。順治四年進士，授南陽府推官。卓異行取，十三年，授吏科給事中。疏言：「上勵精圖治，知親民之官莫過守令，特擇各府繁劇難治者，許三品以上各舉一人，破格任用。使保舉得當，一人賢則一郡安，人人賢則各省安，太平何難立致。乃爲時未久，以貪庸劾罷者已有數人，前此保舉不能秉公慎選可知。乞敕部察處。」

十四年，轉刑科，疏言：「抗糧弊有三：宦戶、儒戶、衙蠹。宜分三項，各另造册，申報總督、巡撫、巡按，宦欠者題參，衿欠者褫革，役欠者逮治。」復疏論順天鄉試給事中陸貽吉與同考官李振鄴、張我樸交通行賄鬻舉人，下吏部、都察院嚴鞫，貽吉、振鄴、我樸與居間博士蔡元禧，進士項紹芳，行賄舉人田耜、鄔作霖皆坐斬。命禮部覆試不及程者，褫奪流徙又二十五人，考官庶子曹本榮、中允宋之繩並坐降調。

十五年，充會試同考官，出闈，疏言：「伏讀上諭，令各衙門條奏興利除弊。時近兩月，僅見宗人府一疏，各衙門遲疑觀望。竊謂其病有二：一則因循既久，發論方新，恐無以贖往日曠官之咎；一則瞻望多端，指陳無隱，恐無以留後來遷就之門。臣子報國，止有樸忠，遇事直陳；稍一轉念，便持兩端，勢必摭拾瑣屑，勦說雷同，不能慷慨論列，又安望設誠致行？乞嚴飭不得浮泛塞責，並鑒別當否，示以勸懲。」又疏言：「近以各衙門胥役作奸犯科，詔令諸臣計議指摘。臣以爲懲於弊後，不若杜於弊先，如吏部文選司推升原有定序，應先懸榜部門，序列姓名、資俸、薦紀、參罰，使共見共聞；考功司議處條例，亦畫一頒發，使不得輕重增減。至各官開缺，以科鈔爲憑，向以發鈔後先轉移舞弊。如當逮問，先下刑部，與事止奪官、逕下吏部者遲速有異。應令卽日鈔發，使不容操縱。」上以所奏切中時弊，下部詳議行。

轉禮科都給事中，疏言：「士爲四民首，宜端習尚。請敕學臣，凡有請託私書，許揭送部科，差滿定爲上考。並令舉優當訪學行著聞之士，懲劣則以抗糧爲最重。」又疏言：「錢糧逋欠，非盡在民。臣前奏三款，部議分册申報，得旨允行；而造册奏報者，惟山西一省耳。諸省玩泄從事，不肯實心清理，徒以開荒增課，一時博優敍之榮，仍聽其逋欠而不之問，請飭部察覈；又紳衿抗糧，定有新條，蠹役尤應加嚴，並請敕部定例行。」十七年，遷太常寺少卿。十八年，遭父喪。

康熙三年，起補原官。六年，疏言：「朝廷欲薄賦，有司反加賦；朝廷欲省刑，有司反濫刑：皆由督撫不得其人。今方有詔令部院糾察，部院肯糾極貪大惡之督撫一人，天下爲督撫者警；督撫肯糾極貪大惡之司道一人，天下爲司道者警。督撫、司道廉潔，則有司不苦誅求，輕徭薄賦，政簡刑清，自寬然有餘地矣。」八年，應詔陳民生疾苦，言：「小民莫疾於加派，莫苦於火耗，已敕嚴禁矣。此外疾苦尚有數端：有司派殷戶催糧，糧單中多列逃亡絕戶，無可徵糧；且有糧册無名，按時追比，致傾家以償者。郵傳供應，原有錢糧，或侵入私囊，僉民養馬應夫或充里長。使客往來，舟車飲食，責令設備。河漕附近，籍民應役，衣敝履決，力盡筋疲，而工食或至中飽。淺夫閘夫，賣富差貧，一名更至數十名，衙役捕繫恫嚇，民被累無窮。請敕督撫淸釐懲禁。」上納其言，並特諭河工毋得累民。

尋遷右、左通政。十一年，疏言：「嘉魚知縣李世錫告湖廣巡撫林天擎索賄，以此知餽遺不絕，苞苴尚行，較世祖朝有司不敢餽遺督撫、不敢輕至省會風氣迥殊。督撫初受命，羣餽裘馬、弓矢，而爲督撫者亦飾觀瞻、趨奢侈，一時費累萬。上官後，爲酬報取償地，遂苛索屬吏，貽累於民。請敕督撫赴官之先，屏絕餽送，勿鋪張行色，以儉養廉。督撫參罰科條甚密，部院亦當知督撫艱難繁重，依例處分，毋過爲吹索，俾得專心吏治民生，無旁顧之憂。」先後諸疏並下部議行。

十二年，擢刑部侍郎。十八年，京察，以才力不及擬降調，命再議，改註不謹，遂奪官。三十八年，迎蹕臨清，復原銜。四十二年，南巡還蹕東昌，幸其所居園，賜松桂堂牓。以克溥年將九十，賜刑部尚書銜。是歲卒，賜祭葬。乾隆四十七年，高宗覽克溥條奏諸疏，善之，諭：「克溥逮事兩朝，抒誠建白，無愧直言謇諤之臣。」並命錄諸疏宣示。

劉鴻儒，字魯一，直隸遷安人。順治三年進士，授兵科給事中。疏言：「開國之始，首重安民，宜輕賦徭，革積弊。伏讀恩詔，賦制悉依萬曆初年，及觀順治二年徵數，並不減少，且復增重，請敕有司核實。州縣六房書吏，初房各二人，今則增至七、八十人，並請敕有司核簡。」上命指實，鴻儒復言：「臣籍遷安，明季丁銀，下下二錢，下中四錢，上地一畝七分有奇。民苦輸將，猶多逋賦。今蒙恩詔蠲免，而二年徵數，二錢者增至三錢六分，四錢者增至七錢二分，上地每畝增至八分有奇。一邑如此，他邑可知。乞敕清查蠲免。」下部確察。四年，調戶部。五年，坐糾鉅鹿知縣勞有學失實，左遷上林苑蕃育署署丞。十年，命復故官。十三年，補兵科，疏言：「畿輔近地，劫掠時聞。請嚴責成，謹防捕。」下部如所請。

轉戶科，十五年，疏言：「開國以來，度支屢見不敷。汰冗員，增榷務，廣輸納，督積逋，講求開節，已無不盡。今南服削平，萬方底定，宜總計財賦之數，準其出入，定爲經久不易之規。請通計一歲內畝賦、丁徭、鹽徵、津稅，各省輕齎、重運及贖鍰事例等項，汰其猥瑣無藝者，所存金粟若干數；然後計一歲內上方供應、官吏俸祿、兵馬糧料、朝祭禮儀、修築工役，以至師生廩餼、胥役代食，罷其不經無益者，所需金粟若干數：務使出入相合，定爲會計之準。用財大端惟兵，生財本計惟土。欲紓國計，莫善於屯田，朝廷下民屯之令。設官置役，多糜廩祿，得不償失，不旋踵而請罷。稽古屯制，不在民而在兵，請敕各省駐兵處所，無論邊腹地方，察有荒土，令兵充種。正疆界，信賞罰，則趨事自力；豐種具，寬程效，則收穫自充。此唐初府兵之制也。自頃四川、貴州已入版圖，所得之地，必需駐守；若令處處與屯，則根本自固，戰守咸資。此又趙充國之於先零，杜預之於宛、葉，確然可循之遺策也。順天左右郡縣，拱翊王畿，根本要地，自令舊人圈住，深得居重馭輕之意。但畿輔之民，多失恆業，撥補他地，皆有繫屬，豈能據爲己有？今喜峯、冷口諸關外，大寧以南，彌望千里，咸稱膏壤，請令民願出關開墾者，許承爲己業。沃土新闢，獲利必饒，先事有獲，趨者自衆。數年以後，漸次起科，成聚成邑，堪資保障。二者皆軍國大計，若設誠致行，久之兵食充足，國基賴以不拔矣。」下部議，以滇、黔未靖，兵餉無數，難以預定會計；設置兵屯，及畿輔民出邊墾種，敕所司詳勘。

十七年，遷順天府丞，再遷左通政。十八年，遷太常寺卿。康熙三年，遷通政使。六年，擢兵部侍郎。十年，調戶部。十二年，遷左都御史。

官戶部時，甘肅巡撫華善因擅發倉粟賑災，戶部循例題參，並議罰償，鴻儒無異議；及官都御史，又疏論華善不應參處，謂後封疆大臣有利民之政，不宜拘以文法。給事成性疏劾，下部議，坐鴻儒先未異議，後又指摘沽名，降二級調用。尋卒於家。

劉楗，字玉罍，直隸大城人。順治二年進士。是歲選新進士十人授給事中，楗除戶科。疏論山東巡撫楊聲遠劾青州道韓昭宣受賄釋叛賊十四人，僅令住俸剿賊，罰不蔽辜，昭宣坐奪官。四年，轉兵科右給事中。疏論江南巡按宋調元薦舉泰州遊擊潘延吉，寇至棄城走，調元濫舉失當，亦坐奪官。是歲大計，楗用拾遺例，揭山東聊城知縣張守廉贓欵，下所司勘議，守廉以失察吏役得贓，罰俸；楗誣糾，坐奪官。十年，吏科都給事中魏象樞請行大計拾遺，因論楗枉，得旨，吏役詐贓，知縣僅罰俸，言官反坐奪官，明有寃抑，令吏部察奏，命以原官起用。授兵科左給事中。

十一年，疏言：「近畿被水地，水落地可耕。方春農事急，請敕巡撫檄州縣發存留銀，借災民籽種，俟秋成責償。仍飭巡行鄉村勘覈，不使吏胥得緣以爲利。」

十二年，疏言：「鄭成功蹂躪漳、泉，窺伺省會。臣昔充福建考官，詢悉地勢。福清鎮東衞，明時駐兵防倭。倘復舊制，可以保障長樂，藩衞會城。宋、元設州海壇，明以倭患棄之。若設將鎭守，可與鎭東互爲犄角。仙霞嶺爲入福建門戶，與江西、浙江接壤，宜設官控制，招民以實其地，俾無隙可乘。成功數犯京口，泊舟平洋沙爲巢穴。宜乘其未至，移兵駐鎭，使退無可據，必不敢深入內地。」疏入，敕鎭海將軍石廷柱等分別駐守。

十三年，授山西河東道副使。十五年，轉河南鹽驛道參議。十六年，授湖廣按察使，就遷右布政。十八年，總督張長庚、巡撫楊茂勳疏薦楗廉幹，協濟滇、黔兵餉至八百餘萬，清逋賦墾地，除鼓鑄積弊。楗以母憂歸。康熙二年，起江西布政使。

吳三桂亂作，措餉供兵，事辦而民不擾。十四年，授太常寺卿。十六年，遷大理寺卿。十七年，擢副都御史，疏言：「自吳三桂爲亂，軍需旁午，大計暫停。今師所至，漸次蕩平。伏思兵後殘壞已極，正賴賢有司招徠安輯。若使不肖用事，何以澄吏治、奠民生、息盜賊？請令督撫速行舉劾，凡經薦舉者，改行易操，一體嚴察，不得偏徇。」下部如所請行。又疏言：「江西當亂後，民逃田墟，錢糧缺額不急予蠲免，逃者不歸，歸者復逃；荒者未墾，墾者仍荒。」上爲特旨悉行蠲免。

旋以病乞休，諭慰留，遣太醫視疾。擢吏部侍郎。未幾，復擢刑部尚書。十八年，病劇，始得請還里。至家，卒，賜祭葬，諡端敏。

朱裴，字小晉，山西聞喜人。亦順治三年進士。知直隸易州，移河南禹州。裴治尚嚴，到官即捕殺盜渠。縣有諸生聘婦爲盜掠，既復自歸。盜以奪婦訟生，婦以生貧且別娶，反爲盜證。前政論生死，裴廉得實，爲榜殺婦而出生於獄。擢刑部員外郎，遷廣東道御史，再遷禮科給事中。滿洲俗尚殉葬，裴疏請申禁，略言：「泥信幽明，未有如此之甚者。夫以主命責問奴僕，或畏威而不敢不從，或懷德而不忍不從，二者俱不可爲訓。好生惡死，人之常情。捐軀輕生，非盛世所宜有。」疏入，報可。累遷工部侍郎。以疾乞休，歸。地震，傷於足，臥家九年，卒。

張廷樞，字景峰，陝西韓城人。父顧行，康熙六年進士，官江安督糧道。廷樞，二十一年進士，選庶吉士，授編修。三十八年，以侍讀主江南鄉試。四十一年，以內閣學士督江南學政。四十四年，聖祖南巡，賜御書、冠服。四十五年，遷吏部侍郎，充經筵講官。總督湖廣容美土司田舜年揭其子昞如貪庸暴戾，昞如匿桑植土司向長庚所，不赴鞫。總督石文晟以聞，並劾舜年僭妄。命左都御史梅鋗、內閣學士二格會文晟按治。舜年詣武昌，文晟執之，病卒。鋗與文晟各具議疏陳，二格疏言佐證未集，未可即定議。詔廷樞偕大學士席哈納、侍郎蕭永藻覆勘，舜年各款俱虛，梅鋗以草率具奏，下部議奪官；文晟及湖北巡撫劉殿衡、偏沅巡撫趙申喬、提督俞益謨各降罰有差。

四十八年，進刑部尙書。民張三等盜倉米，步軍統領託合齊逮送刑部，滿尙書齊世武擬斬監候，廷樞持不可，擬充軍。下九卿議，廷樞改擬不當，當罰俸。上責廷樞偏執好勝，奪官。俄，託合齊得罪，五十一年，起廷樞工部尙書。江南總督噶禮、江蘇巡撫張伯行互訐，命尙書張鵬翮、總督赫壽按治，議奪伯行官。上復命廷樞與尙書穆和倫覆勘，如鵬翮等議。疏下九卿，上特命奪噶禮官，伯行復任。

五十二年，調刑部。五十六年，河南宜陽知縣張育徽加徵火耗虐民，盜渠亢珽結澠池盜李一臨據神垕寨爲亂，並劫永寧知縣高式青入寨；閿鄉盜王更一亦藉知縣白澄豫徵錢糧，嘯聚圍縣城；巡撫張聖佐、總兵馮君侁不能平，又匿不以起釁所由入告。命廷樞與內閣學士勒什布按治，珽自縊；更一、一臨就擒，置之法；澄、育徽擬絞監候；聖佐、君侁奪官；幷追咎原任巡撫李錫令屬吏加徵激變，論斬。蘭陽白蓮敎首袁進等謀不軌，命廷樞併按，論罪如律。五十八年，南陽鎭兵爲亂，辱知府沈淵，命廷樞偕內閣學士高其倬按治；浙江巡鹽御史哈爾金受商人賕，被劾，命廷樞偕內閣學士德音按治。幷論如法。

廷樞還京師，疏言：「河南漕米自康熙十四年每石改折銀八錢解部，嗣因米賤，部議以一錢五分解部，餘交巡撫購米起運。巡撫分委州縣，州縣復派民買輸，甚爲閭閻累。請交糧道購運，毋得派累民間。」下部議行。

世宗在藩邸，優徐采嗾傭者箠殺人，部議以傭抵。廷樞獨議罪在采，坐徙邊。世宗卽位，褎廷樞抗直，復逮采論罪。雍正元年，以原任編修陳夢雷侍誠郡王得罪，命發黑龍江，廷樞循故事，方冬停遣，又出其子使治裝。尚書隆科多劾廷樞徇縱，命鐫五級，逐回籍。

子縉，進士，官中允，亦以告病家居。六年，陝西巡撫西琳劾廷樞受河督趙世顯贓六千，抗追不納，縉居鄉不法。詔奪廷樞及縉官，令所司嚴訊。廷樞被逮，道卒。總督岳鍾琪議縉當斬，籍其家，詔特寬免，令縉在川、陝沿邊修城贖罪。乾隆時，復廷樞官，追謚文端。子綖，亦進士，官戶部主事。

論曰：維訥論貪吏遇赦，不得遽復官；克溥言民生疾苦，戒加賦濫刑；鴻儒請定歲會之制；犍議兵後當復行計典；裴請禁殉葬：益於國，澤於民，言各有所當也。廷樞使車四出，惟張伯行事出上裁，他皆稱指。律嚴科場罪，所以重取士，乃草野私議輒以爲過甚。克溥興丁酉順天之獄，卒以不謹罷，殆怨家所中歟？廷樞得罪，似亦有齮之者，詘而後申，足爲謇直者勸矣。

清史稿卷二百六十五

列傳五十二

湯斌 孫之旭 陸隴其 張伯行 子師載

湯斌，字孔伯，河南睢州人。明末流賊陷睢州，母趙殉節死，事具明史列女傳。父契祖，挈斌避兵浙江衢州。順治二年，奉父還里。九年，成進士，選庶吉士，授國史院檢討。方議修明史，斌應詔言：「宋史修於元至正，而不諱文天祥、謝枋得之忠；元史修於明洪武，而亦著丁好禮、巴顏布哈之義。順治元、二年間，前明諸臣有抗節不屈、臨危致命者，不可概以叛書。宜命纂修諸臣勿事瞻顧。」下所司。大學士馮銓、金之俊謂斌獎逆，擬旨嚴飭，世祖特召至南苑慰諭之。時府、道多缺員，上以用人方亟，當得文行兼優者，以學問爲經濟，選翰林官，得陳爌、黃志遴、王無咎、楊思聖、藍潤、王舜年、范周、馬燁曾、沈荃及斌凡十人。

斌出爲潼關道副使。時方用兵關中，徵發四至。總兵陳德調湖南，將二萬人至關欲留，斌以計出之，至洛陽譁潰。十六年，調江西嶺北道。明將李玉廷率所部萬人據雩都山寨，約降，未及期，而鄭成功犯江寧。斌策玉廷必變計，夜馳至南安設守。玉廷以兵至，見有備，卻走；遣將追擊，獲玉廷。

斌念父老，以病乞休，丁父憂。服闋，聞容城孫奇逢講學夏峰，負笈往從。康熙十七年，詔舉博學鴻儒，尙書魏象樞、副都御史金鋐以斌薦，試一等，授翰林院侍講，與修明史。二十年，充日講起居注官、浙江鄉試正考官，轉侍讀。二十一年，命爲明史總裁官，遷左庶子。二十三年，擢內閣學士。江寧巡撫缺，方廷推，上曰：「今以道學名者，言行或相悖。朕聞湯斌從孫奇逢學，有操守，可補江寧巡撫。」瀕行，諭曰：「居官以正風俗爲先。江蘇習尙華侈，其加意化導，非旦夕事，必從容漸摩，使之改心易慮。」賜鞍馬一、表裏十、銀五百。復賜御書三軸，曰：「今當遠離，展此如對朕也！」十月，上南巡，至蘇州，諭斌曰：「向聞吳閶繁盛，今觀其風土，尙虛華，安佚樂，逐末者多，力田者寡。爾當使之去奢返樸，事事務本，庶幾可挽頹風。」上還蹕，斌從至江寧，命還蘇州，賜御書及狐腋蟒服。

初，余國柱爲江寧巡撫，淮、揚二府被水，國柱疏言：「水退，田可耕，明年當徵賦。」斌遣覆勘，水未退卽田，出水處猶未可耕，奏寢前議。二十四年，疏言：「江蘇賦稅甲天下，每歲本折五六百萬。上命分年帶徵漕欠，而地丁錢糧，自康熙十八年至二十二年，五年並徵。州縣比較，十日一限。使每日輪比，則十日中三日空閒，七日赴比。民知剜補無術，拌皮骨以捱徵比；官知催科計窮，拌降革以圖卸擔。懇將民欠地丁錢糧照漕項一例，於康熙二十四年起，分年帶徵。」又疏言：「蘇、松土隘人稠，而條銀漕白正耗以及白糧經費漕贈五米十銀，雜項差徭，不可勝計。區區兩府，田不加廣，而當大省百餘州縣之賦，民力日絀。順治初，錢糧起存相半，考成之例尚寬。後因兵餉急迫，起解數多，又定十分考成之例。一分不完，難逭部議。官吏顧惜功名，必多苟且。參罰期迫，則以欠作完；賠補維艱，又以完爲欠。百姓脂膏已竭，有司智勇俱困。積欠年久，惟恃恩蠲。然與其赦免於追呼旣窮之後，何若酌減於徵比未加之先。懇將蘇、松錢糧各照科則量減一二成，定適中可完之實數，再將科則稍加歸併，使簡易明白，便於稽覈。」又請蠲蘇、松等七府州十三年至十七年未完銀米，淮、揚二府十八九兩年災欠，及邳州版荒、宿遷九釐地畝款項，並失額丁糧，皆下部議行。九釐地畝款項，卽明萬曆後暫加三餉，宿遷派銀四千三百有奇，至是始得蠲免。

淮、揚、徐三府復水，斌條列蠲賑事宜，請發帑五萬，糴米湖廣，不竢詔下，卽行咨請漕運總督徐旭齡、河道總督靳輔分賑淮安。斌赴清河、桃源、宿遷、邳、豐諸州縣察賑，疏聞，上命侍郎素赫助之。先後奏劾知府趙祿星、張萬壽，知縣陳協濬、蔡司霑、盧綖、葛之英、劉濤、劉茂位等。常州知府祖進朝以失察屬吏降調，斌察其廉，奏留之。又疏薦吳縣知縣劉滋、吳江知縣郭琇廉能最著，而徵收錢糧，未能十分全完，請予行取。下部皆議駁，特旨允行。

斌令諸州縣立社學，講孝經、小學，修泰伯祠及宋范仲淹、明周順昌祠，禁婦女游觀，胥吏、倡優毋得衣裘帛，燬淫詞小說，革火葬。蘇州城西上方山有五通神祠，幾數百年，遠近奔走如騖。諺謂其山曰「肉山」，其下石湖曰「酒海」。少婦病，巫輒言五通將娶爲婦，往往瘵死。斌收其偶像，木者焚之，土者沉之，並飭諸州縣有類此者悉毀之，撤其材修學宮。教化大行，民皆悅服。

方明珠用事，國柱附之。布政使龔其旋坐貪，爲御史陸隴其所劾，因國柱賄明珠得緩；國柱更欲爲斌言，以斌嚴正，不得發。及蠲江南賦，國柱使人語斌，謂皆明珠力，江南人宜有以報之，索賕，斌不應。比大計，外吏輦金於明珠門者不絕，而斌屬吏獨無。

二十五年，上爲太子擇輔導臣，廷臣有舉斌者。詔曰：「自古帝王諭教太子，必簡和平謹恪之臣，統率宮僚，專資輔翼。湯斌在講筵時，素行謹慎，朕所稔知。及簡任巡撫，潔己率屬，實心任事。允宜拔擢，以風有位。」授禮部尚書，管詹事府事。將行，吳民泣留不得，罷市三日，遮道焚香送之。初，靳輔與按察使于成龍爭論下河事，久未決。廷臣阿明珠意，多右輔。命尚書薩穆哈、穆成額會斌勘議，斌主濬下河如成龍言。薩穆哈等還京師，不以斌語聞。斌至，上問斌，斌以實對。薩穆哈等坐罷去。

二十六年五月，不雨，靈臺郎董漢臣上書指斥時事，語侵執政，下廷議，明珠惶懼，將引罪。大學士王熙獨曰：「市兒妄語，立斬之，事畢矣。」斌後至，國柱以告。斌曰：「漢臣應詔言事無死法。大臣不言而小臣言之，吾輩當自省。」上卒免漢臣罪。明珠、國柱愈恚，摘其語上聞，並摭斌在蘇時文告語，曰「愛民有心，救民無術」，以爲謗訕，傳旨詰問。斌惟自陳資性愚昧，愆過叢集，乞賜嚴加處分。左都御史璙丹、王鴻緒等又連疏劾斌。會斌先薦候補道耿介爲少詹事，同輔太子，介以老疾乞休。詹事尹泰等劾介僥倖求去，且及斌妄薦，議奪斌官，上獨留斌任。國柱宣言上將隸斌旗籍，斌適扶病入朝，道路相傳，聞者皆泣下。江南人客都下者，將擊登聞鼓訟寃，繼知無其事，乃散。

九月，改工部尚書。未幾，疾作，遣太醫診視。十月，自通州勘貢木歸，一夕卒，年六十一。斌既卒，上嘗語廷臣曰：「朕遇湯斌不薄，而怨訕不休，何也？」明珠、國柱輩嫉斌甚，微上厚斌，斌禍且不測。

斌既師奇逢，習宋諸儒書。嘗言：「滯事物以窮理，沉溺迹象，既支離而無本；離事物而致知，隳聰黜明，亦虛空而鮮實。」其教人，以爲必先明義利之界，謹誠僞之關，爲眞經學、眞道學；否則講論、踐履析爲二事，世道何賴。斌篤守程、朱，亦不薄王守仁。身體力行，不尙講論，所詣深粹。著有洛學編、潛庵語錄。雍正中，入賢良祠。乾隆元年，諡文正。道光三年，從祀孔子廟。

孫之旭，字孟升。康熙四十五年進士，官編修，改御史。出爲霸昌道，內遷左通政。所至皆有聲。

陸隴其，初名龍其，字稼書，浙江平湖人。康熙九年進士。十四年，授江南嘉定知縣。嘉定大縣，賦多俗侈。隴其守約持儉，務以德化民。或父訟子，泣而諭之，子掖父歸而善事焉；弟訟兄，察導訟者杖之，兄弟皆感悔。惡少以其徒爲暴，校於衢，視其悔而釋之。豪家僕奪負薪者妻，發吏捕治之，豪折節爲善人。訟不以吏胥逮民，有宗族爭者以族長，有鄉里爭者以里老；又或使兩造相要俱至，謂之自追。徵糧立掛比法，書其名以俟比，及數者自歸；立甘限法，令以今限所不足倍輸於後。

十五年，以軍興徵餉。隴其下令，謂「不戀一官，顧無益於爾民，而有害於急公」。戶予一名刺勸諭之，不匝月，輸至十萬。會行間架稅，隴其謂當止於市肆，令毋及村舍。江寧巡撫慕天顏請行州縣繁簡更調法，因言嘉定政繁多逋賦，隴其操守稱絕一塵，才幹乃非肆應，宜調簡縣。疏下部議，坐才力不及降調。縣民道爲盜所殺而訟其讐，隴其獲盜定讞。部議初報不言盜，坐諱盜奪官。十七年，舉博學鴻儒，未及試，丁父憂歸。十八年，左都御史魏象樞應詔舉清廉官，疏薦隴其潔己愛民，去官日，惟圖書數卷及其妻織機一具，民愛之比於父母，命服闋以知縣用。

二十二年，授直隸靈壽知縣。靈壽土瘠民貧，役繁而俗薄。隴其請於上官，與鄰縣更迭應役，俾得番代。行鄉約，察保甲，多爲文告，反覆曉譬，務去鬬很輕生之習。二十三年，直隸巡撫格爾古德以隴其與兗州知府張鵬翮同舉清廉官。二十九年，詔九卿舉學問優長、品行可用者，隴其復被薦，得旨行取。隴其在靈壽七年，去官日，民遮道號泣，如去嘉定時。授四川道監察御史。偏沅巡撫于養志有父喪，總督請在任守制。隴其言天下承平，湖廣非用兵地，宜以孝教。養志解任。

三十年，師征噶爾丹，行捐納事例。御史陳菁請罷捐免保舉，而增捐應陞先用，部議未行。隴其疏言：「捐納非上所欲行，若許捐免保舉，則與正途無異，且是淸廉可捐納而得也；至捐納先用，開奔競之途；皆不可行。更請捐納之員三年無保舉，卽予休致，以淸仕途。」九卿議，謂若行休致，則求保者奔競益甚。詔再與菁詳議，隴其又言：「捐納賢愚錯雜，惟恃保舉以防其弊。若併此而可捐納，此輩有不捐納者乎？議者或謂三年無保舉卽令休致爲太刻，此輩白丁得官，踞民上者三年，亦已甚矣；休致在家，儼然搢紳，爲榮多矣。若云營求保舉，督撫而賢，何由奔競；卽不賢，亦不能盡人而保舉之也。」詞益激切。菁與九卿復持異議。戶部以捐生觀望，遲誤軍需，請奪隴其官，發奉天安置。上曰：「隴其居官未久，不察事情，誠宜處分，但言官可貸。」會順天府尹衞旣齊巡畿輔，還奏民心皇皇，恐隴其遠謫，遂得免。

尋命巡視北城。試俸滿，部議調外，因假歸。三十一年，卒。三十三年，江南學政缺，上欲用隴其，侍臣奏隴其已卒，乃用邵嗣堯，嗣堯故與隴其同以清廉行取者也。雍正二年，世宗臨雍，議增從祀諸儒，隴其與焉。乾隆元年，特謚清獻，加贈內閣學士兼禮部侍郎。

著有困勉錄、松陽講義、三魚堂文集。其爲學專宗朱子，撰學術辨。大指謂王守仁以禪而託於儒，高攀龍、顧憲成知闢守仁，而以靜坐爲主，本原之地不出守仁範圍，詆斥之甚力。爲縣崇實政，嘉定民頌隴其，迄清季未已。靈壽鄰縣阜平爲置冢，民陸氏世守焉，自號隴其子孫。

張伯行，字孝先，河南儀封人。康熙二十四年進士，考授內閣中書，改中書科中書。丁父憂歸，建請見書院，講明正學。儀封城北舊有隄，三十八年六月，大雨，潰，伯行募民囊土塞之。河道總督張鵬翮行河，疏薦堪理河務，命以原銜赴河工，督修黃河南岸隄二百餘里及馬家港、東壩、高家堰諸工。四十二年，授山東濟寧道。值歲饑，即家運錢米，並製棉衣，拯民飢寒。上命分道治賑，伯行賑汶上、陽穀二縣，發倉穀二萬二千六百石有奇。布政使責其專擅，即論劾，伯行曰：「有旨治賑，不得爲專擅。上視民如傷，倉穀重乎？人命重乎？」乃得寢。四十五年，上南巡，賜「布澤安流」榜。

尋遷江蘇按察使。四十六年，復南巡，至蘇州，諭從臣曰：「朕聞張伯行居官甚清，最不易得。」時命所在督撫舉賢能官，伯行不與。上見伯行曰：「朕久識汝，朕自舉之。他日居官而善，天下以朕爲知人。」擢福建巡撫，賜「廉惠宣猷」榜。伯行疏請免臺灣、鳳山、諸羅三縣荒賦。福建米貴，請發帑五萬市湖廣、江西、廣東米平糶。建鼇峯書院，置學舍，出所藏書，搜先儒文集刊布爲正誼堂叢書，以教諸生。福州民祀瘟神，命毀其偶像，改祠爲義塾，祀朱子。俗多尼，鬻貧家女，髠之至千百，伯行命其家贖還擇偶，貧不能贖，官爲出之。

四十八年，調江蘇巡撫，賑淮、揚、徐三府饑。會布政使宜思恭以司庫虧空爲總督噶禮劾罷，上遣尚書張鵬翮按治。陳鵬年以蘇州知府署布政使，議司庫虧三十四萬，分扣官俸役食抵補，伯行咨噶禮會題，不應。伯行疏上聞，上命鵬翮幷按。別疏陳噶禮異議狀，上諭廷臣曰：「覽伯行此疏，知與噶禮不和。爲人臣者，當以國事爲重。朕綜理機務垂五十年，未嘗令一人得逞其私。此疏宜置不問。」伯行尋乞病，上不許。鵬翮請責前任巡撫于準及思恭償十六萬，餘以官俸役食抵補。上曰：「江南虧空錢糧，非官吏侵蝕。朕南巡時，督撫肆意挪用而不敢言。若責新任官補償，朕心實有不忍。」命察明南巡時用欵具奏。伯行又疏奏各府州縣無著錢糧十萬八千，上命倂予豁免。

噶禮貪橫，伯行與之迕。五十年，江南鄉試副考官趙晉交通關節，榜發，士論譁然，輿財神入學宮。伯行疏上其事，正考官左必蕃亦以實聞，命尚書張鵬翮、侍郎赫壽按治，伯行與噶禮會鞫，得舉人吳泌、程光奎通賄狀，詞連噶禮。伯行請解噶禮任付嚴審，噶禮不自安，亦摭伯行七罪訐奏。上命俱解任，鵬翮等尋奏晉與泌、光奎通賄俱實，擬罪如律；噶禮交通事誣，伯行應奪官。上切責鵬翮等掩飾，更命尚書穆和倫、張廷樞覆按，仍如前議。上曰：「伯行居官淸正，天下所知。噶禮才雖有餘而喜生事，無淸正名。此議是非顚倒，」命九卿、詹事、科道再議。」明日，召九卿等諭曰：「伯行居官淸廉，噶禮操守朕不能信。若無伯行，則江南必受其朘削幾半矣。此互參一案，初遣官往審，爲噶禮所制，致不能得其情；再遣官往審，與前無異。爾等能體朕保全淸官之意，使正人無所疑懼，則海宇昇平矣。」遂奪噶禮官，命伯行復任。

五十二年，江蘇布政使缺員，伯行疏薦福建布政使李發甲、臺灣道陳瑸、前祭酒余正健，上已以湖北按察使牟欽元擢任。未幾，伯行劾欽元匿通海罪人張令濤署中，請逮治。令濤兄元隆居上海，造海船，出入海洋，擁厚貲，結納豪貴。會部檄搜緝海賊鄭盡心餘黨，崇明水師捕漁船，其舟人福建產，冒華亭籍，驗船照爲元隆所代領，伯行欲窮治。是時令濤在噶禮幕，元隆稱病不就逮，獄未竟而死於家。噶禮前劾伯行，因摭其事爲七罪之一。會上海縣民顧協一訴令濤據其房屋，別有水寨數處窩藏海賊，稱令濤今居欽元署中。上命總督赫壽察審，赫壽庇令濤，以通賊無證聞；復命鵬翮及副都御史阿錫鼐按其事，鵬翮等奏元隆、令濤皆良民，請奪伯行官。上命復審，且命伯行自陳，伯行疏言：「元隆通賊，雖報身故，而金多黨衆，人人可以冒名，處處可以領照。令濤乃顧協一首告，若其不實，例應坐誣；欽元庇匿，致案久懸。臣爲地方大吏，杜漸防微，豈得不究？」既命解任，鵬翮等仍以伯行誣陷良民、挾詐欺公，論斬，法司議如所擬，上免其罪，命伯行來京。

旋入直南書房，署倉場侍郎，充順天鄉試正考官。授戶部侍郎，兼管錢法、倉場，再充會試副考官。雍正元年，擢禮部尚書，賜「禮樂名臣」榜。二年，命赴闕里祭崇聖祠。三年，卒，年七十五。遺疏請崇正學，勵直臣。上軫悼，贈太子太保，謚清恪。光緒初，從祀文廟。

伯行方成進士，歸構精舍於南郊，陳書數千卷縱觀之，及小學、近思錄，程、朱語類，曰：「入聖門庭在是矣。」盡發濂、洛、關、閩諸大儒之書，口誦手抄者七年。始赴官，嘗曰：「千聖之學，括於一敬，故學莫先於主敬。」因自號曰敬庵。又曰：「君子喻於義，小人喻於利。老氏貪生，佛者畏死，烈士徇名，皆利也。」在官所引，皆學問醇正，志操潔清，初不令知。平日齮齕之者，復與共事，推誠協恭，無絲毫芥蔕。曰：「已荷保全，敢以私廢公乎？」所著有困學錄、續錄、正誼堂文集、居濟一得諸書。

子師載，字又渠。舉人。以父廕補戶部員外郎。雍正初，授揚州知府。歲饑，高郵湖西民以縣吏報災輕，不得賑。師載行部，見饑民滿道，不待報而賑之。江都芒稻閘爲淮、黃、高、寶諸河入江要津，夏潦盛漲。閘官利商人餌，謂非運使令不得啓。師載詢鹽艘須水六七尺，今過半，乃身往督役啓閘。其後芒稻閘屬府啓閉，遂以爲例。累遷江蘇按察使，內擢右通政。再遷，授倉場侍郎，命協辦江南河務。授安徽巡撫，仍命赴南河協同防護。會河溢，奪官。上命誅疏防同知李焞、守備張賓，使師載視行刑，畢，釋之。再起爲兵部侍郎，遷漕運總督。復授河東河道總督。師載長於治河。少讀父書，研性理之學，高宗稱其篤實。卒，贈太子太保，謚愨敬。

論曰：清世以名臣從祀孔子廟，斌、隴其、伯行三人而已，皆以外吏起家，蒙聖祖恩遇。隴其官止御史，而廉能清正，民愛之如父母，與斌、伯行如一，其不爲時所容而爲聖祖所愛護也亦如一。君明而臣良，漢、唐以後，蓋亦罕矣。斌不薄王守仁，隴其篤守程、朱，斥守仁甚峻，而伯行繼之。要其躬行實踐，施於政事，皆能無負其所學，雖趨嚮稍有廣隘，亦無所軒輕焉。

清史稿卷二百六十六

列傳五十三

葉方藹　沈荃　勵杜訥子廷儀　孫宗萬　徐元珙　許三禮　王士禛
韓菼　湯右曾

葉方藹，字子吉，江南崑山人。順治十六年一甲三名進士，授編修。江南奏銷案起，坐奪官。尋授上林苑蕃育署丞。事白，還故官。康熙十二年，充日講起居注官。十四年，遷國子監司業，再遷侍講。宴瀛臺，羣臣皆進詩賦，方藹製八箴以獻，上甚悅，命撰太極圖論以進，賜貂裘、文綺。十五年，遷左庶子，再遷侍講學士。十六年，命充孝經衍義總裁，進講通鑑。上問：「諸葛亮何如伊尹？」方藹對曰：「伊尹聖人，可比孔子；諸葛亮大賢，可比顏淵。」上首肯。講中庸，上問：「知行孰重？」對曰：「宋臣朱熹之說，以次序言，則知先行後；以功夫言，則知輕行重。」上曰：「畢竟行重，若不能行，知亦虛知耳。」轉侍讀學士。十七年，充鑑古輯覽、皇輿表總裁，經筵講官，直南書房。上勤於典學，故事，以大臣二人日直，上特以屬方藹，兼掌院學士，兼禮部侍郎。

十八年，召試博學宏詞，命方藹閱卷，總裁明史。十九年，尙書講義成。上以講幄勞，加方藹尙書銜。上講易噬嗑卦辭，方藹與同官庫勒納進所撰乾坤二卦總論，上覽竟，諭曰：「卦爻義各有不同，卽如噬嗑卦中四爻主用刑者言，初上二爻主受刑者言，必得總論發揮，庶全卦之義了然，諸卦可依此撰進。」二十年，授刑部侍郎。二十一年，卒，遣奠茶酒，賜白金二百。上以方藹久侍講幄，啓沃勤勞，命優卹，賜謚文敏。

方藹初釋褐，以文章受知世祖。家居時，有密陳其居鄉不法者，下其事江蘇巡撫田雯覈覆。雯以鄉評入告，上曰：「朕固知方藹不如是也！」其後事聖祖，直內廷，眷遇優渥。方藹故廉謹，其卒，以板扉爲臥榻，支以四甓，布帳多補綴，無以爲斂，見者以爲難能。

沈荃，字貞蕤，江南華亭人。順治九年一甲三名進士，授編修。世祖擇翰林官外轉，荃出爲大梁道副使。劇盜董天祿、牛光天剽掠許、潁間，荃督兵捕治，殲其渠，羣盜皆散去。禹州盜倚竹園爲巢，殺人越貨，荃遣吏卒收捕，發土得尸十餘，悉按誅之。尋署按察使，疏言：「師方南征，必經南陽、汝寧諸府，供應疲苦，亢村、郭店諸驛，官死夫逃，請敕均撥驛站銀兩。師既入楚，留馬彰德，役民飼秣，請敕以懷慶、衞輝、廣平、順德、大名諸府更番分駐。各縣常平倉蓄穀太寡，請敕定額：大縣五六百石，小縣三四百石。開封自河決後，城垣淤圮，官吏分駐各邑，鄉鬮暫移輝縣。近奉旨修復汴城，請敕籌撥錢糧，督倡興工。河南土地，原有上中下等則，向因疆井混淆，一例派糧。今查勘漸定，請敕視萬曆年間則例，照地派糧。河南兵額一萬二千，奉旨缺額免補，有汰無增，駐防分汛，每苦不足，請敕仍許募補足額。」俱下部議行。

康熙元年，以憂歸。六年，授直隸通薊道，坐事左遷。九年，授浙江寧波同知。未上官，特旨召對，命作各體書，稱旨，詔以原品內用。十年，授侍講，直南書房。十一年，轉侍讀。十二年，充日講起居注官。十三年，擢國子監祭酒。十五年，遷少詹事。十六年，擢詹事。

十八年，旱，求直言。時更定新例，罪人當流者徙烏喇，下廷臣議。荃謂：「烏喇去蒙古三四千里，地極寒，人畜多凍死。今罪不至死者，乃遣流，而更驅之死地，宜如舊例便。」疏上，有旨令畫一，荃持前議益堅，且曰：「此議行，三日不雨者，甘服欺罔罪。」上改容納之。越二日，天竟雨，例得罷。十九年，上以講幄勞，加荃禮部侍郎銜。二十一年正月，乾清宮宴廷臣，賦柏梁體詩，荃與焉。二十三年，卒。上以荃貧，賜白金五百。

子宗敬，二十七年進士，改庶吉士，以編修入直，上命作書，因諭大學士李光地曰：「朕初學書，宗敬父荃指陳得失。至今作字，未嘗不思其勤也。」宗敬官至太常寺少卿。

勵杜訥，字近公，直隸靜海人。勵氏自鎮海北遷，訥以杜姓補諸生。康熙二年，纂世祖實錄，選善書之士，訥試第一，赴館繕錄。書成敍勞，授福建福寧州同，命留直南書房，食六品俸。十九年，授編修，充日講起居注官。二十一年，奏請復勵姓。聖祖方閱通鑑綱目，杜訥與學士張英侍，閱竟，杜訥請以御批宣示史館，下禮部翰林院會議，如所請。二十七年，遷贊善。二十九年，遷侍講，改光祿寺少卿。三十六年，遷通政司參議。三十七年，遷太僕寺卿，再遷宗人府府丞。

三十九年，遷左副都御史。疏言：「督撫大吏，朝廷畀以百餘城吏治、數千里民生，責任至重；若託詞鎮靜，漸成悠忽，不過以期會簿書忝封疆之寄。請敕各督撫年終彙奏若何察吏安民、興利除弊，以備淸覽；不實，則治以欺罔之罪。庶時時警勉，不敢優游草率，貽誤地方。藩司專掌錢穀，臬司專掌刑名，州縣之錢糧有無虧空，定案之爰書有無駁審，詳實幷列，則藩臬之優劣亦無遁情。」議如所請。又言：「提鎮保送將弁，時有騎射甚劣並年老之員，經特旨甄別。典戎要務，首在考察將弁，請敕部將各提鎮所屬引見不稱旨之員，彙册呈覽，並定處分。」下詔所司飭行。四十二年，擢刑部侍郎。卒。

加贈太子太傅。

杜訥學行醇粹，直禁廷二十餘年，無纖芥過失。四十四年，上駐蹕靜海，敕獎杜訥謹慎勤勞，親定謚曰文恪，手書賜其家。雍正元年，贈禮部尚書。八年，祀賢良祠。高宗卽位，

子廷儀，字南湖。康熙三十九年進士，改庶吉士。四十一年，特命直南書房。四十三年，授編修，遭父喪，旣終，充日講起居注官。累遷內閣學士，充經筵講官，擢翰林院掌院學士、兵部侍郎。雍正元年，遷刑部尚書。疏言各省常平倉穀，當責督撫覈實盤查，年終册報；又請於古北口外設理事同知，檢察命、盜獄：並從之。二年，疏言各州縣團練民壯，當選習槍箭，勤加訓練，上韙之，下直省督撫實力奉行；又疏請分立內外監，內監居要犯，外監居輕犯，別爲女監，另牆隔別：均報可。迭疏論監生考職，禁止私鹽，淸查入官家產，各舉其叢弊所在，並下部議行。七年，加太子太傅，賜「矜愼平恕」榜。九年，調吏部，仍專管刑部事。十年，卒，謚文恭。

子宗萬，字滋大。康熙六十年進士，改庶吉士，授編修。雍正二年，命直南書房，充日講起居注官，督山西學政。六年，遷國子監司業，按試潞安。臨晉民解進朝詐稱御前總管，私書請託，宗萬疏發之，諭嘉獎，遷侍讀，命巡察山西。八年，巡撫石麟劾宗萬擾驛遞，並

縱僕受賕，坐奪官。十年，起鴻臚寺少卿，仍直南書房。四遷至禮部侍郎，調刑部。乾隆元年，吏部劾宗萬保舉河員受請託，坐奪官。尋命直武英殿。七年，再起侍講學士，累遷通政使。直懋勤殿，纂秘殿珠林，遷左副都御史。擢工部侍郎，調刑部。十年，坐縱門客生事，復奪官，手詔詰責，命還里閉戶讀書。督撫那蘇圖劾宗萬縱弟占官地，命承修固安城工，免其罪。十六年，復起侍講學士，累遷光祿寺卿。二十四年，卒。

子守謙，嘉慶十年進士，官編修。

自杜訥以諸生受知遇，子孫繼起，四世皆入翰林。

徐元珙，字輯五，江南武進人。順治十二年進士，授刑部主事，遷員外郎。典廣西試，遷郎中。出爲福建建寧道僉事，善治盜。移山西冀寧南道參議，遭母憂去。康熙十二年，起直隸口北道參議。時宣鎮未設府縣，但置同知分防。元珙和調將士，嚴斥堠，增亭障，葺城郭，修學舍，邊境晏然。入爲光祿寺少卿，歷太僕寺卿、通政使。

二十四年，授太常寺卿。疏請釐正北郊配饗位次，略言：「本朝分祭南北郊。圜丘南嚮，三聖並配，甚鉅典也。獨方澤配位，臣不能無議。昭穆之位，分左右不分東西。圜丘南嚮，則東爲左爲昭，西爲右爲穆；地祇旣北嚮，則西爲左爲昭，東爲右爲穆。蓋東西有定方，而左右無定位，從正位所嚮而殊。漢、唐地祇皆南嚮，至宋政和四年，引北牖答陰之義，始改北嚮，配位亦改焉。明嘉靖九年，建方澤壇，因宋制，地祇北嚮，而配位仍設於東，不應古禮。蓋其時禮官誤執以東爲左，因循至今。然明配位止一太祖，或左或右，尚無越次之嫌。今三聖並配，左右易位，因之昭穆失序；況配位誤則從壇皆誤，卽陵山從祀嶽鎭者亦誤。揆諸典禮，實有未安，有待釐正。」疏入，下廷臣集議，學士徐乾學、韓菼皆韙元珙議，獨許三禮駁之，遂不行。語見三禮傳。

二十五年，遷左副都御史。疏請正北海祀典，略言：「唐望祭洛州，卽今河南府。宋望祭孟州，卽今懷慶府。明依宋制。說者謂懷慶屬濟源，潛通北海，故於此望祭焉。本朝定制，東海祀萊州，南海祀廣州，西海祀蒲州，皆爲允當。獨北海仍祀懷慶，竊以嶽鎭方位，當準皇都。往南祭北，於義未愜。謹按北鎭醫巫閭山在今奉天府境，山旣爲北鎭，川卽可爲北海，矧長白山水、黑龍、鴨綠諸江，悉朝宗於海。請更定北海之祭，就北鎭醫巫閭爲便。或疑歷時已久，不可輒更。臣按北嶽祀恆山曲陽，積二千餘年，用科臣言改祀渾源州。嶽祭可更，何疑海祭？」疏入，議行。

二十六年，疏乞歸養。至家，父已前卒。二十七年，孝莊文皇后崩，赴闕哭臨。疾作，卒於京師，上聞而憫之，喪歸，許馳驛，卹如禮。

元珙尚風義，座主陳彩沒，妻妾繼逝，撫其一歲孤並其女，爲營婚嫁，與己子無異。時論推其篤厚。

彩字美公，廣東順德人。順治九年進士，自編修出爲江南常鎮道。康熙初，江南有大獄，諸生連染被逮，彩以輕刑全活之甚衆。

許三禮，字典三，河南安陽人。順治十八年進士，授浙江海寧知縣。海寧地瀕海，多盜，三禮練鄉勇，嚴保甲，擒盜首朱纘之等。益修城壕，築土城尖山、鳳凰山間，戍以士兵。築塘濬河，救災儲粟，敎民以務本。立書院，延黃宗羲主講。在縣八年，聲譽甚美。

康熙八年，行取，授福建道御史。疏言：「漢儒董仲舒表章六經，其言道之大原出於天，與禪宗異學專主明心者不同。故宋儒程顥有儒道本天、釋敎本心之辨。宜視宋時六大儒，從祀國學，進稱先賢。」下廷臣議，不果行。時雲、貴猶未定，三禮疏言蕩平後，察大吏宜嚴，蘇民困宜寬。

尋命巡視北城，太常寺卿徐元珙議北郊配位應改坐西嚮東，下廷臣集議，三禮曰：「陽生於子，極於巳，故祀天在冬至，位南郊南嚮；陰生於午，極於亥，故祀地在夏至，位北郊北嚮。答陰答陽，義各有取。配位者主道也，義在近尊者爲上。故配天尚左，配地尚右，並居東。

改之非是。」從之。尋疏請定武臣守制例，下廷臣集議，有謂本朝無此例者。三禮曰：「宋高宗紹興七年，岳飛聞母訃，解兵柄徒步歸廬山，廬墓三年。此往代守制例也。」遂定議武臣守制自此始。旋擢通政司右參議。二十七年，遷提督四譯館、太常寺少卿，再遷大理寺卿。召對便殿，上曰：「河圖洛書，道治之原。一二三四五，六七八九十，忽金火易位何也？」對曰：「此即一陰一陽之道也。天地大德曰生，故河圖左旋，而相生爲順數；洛書右轉，而相剋爲逆數。一順一逆，位所由易也。」上曰：「既順何以逆？」對曰：「孤陽不生，獨陰不成。河圖自北而東，順以相生，木火土金水，就流行言；洛書自北而西，逆則相剋，上下四方中，就對待言。既五數在中，縱橫皆十五矣，惟剋乃所以生也。陰陽交則生變，變則生生不易。」上又問曰：「洪範九疇，皇建有極，謂人參三才，此說是乎？」對曰：「自天地開闢以來，賴有聖人，願治而不願亂者，天地之心；有治而不能無亂者，天地之數。數至則生聖人，撥亂而返之治，裁成輔相，以左右民，則聖人建極會極歸極之功也。聖人既能撥亂而返之治，始副天地長治之心，此人參三才之說，實理也，亦實事也。」上頗嘉美之。

遷順天府府尹。二十八年，遷右副都御史。再遷兵部督捕侍郎，以病告歸，未及行，卒。

三禮初師事孫奇逢，及在海寧，從黃宗羲游，官京師，有所疑，必貽書質宗羲。斅宋趙抃故事，且晝所爲，夜焚香告天，家居及在海寧，皆建告天樓。聖祖重道學，嘗以之稱三禮云。

王士禎，字貽上，山東新城人。幼慧，即能詩，舉於鄉，年十八。順治十二年，成進士。授江南揚州推官。侍郎葉成格被命駐江寧，按治通海寇獄，株連衆，士禎嚴反坐，寬無辜，所全活甚多。揚州鹺賈逋課數萬，逮繫久不能償，士禎募款代輸之，事乃解。康熙三年，總督郎廷佐、巡撫張尙賢、河督朱之錫交章論薦，內擢禮部主事，累遷戶部郎中。十一年，典四川試，母憂歸，服闋，起故官。

上留意文學，嘗從容問大學士李霨：「今世博學善詩文者孰最？」霨以士禎對。復問馮溥、陳廷敬、張英，皆如霨言。召士禎入對懋勤殿，賦詩稱旨。改翰林院侍講，遷侍讀，入直南書房。漢臣自部曹改詞臣，自士禎始。上徵其詩，錄上三百篇，曰御覽集。

尋遷國子監祭酒，整條教，屏餽遺，奬拔皆知名士。與司業劉芳喆疏言：「漢、唐以來，以太牢祀孔子，加王號，尊以八佾、十二籩豆。至明嘉靖間，用張璁議，改爲中祀，失尊崇之意。禮：祭從生者。天子祀其師，當用天子之禮樂。」又疏言：「自明去十哲封爵，稱冉子者凡三，未有辨別。宋周敦頤等六子改稱先賢，位漢、唐諸儒之上，世次殊有未安，宜予釐定。」又疏言：「田何受易商瞿，有功聖學，宜增祀。鄭康成注經百餘萬言，史稱純儒，宜復祀。」又疏言：「明儒曹端、章懋、蔡清、呂柟、羅洪先，並宜從祀。絳州貢生辛全，生際明末，以正學爲己任，著述甚富，乞敕進遺書。」又請修監藏經史舊版。疏並下部議，以籩豆、樂舞、名號、位次，俟會典頒發遵循；增祀明儒及徵進遺書，俟明史告成覈定；修補南北監經史版，如所請行。

二十三年，遷少詹事。命祭告南海，父憂歸。二十九年，起原官，再遷兵部督捕侍郎。三十一年，調戶部。命祭告西嶽西鎭江瀆。三十七年，遷左都御史。會廷議省御史員額，士禎曰：「國初設御史六十，後減爲四十，又減爲二十四。天子耳目官，可增不可減。」卒從士禎議。

遷刑部尚書。故事，斷獄下九卿平議。士禎官副都御史，爭楊成獄得減等。官戶部侍郎，爭太平王訓、聊城於相元、齊河房得亮獄皆得減等，而衡陽左道蕭儒英，則又爭而置之法。徐起龍爲曹氏所誣，則釋起龍而罪曹，案其所與私者，皆服罪。及長刑部，河南閻煥山、山西郭振羽、廣西竇子章皆以救父殺人論重辟，士禎曰：「此當論其救父與否，不當以梃刃定輕重。」改緩決，入奏，報可。

士禎以詩受知聖祖，被眷遇甚隆。四十年，乞假遷墓，上命予假五月，事畢還朝。四十三年，坐王五、吳謙獄罷。王五故工部匠役，捐納通判；謙太醫院官，坐索債毆斃負債者。下刑部，擬王五流徙，謙免議，士禎謂輕重懸殊，改王五但奪官。復下三法司嚴鞫，王五及謙並論死，又發謙囑託刑部主事馬世泰狀，士禎以瞻徇奪官。四十九年，上眷念諸舊臣，詔復職。五十年，卒。

明季文敝，諸言詩者，習袁宗道兄弟，則失之俚俗；宗鍾惺、譚友夏，則失之纖仄；斅陳子龍、李雯，軌轍正矣，則又失之膚廓。士禎姿禀既高，學問極博，與兄士祿、士祜並致力於詩，獨以神韻爲宗。取司空圖所謂「味在酸鹹外」、嚴羽所謂「羚羊掛角，無迹可尋」，標示指趣，自號漁洋山人。主持風雅數十年。同時趙執信始與立異，言詩中當有人在。既沒，或詆其才弱，然終不失爲正宗也。

士禎初名士禛，卒後，以避世宗諱，追改士正。乾隆三十年，高宗與沈德潛論詩，及士正，諭曰：「士正績學工詩，在本朝諸家中，流派較正，宜示褒，爲稽古者勸。」因追諡文簡。三十九年，復諭曰：「士正名以避廟諱致改，字與原名不相近，流傳日久，後世幾不復知爲何人。今改爲士禎，庶與弟兄行派不致淆亂。各館書籍記載，一體照改。」

韓菼，字元少，江南長洲人。讀書通五經，恬曠好山水。朋游飲酒，歡諧終日，而制行清嚴。特工制舉文。應順天鄉試，尚書徐乾學拔之遺卷中。康熙十二年，會試、殿試皆第一，授修撰，充日講起居注官。聖祖知其能文，命撰太極圖說以進，復諭進所作制舉文，召入弘德殿講大學。初世祖命纂孝經衍義未成，至是以菼專任纂修。十四年，典順天試。十五年，遷贊善。十六年，遷侍講。十七年，復典順天試。十八年，乞假歸。二十三年，起故官，尋轉侍讀。二十四年，上親試翰林，菼列第二，遷侍講學士。尋擢內閣學士。

二十六年，再假歸，築室西山。點勘諸經注疏，旁逮諸史。居八年，三十四年，召至京，命以原官總裁一統志。遷禮部侍郎，兼掌院學士。祭酒阿理瑚請以故大學士達海從祀文廟，下部議，菼謂：「從祀鉅典，論定匪易。達海造國書，一藝耳。」持不可。永定河工開事例，戶部請推廣，得捐納道府。菼謂道府不當捐納，御史鄭維孜疏言：「國子監生多江、浙人，有冒籍赴試者。請盡發原籍肄業。」菼曰：「京師首善地，遠人嚮化，方且聞風慕義而來。若因一二不肖，輒更定制，悉爲驅除，太學且空，非國體。維孜言非是。」事得寢。三十九年，充經筵講官，授禮部尚書，教習庶吉士。四十一年，上疏乞解職，專意纂輯承修諸書，詔慰留之，並賜「篤志經學、潤色鴻業」榜。四十二年，再稱疾，上不悅，敕仍留原任。四十三年，再疏乞退，仍不允。是歲秋，卒，卹如禮。

菼負文章名，而立朝樹風概，敢言，與人有始終。其再假歸也，乾學方罷官家居，領書局洞庭山中。兩江總督傅臘塔搆乾學，將興大獄，素交皆引去。菼旦暮造門，且就當事白其誣，乃已。其復起也，上遇之厚，嘗曰：「韓菼天下才，美風度，奏對誠實。」又曰：「菼學問優長，文章大雅，前代所僅有。所撰擬能道朕意中事。」會江寧布政使張萬祿蝕帑金三十餘萬金，總督阿山庇之，謂費由南巡。下廷臣議，有言阿山與有連，妄語罪當死。菼謂縱有連，情私而語公。忌者增益其語入告，上由是疏菼。及再謝病，詔責其教習庶吉士，每日率以飲酒多廢學；九卿集議，不爲國事直言，惟事瞻徇。菼意不自得，病甚，飲不輟，至卒。乾隆十七年，高宗諭奬「菼雅學績文，湛深經術。所撰制義，清眞雅正，開風氣之先，爲藝林楷則」。追謚文懿。

子孝嗣，舉人；孝基，進士，官編修。菼卒，奉母不出十餘年。雍正初，召修明史。書成，移疾歸，年九十而終。

湯右曾，字西厓，浙江仁和人。康熙二十七年進士，改庶吉士，授編修。出典貴州試。三十九年，授刑科給事中。兩廣總督石琳疏言瓊州生黎以文武官吏婪索，激而爲亂。上遣侍郎凱音布、學士邵希穆按治。右曾疏言：「揭帖言瓊州文武官往黎峒採取沈香、花梨致生釁，石琳及巡撫蕭永藻、提督殷化行平時絕不覺察，且黎亂在上年，遲且一載，始行題報，掩飾欺隱，請嚴加處分。」石琳等皆下吏議。四十年，疏請刊頒政治典訓及御製文集。四十一年，轉戶部掌印給事中。初，以私錢多，改錢制輕小，使私鑄無所利，顧仍不止。上令仍鑄大錢，下廷臣議，改鑄大錢，其舊鑄小錢，期二年銷燬。右曾疏言：「改大錢宜遵聖諭，若燬小錢則民間必驚擾。且戶、工二部存錢八十四萬串，若議銷燬，工料耗折甚多。且二年中鑄出新錢不過一百萬串，豈能遍及各省？新錢無多，舊錢已燬，恐私鑄更繁，錢法愈壞。古者患錢重，則改輕而不廢重；患錢輕，則改重而不廢輕：使子母相權而行。新鑄重錢，每串作銀一兩；舊鑄輕錢作七錢：並聽行使。積久大錢流通，小錢自不行矣。」疏再下廷臣議，定新錢每重一錢四分，舊錢並行勿禁，如右曾議。

四十四年，提督河南學政。秩滿，巡撫汪灝疏言右曾取士公明。四十八年，遷奉天府丞。四十九年，遷光祿寺卿。五十年，轉太常寺卿、通政使。五十一年，擢翰林院掌院學士。五十二年，授吏部侍郎。尙書富寧安、陳鵬翮皆廉辨有威稜，右曾貳之，銳意文案，糾剔是非。選人或挾大力以相要，必破其機紐，俾終不獲選。由是干進射利者，皆叢怨於吏部，而富寧安往涖西師，鵬翮任事久，見知於上深，莫可搖動，遂爭爲浮言撼右曾。六十年，命解右曾侍郎，仍專領掌院學士。六十一年，卒。

右曾少工詩，淸遠鮮潤。其後師事王士禛，稱入室。使貴州後，風格益進，鍛鍊澄汰，神韻泠然。右曾朝熱河行在，上命進所爲詩，右曾方詠文光果，即以進上。上爲和詩，有句曰「叢香密葉待詩公」，右曾自定集，遂取是詩冠首。

論曰：方藹、荃、杜訥以文學直內廷，其結主知，尤在於廉謙。元珙、三禮議禮各申其所見，有當於經指。士禎以詩被遇，清和粹美，蔚爲一代正宗。菼於文亦然，久而論定，並邀補謚，增文字之重。右曾師事士禎，繼以詩被遇。論者謂自明弘治、正德以後一百五十年，而文章復在臺閣，爲聖祖崇儒右文之效云。

清史稿卷二百六十七

列傳五十四

張玉書　李天馥　吳琠　張英子廷瓚　廷璐　廷瑑　陳廷敬

溫達穆和倫　蕭永藻　嵩祝　王頊齡

張玉書，字素存，江南丹徒人。父九徵，字湘曉。順治二年，舉鄉試第一。九年，成進士。博學礪行，精春秋三傳，尤邃於史。歷吏部文選郎中。出爲河南提學僉事，考績最，當超擢，遽引疾歸。

玉書，順治十八年進士，選庶吉士，授編修。累遷左庶子，充日講起居注官。康熙十九年，以進講稱旨，加詹事銜。二十年，擢內閣學士，充經筵講官。尋遷禮部侍郎，兼翰林院掌院學士。三藩平，有請行封禪者，玉書建議駁之，事遂寢。二十三年，丁父憂，上遣內閣學士王鴻緒至邸賜奠。服闋，即家起刑部尙書，調兵部。

二十七年，河道總督靳輔奏中河工成。時學士開音布往勘稱善，監高郵石工，疏請閉塞支河口爲中河蓄水。上以于成龍嘗奏輔開中河無益累民，今中河工成，乃命玉書偕尙書圖納等往勘，並偏察毛城鋪、高家堰及海口狀。瀕行，上謂玉書曰：「此行當秉公陳奏，毋效熊一瀟託故推諉爲也。」玉書等還奏：「勘閱河形，黃河西岸出水高。年來水大，未溢出岸上，知河身並未淤塞。海口岸寬二三里，河流入海無所阻。中河工成，舟楫往來，免涉黃河一百八十里之險。但與黃河逼，河寬固不可，狹又不能容運河及駱馬湖之水。擬請於蕭家渡、楊家莊增建減水壩，相時宣洩。閉塞支河口，應如開音布議。」上悉從之。

浙江巡撫金鋐以民杜光遇陳訴駐防滿洲兵擾民，下布政使李之粹察訊。之粹咨杭州將軍郭丕請申禁，郭丕以聞。上遣尙書熊賜履往按，賜履丁憂去，改命玉書。尋調禮部。二十八年，上南巡，駐蹕蘇州，玉書還奏杜光遇無其人，所陳訴皆虛妄。金鋐、李之粹皆坐奪官，流徙。二十九年，拜文華殿大學士，兼戶部尙書。

三十一年，靳輔奏高家堰加築小隄，復命玉書偕圖納往勘。還言：「曩者黃漲，淮流被逼，故洪澤湖水視昔爲高。今擬築隄，距高家堰甚近；若水漲，則高家堰大隄且不保，築小隄何益？因條列高家堰河工，自史家刮至周橋一萬四百餘丈，宜築隄三官廟。諸口宜改石工。今擬築小隄處，宜令河臣每歲親勘。」上深然之。

三十五年，上親征噶爾丹，玉書扈行，預參帷幄。師次克魯倫河，噶爾丹北竄，大將軍費揚古截擊，斬殺幾盡，噶爾丹僅以身免。玉書率百官上賀。三十六年，充平定朔漠方略總裁官。丁母憂，遣官賜祭，幷賜御書松蔭堂榜。三十八年，上南巡，玉書迎謁，賜賚有加。三十九年，服未闋，召至京，入閣視事。四十年，扈駕南巡，駐蹕江寧，召試士子，命爲閱卷官。御舟次高資港，玉書奏言前去鎭江不遠，請幸江天寺，留駐數日，上爲留一日。

四十六年，河道總督張鵬翮請開溜淮套河，上南巡，次淸口勘視，見所樹標竿多在民冢，召鵬翮極斥其非。玉書奏曰：「向者老人白英議引汶水南北分流，不若別作壩引汶水通漕，其下流專以淮水敵黃。黃水趨海，此萬世利也。」上善其言，遂諭鵬翮罷開溜淮套，事具鵬翮傳。

四十九年，以疾乞休，溫旨慰留。五十年，從幸熱河，甫至疾作，遂卒，年七十，上深惜之，親製輓詩，賜白金千。命內務府監製棺槨衾絞，驛送其喪還京師，加贈太子太保，諡文貞。五十二年，上追念舊勞，擢其子編修逸少爲侍讀學士。

玉書謹愼廉潔，居政地二十年，遠避權勢，門無雜賓，從容密勿，爲聖祖所親任。自奉儉約，飲食服御，略如寒素。雍正中，入祀賢良祠。

李天馥，字湘北，河南永城人。先世在明初以軍功得世襲廬州衞指揮僉事，家合肥。有族子占永城衞籍，天馥以其籍舉鄉試。順治十五年，成進士，選庶吉士，授檢討。博聞約取，究心經世之學，名藉甚。累擢內閣學士，充經筵講官。每侍直，有所見，悉陳無隱，聖祖器之。康熙十九年夏，旱，命偕大學士明珠會三法司慮囚，有矜疑者，悉從末減。尋擢戶部侍郎，調吏部。杜絕苞苴，嚴峻一無所私，銓政稱平。二十七年，遷工部尚書。河道總督靳輔議築高家堰重隄，束水出淸口，停濬海口；于成龍主疏濬下河。上召二人詣京師入對，仍各持一說，下廷臣詳議，天馥謂下河海口當濬，高家堰重隄宜停築，上然之。歷刑、兵、吏諸部。

三十一年，拜武英殿大學士。上曰：「機務重任，不可用喜事人。天馥老成淸愼，學行俱優，朕知其必不生事。」三十二年，以母憂回籍，上賜「貞松」榜御書，勉以儒者之學；復謂：「天馥侍朕三十餘年，未嘗有失。三年易過，命懸缺以待。」三十四年，服將闋，起故官，入閣視事。上親征厄魯特，平定朔漠，兵革甫息，天馥務以淸靜和平，與民休息。嘗謂：「變法不如守法。奉行成憲，不失尺寸，乃所以報也。」三十八年，卒，謚文定。

天馥在位，留意人才，嘗應詔舉彭鵬、陸隴其、邵嗣堯，卒爲名臣。爲學士時，冬月慮囚，有知縣李方廣坐當死，天馥言其有才，得緩決，尋以赦免。刑部囚多瘐斃，爲庀屋材，多爲之所，別罪之輕重以居，活者尤衆。事親孝，居喪廬墓，有雙白燕飛至，不去，人名其居爲白燕廬。子孚青，進士，官編修。父喪歸，不復出。

吳琠，字伯美，山西沁州人。順治十六年進士，授河南確山知縣。縣遭明季流寇殘破，琠拊流亡，闢蕪廢，墾田歲增，捕獲盜魁誅之。師下雲南，縣當孔道，輿馬糧餉，先事籌辦而民不擾。康熙十三年，以卓異入爲吏部主事，歷郎中。累遷通政司右參議。刑部尙書魏象樞亟稱其賢。二十年，特擢右通政，累遷左副都御史。疏請復督撫巡方，略言：「令甲，督撫於命下之日，卽杜門屛客；蒞任，守令不得參謁。凡有舉劾，惟據道府揭報，愛憎毀譽，眞僞相亂，督撫無由知。革火耗而火耗愈甚，禁私派而私派愈增。請敕督撫親歷各屬，以知守令賢否。或謂巡方恐勞擾百姓，夫督撫賢，則必能禁迎送、卻供應；如其不肖，雖端坐會城，而暮夜之餽踵至，豈獨巡方足以勞民哉？」又言：「巡撫及巡守道無一旅之衞，而提鎭各建高牙。前撫臣如馬雄鎭，道臣如陳啓泰，懷忠秉義，向使各有兵馬，奚至束手？宜及此時復舊制，使巡撫、巡守道仍各管兵馬。減提督，增總兵，以一鎭之兵酌分數鎭，聽督撫節制。」

二十八年，遷兵部侍郎，尋授湖廣巡撫。湖北自裁兵亂後，姦猾率指仇人爲亂黨，株連不已，琠悉置不問，而懲其妄訐者，人心大定。陝西饑，流民入湖廣就食，令有司分賑，全活甚衆。三十一年，詔以荆州兵船運漕米十萬石至襄陽備賑，琠議：「兵船泊大江下至漢口受米，復西上抵襄陽，計程二千餘里。令原運漕船若乘夏水順道赴襄陽，僅七百餘里，即以便宜行事。」疏入，上嘉之。未幾，丁母憂，服未闋，卽授湖廣總督，仍聽終制乃赴任。故事，土司見州縣吏不敢抗禮，其後大吏稍稍假借之。琠至，絕餽遺，飭謁見長吏悉循舊制，或犯約束，檄諭之，無敢肆者。

三十五年，召爲左都御史。三十六年，典會試。上北征回鑾，顧迎駕諸臣，褒琠及河道總督張鵬翮居官之廉，卽擢琠爲刑部尚書，而以鵬翮爲左都御史。三十七年，拜保和殿大學士，兼刑部。琠熟諳舊章，參決庶務，靡不允當。奏對皆竭忱悃，上每稱善。所薦引多賢能吏。

三十九年，復典會試，上手書「風度端凝」榜賜之。尋具疏乞休，不允。上嘗臨米芾書以賜琠，書其後曰：「吳琠寬厚和平，持己清廉。先任封疆，軍民受其實惠。朝中之事，面折廷諍，能得其正。朕甚重其能得大臣之體。」四十四年，卒，諡文端。翰林院撰祭文，上以爲未能盡琠，敕改撰。吏部奏大學士缺員，上以琠喪未歸，懸缺未卽別除，曰：「朕心不忍也。」琠所至多惠政，兩湖及確山皆祠祀。初，沁州薦饑，琠糴米賑之，全活無算。有司議增沁糧一千三百石，琠力爭乃已。鄉人德之，立祠以祀。雍正中，祀賢良祠。

張英，字敦復，江南桐城人。康熙六年進士，選庶吉士。父憂歸，服闋，授編修，充日講起居注官。累遷侍讀學士。十六年，聖祖命擇詞臣諄謹有學者日侍左右，設南書房。命英入直，賜第西安門內。詞臣賜居禁城自此始。時方討三藩，軍書旁午，上日御乾清門聽政後，卽幸懋勤殿，與儒臣講論經義。英率辰入暮出，退或復宣召，輟食趨宮門，愼密恪勤，上益器之。幸南苑及巡行四方，必以英從。一時制誥，多出其手。

遷翰林院學士，兼禮部侍郎。二十年，以葬父乞假，優詔允之，賜白金五百、表裏緞二十，予其父秉彝卹典視英官。英歸，築室龍眠山中，居四年，起故官。遷兵部侍郎，調禮部，兼管詹事府。充經筵講官，奏進孝經衍義，命刊布。二十八年，擢工部尚書，兼翰林院掌院學士，仍管詹事府。調禮部，兼官如故。編修楊瑄撰都統、一等公佟國綱祭文失辭，坐奪官流徙；斥英不詳審，罷尚書，仍管翰林院、詹事府，教習庶吉士。尋復官，充國史、一統志、淵鑒類函、政治典訓、平定朔漠方略總裁官。三十六年，典會試。尋以疾乞休，不允。三十八年，拜文華殿大學士，兼禮部。

英性和易，不務表襮，有所薦舉，終不使其人知。所居無赫赫名。在講筵，民生利病，四方水旱，知無不言。聖祖嘗語執政：「張英始終敬慎，有古大臣風。」四十年，以衰病求罷，詔許致仕。瀕行，賜宴暢春園，敕部馳驛如制。四十四年，上南巡，英迎駕淮安，賜御書榜額、白金千。隨至江寧，上將旋蹕，以英懇奏，允留一日。時總督阿山欲加錢糧耗銀供南巡費，江寧知府陳鵬年持不可，阿山怒鵬年，欲因是罪之，供張故不辦；左右又中以蜚語，禍將不測。及英入見，上問江南廉吏，首舉鵬年，阿山意爲沮，鵬年以是受知於上爲名臣。四十六年，上復南巡，英迎駕清江浦，仍隨至江寧，賜賚有加。

英自壯歲即有田園之思，致政後，優遊林下者七年。爲聰訓齋語、恆產瑣言，以務本力田、隨分知足誥誡子弟。四十七年，卒，諡文端。世宗讀書乾清宮，英嘗侍講經書，及即位，追念舊學，贈太子太傅，賜御書榜額揭諸祠宇。雍正八年，入祀賢良祠。高宗立，加贈太傅。

子廷瓚，字卣臣。康熙十八年進士，自編修累官少詹事。先英卒。廷玉，自有傳。廷璐，字寶臣。康熙五十七年，殿試一甲第二名進士，授編修，直南書房，遷侍講學士。雍正元年，督學河南，坐事奪職。尋起侍講，遷詹事。兩督江蘇學政。武進劉綸、長洲沈德潛皆出其門，幷致通顯，有名於時。進禮部侍郎，予告歸，卒。

廷瑑，字桓臣。雍正元年進士，自編修累官工部侍郎，充日講官。起居注初無條例，廷瑑編載詳贍得體。既擢侍郎，兼職如故。終淸世，已出翰林而仍職記注者惟廷瑑。乾隆九年，改補內閣學士，兼禮部侍郎。典試江西，移疾歸。廷瑑性誠篤，細微必愼。旣歸，刻苦礪行，耿介不妄取。三十九年，卒，年八十四。上聞，顧左右曰：「張廷瑑兄弟皆舊臣賢者，今盡矣！安可得也？」因歎息久之。

廷璐子若需，進士，官侍講。若需子曾敞，進士，官少詹事。

自英後，以科第世其家，四世皆爲講官。

陳廷敬，初名敬，字子端，山西澤州人。順治十五年進士，選庶吉士。是科館選，又有順天通州陳敬，上爲加「廷」字以別之。十八年，充會試同考官，尋授秘書院檢討。康熙元年，假歸，四年，補原官。累遷翰林院侍講學士，充日講起居注官。十四年，擢內閣學士，兼禮部侍郎，充經筵講官，改翰林院掌院學士，敎習庶吉士。與學士張英日直弘德殿，聖祖器之，與英及掌院學士喇沙里同賜貂皮五十、表裏緞各二。十七年，命直南書房。丁母憂，遣官慰問，賜茶酒。服除，起故官。二十一年，典會試。滇南平，更定朝會燕饗樂章，命廷敬撰擬，下所司肄習。遷禮部侍郎。

二十三年，調吏部，兼管戶部錢法。疏言：「自古鑄錢時輕時重，未有數十年而不改者。

向日銀一兩易錢千，今僅得九百，其故在燬錢鬻銅。順治十年因錢賤壅滯，改舊重一錢者爲一錢二分五釐，十七年又增爲一錢四分，所以杜私鑄也。今私鑄自如，應改重爲輕，則燬錢不禁自絕。產銅之地，宜停收稅，聽民開採，則銅日多，錢價益平。」疏下部議行。

擢左都御史。疏言：「古者衣冠、輿馬、服飾、器用，賤不得踰貴，小不得加大。今等威未辨，奢侈未除，機絲所織，花草蟲魚，時新時異，轉相慕效。由是富者黷貨無已，貧者恥其不如，冒利觸禁，其始由於不儉，其繼至於不廉。請敕廷臣嚴申定制，以挽頹風。」又言：「方今要務，首在督撫得人。爲督撫者，不以利欲動其心，然後能正身以董吏。吏不以曲事上官爲心，然後能加意於民；民可徐得其養，養立而後教行。宜飭督撫凡保薦州縣吏，必具列無加派火耗、無黷貨詞訟、無朘削富民。每月吉集衆講解聖諭，使知功令之重在此。而皇上考察督撫，則以潔己教吏，吏得一心養民教民爲稱職，庶幾大法而小廉。」又言：「水旱凶荒，堯、湯之世所不能盡無，惟備及於豫而賙當其急，故民恃以無恐。山東去年題報水災，戶部初議行令履勘，繼又行令分晰地畝高下，今年四月始行覆准蠲免。如此其遲回者，所行之例則然耳。臣愚以爲被災分數既有冊結可據，卽宜具覆豁免，上宣聖主勤民之意，下慰小民望澤之心，中不使吏胥緣爲弊竇。」疏並議行。

二十五年，遷工部尚書。與學士徐乾學奏進鑑古輯覽，上嘉其有裨治化，命留覽。時修輯三朝聖訓、政治典訓、方略、一統志、明史，廷敬並充總裁官。累調戶、吏二部。二十七年，法司逮問湖廣巡撫張汧，汧曾齎銀赴京行賄。獄急，語涉廷敬及尚書徐乾學、詹事高士奇，上置勿問。廷敬乃以父老，疏乞歸養，詔許解任，仍管修書事。

二十九年，起左都御史，遷工部尚書，調刑部。丁父憂，服闋，授戶部尚書，調吏部。四十二年，拜文淵閣大學士，兼吏部，仍直經筵。四十四年，扈從南巡，召試士子，命閱卷。四十九年，以疾乞休，允之。會大學士張玉書卒，李光地病在告，召廷敬仍入閣視事。五十一年，卒，上深惜之，親製輓詩一章，命皇三子允祉奠茶酒；又命部院大臣會其喪，賜白金千，謚文貞。

廷敬初以賜石榴子詩受知聖祖，後進所著詩集，上稱其清雅醇厚，賜詩題卷端。嘗召見問朝臣誰能詩者，以王士禎對，又舉汪琬應博學鴻儒，並以文學有名於時。上御門召九卿舉廉吏，諸臣各有所舉，語未竟，上特問廷敬，廷敬奏：「知縣陸隴其、邵嗣堯皆清官，雖治狀不同，其廉則一也。」乃皆擢御史。始廷敬嘗亟稱兩人，或謂曰：「兩人廉而剛，剛易折，且多怨，恐及公。」廷敬曰：「果賢歟，雖折且怨，庸何傷？」

溫達，費莫氏，滿洲鑲黃旗人。自筆帖式授都察院都事，遷戶部員外郎。康熙十九年，授陝西道御史。遷吏科給事中，兼管佐領。授兵部督捕理事官。三十五年，上親征噶爾丹，命溫達隨皇七子允祐、都統都爾瑪管鑲黃旗大營。三十六年，擢內閣學士。三十八年，遷戶部侍郎。四十年，命赴山西、陝西察驗驛馬，還，授議政大臣。雲貴總督巴錫劾遊擊高鑑讞獄不當，並論提督李芳述徇隱，芳述亦劾巴錫，命溫達往按，鑑罪應徒，巴錫左遷，芳述罰俸。四十一年，調吏部，擢左都御史。四十二年，復命往貴州按威寧總兵孟大志侵餉，論罪如律。四十三年，遷工部尚書，充經筵講官。四十六年，授文華殿大學士，纂修國史、政治典訓、平定朔漠方略、大清一統志、明史，並充總裁。五十年，命八旗及部院舉孝義，因諭曰：「孝爲百行首。如大學士溫達，尚書穆和倫、富寧安之孝，不特衆所知，朕亦深知之也。」御製詩以賜，復褒其孝友。五十三年，以老乞休，許致仕。尋諭溫達雖老，尚自康健，命仍任大學士。五十四年，卒，命皇子奠茶酒，賜祭葬，謚文簡。

穆和倫，喜塔臘氏，滿洲鑲藍旗人。自兵部筆帖式四遷爲御史，又三遷爲內閣學士。命往山東察賑，自泰安至郯城。康熙四十三年，遷工部侍郎。四十八年，授禮部尚書。四十九年，調戶部。上稱穆和倫孝，其母年已九十，御書「北堂眉壽」榜賜之。兩江總督噶禮與巡撫張伯行互劾，命穆和倫往按，右噶禮，上責其是非顚倒，終直伯行。尋以老病乞休，復起授戶部尚書。坐事當左遷。尋卒。

蕭永藻，漢軍鑲白旗人。父養元，管佐領。永藻自廕生補刑部筆帖式。康熙十六年，授內閣中書，遷禮部員外郎，襲佐領。遷郎中，監湖口稅務。授御史，再遷順天府尹。三十五年，擢廣東巡撫。疏言：「錢多價賤，每千市價三錢二三分，兵領一兩之餉，不及數錢之用。民亦因錢賤，貨物難行。請暫停鼓鑄。」又疏言：「開山發礦，多人羣聚，良莠淆雜，臣通飭嚴禁。近有長寧匪徒集衆私採，知縣尤鵬翙請飭部議處。」鵬翙坐奪官。

三十九年，給事中湯右曾劾永藻與總督石琳於黎人爭鬭事，遲至一載始行具題；縱屬吏朘民，民困而爲盜，海則電白、陽江，山則英德、翁源，橫行劫掠。上命與廣西巡撫彭鵬互調，入覲，上諭當命效鵬所行，並誡薦舉當擇清廉。四十五年，遷兵部侍郎。湖廣總督石文晟劾容美土司田舜年不法，命左都御史梅鋗、內閣學士二格往讞，與文晟異議；復命永藻與大學士席哈納、侍郎張廷樞覆讞，還奏舜年已死，無諸僭越狀。

四十六年，擢左都御史，遷兵部尚書。四十八年，湖南巡撫趙申喬與提督俞益謨交惡互劾，命永藻偕副都御史王度昭往按，得益謨違例缺兵額狀，申喬事事苛求，非大臣體，並擬奪官，上罷益謨，留申喬。四十九年，調吏部，旋授文華殿大學士。五十六年，列議政大臣。

六十一年，世宗卽位，加太子太傅，命駐馬蘭峪守護景陵。雍正五年，宗人府奏護陵宗室廣善越分請安，永藻不先阻，當奪官，上責永藻自恃其有操守，驕矜偏執，惟知阿諛允禵，長其傲慢狂肆之罪，如議奪官，仍命護陵自效。七年，卒，年八十六。

嵩祝，赫舍里氏，滿洲鑲白旗人。父岱袞，事太宗，協管佐領。兄來袞，自侍衞累遷至內三院學士，授世職拜他喇布勒哈番。嵩祝襲職，康熙九年，管佐領。二十三年，遷護軍參領。三十三年，擢內閣學士。

三十四年，盛京旱，命與侍郎珠都納偕往，發海運米萬石散貧民，萬石平糶。還京，命復偕珠都納往開原等散米。上諭曰：「將軍等請散米，但言兵不言民。此皆朕赤子，當一併給與，月與米一斗五升，至來歲四月。」嵩祝等散米如上指，事畢還京師。

三十五年，上親征噶爾丹，嵩祝管正黃旗行營。師還，命統後隊緩行，待西路章奏。還兵部侍郎，改護軍統領。三十六年，復扈上出塞駐寧夏，命昭武將軍喀斯喀等窮追噶爾丹，嵩祝參贊軍務。噶爾丹竄死，師至摩該圖，引還。

四十年，遷正黃旗漢軍都統。廣東官兵勦連州瑤失利，命嵩祝偕副都統達爾占、侍郎傅繼祖往會總督石琳，調廣西、湖南兵進勦，卽授廣州將軍。瀕行，上諭以相機招撫。四十一年，師次連州，檄三省官兵分布要隘。瑤人薙髮請降，執戕官兵者九人誅之。師引還，調正紅旗。

四十八年，署奉天將軍。海盜舟泊雙島，挾火器出掠，遣兵擊殺三十餘人，得其舟一。疏請山東水師兼巡奉天屬金州鐵山，又請選盛京滿洲兵千人習鳥槍，設火器營，皆從之。遷禮部尚書。

五十一年，授文華殿大學士。五十五年，上幸熱河，嵩祝從。久不雨，上憂旱甚，遣嵩祝還京師，察諸大臣祈雨不躬至者劾奏。六十一年，世宗卽位，加太子太傅，修聖祖實錄及玉牒，並充總裁。雍正五年，奉天將軍噶爾弼奏貝子蘇努爲將軍時，借放庫銀三萬餘，嵩祝坐徇隱，奪官。十三年，卒，年七十九。

王項齡，字顓士，江南華亭人。父廣心，字農山。有文名。順治六年進士，官御史，巡視京、通二倉，釐剔漕弊，姦猾屛跡。

項齡，康熙十五年進士，授太常寺博士。十八年，舉博學鴻儒，召試一等，授編修，纂修明史，充日講起居注官。二十一年上元節，聖祖御乾清宮賜廷臣宴，仿柏梁體賦詩，項齡與焉。遷侍講，督四川學政。累遷侍講學士。二十八年，左都御史郭琇疏劾少詹事高士奇與項齡弟鴻緒植黨營私，並詆項齡與士奇結婚媾，交關爲奸利。項齡、士奇、鴻緒並休致，尋命項齡留任如故。轉侍讀學士，以父憂歸，服闋，起故官。累擢禮部侍郎。四十三年，上南巡，幸項齡所居秀甲園，賜御書榜。四十六年，上南巡閱河，再幸其第。尋調吏部，充經筵講官。擢工部尚書，典會試。五十五年，拜武英殿大學士。

雍正元年，詔開恩榜，項齡重與鹿鳴宴，加太子太傅。以老，累疏乞休，上以項齡先朝舊臣，勤勞歲久，諳習典章，輒與慰留。三年，痰作，命御醫治疾，賜參餌。尋卒，年八十四，上爲輟朝一日，令朝臣出其門下者素服持喪、各部院漢官會祭，贈太傅，謚文恭。

弟九齡，字子武，進士，授編修，官至左都御史；鴻緒，自有傳。

論曰：玉書等遭際承平，致位宰相。或以文學進，或以功能著，或以節操用，皆循循乎矩度。即朝旨所褒許，於玉書則曰「小心」，於天馥則曰「勤愼」，英曰「忠純」，琠曰「寬厚」，廷敬曰「清勤」，溫達「孝」，永藻「廉」，嵩祝「老成」，項齡「安靜」。諸臣之行誼顯，世運之敦龐亦可見矣。

清史稿卷二百六十八

列傳五十五

米思翰 子李榮保　顧八代　瑪爾漢　田六善　杜臻　薩穆哈

米思翰，富察氏，滿洲鑲黃旗人。先世居沙濟。曾祖旺吉努，當太祖時，率族來歸，授牛彔額眞。父哈什屯，事太宗，以侍衞襲管牛彔。擢禮部參政，改副理事官。討瓦爾喀，招明總兵沈志祥。從攻錦州，明總兵曹變蛟夜襲御營，先衆扞禦，被創，力戰却之。順治初，授內大臣、議政大臣，世職屢進一等阿達哈哈番兼拖沙喇哈番。睿親王多爾袞攝政，諸大臣鞏阿岱等並附之，哈什屯獨持正，忤睿親王，降世職拜他喇布勒哈番。肅親王豪格以非罪死，鞏阿岱等議殺其子富綬，哈什屯與巴哈力持，事乃已。世祖親政，累進世職一等阿思哈尼哈番加拖沙喇哈番。十二年，奬奉職恪勤諸大臣，加太子太保。康熙初卒，謚恪僖。

米思翰，其長子也，襲世職，兼管牛彔，授內務府總管。輔政大臣從假尙方器物，力拒之。聖祖親政，知其守正，授禮部侍郎。八年，擢戶部尚書，列議政大臣。是時各直省歲賦，聽布政使存留司庫，蠹弊相仍，米思翰疏請通飭各直省俸餉諸經費，所餘悉解部，由是勾稽出納權盡屬戶部。

十二年，尚可喜疏請撤藩，吳三桂、耿精忠疏繼入，下戶、兵二部議。米思翰與兵部尚書明珠議三藩並撤，有言吳三桂不可撤者，以兩議入奏。復集諸大臣廷議，米思翰堅持宜併撤，議乃定。既而吳三桂反，上命王貝勒等率八旗兵討之，議者謂軍需浩繁，宜就近調兵禦守。米思翰言：「賊勢猖獗，非綠旗兵所能制，宜以八旗勁旅會剿。軍需內外協濟，足支十年，可無他慮。」於是請以內府所儲分年發給，復綜覈各直省庫金、倉粟，以時撥運，悉稱旨。又疏言：「師行所至，屢奉明詔以正賦給軍需，恐有司尚多借端私派，請敕各督撫嚴察所屬，供應糧餉薪芻，一切動官帑，毋許苛派；其購自民間者，務視時價支給，勿纖毫累民。」上命如議速行。

米思翰尋卒，年甫四十三，上深惜之，予祭葬，諡敏果。時三桂勢方張，精忠及可喜子之信皆叛，議者追咎撤藩主議諸臣，上曰：「朕自少時，以三藩勢日熾，不可不撤。豈因其叛，諉過於人耶？」及事定，上追憶主議諸臣，猶稱米思翰不置。

米思翰子馬斯喀、馬齊、馬武，皆自有傳。

李榮保，襲世職，兼管牛彔，累遷至察哈爾總管，卒。乾隆二年，册李榮保女爲皇后，追封一等公。十三年，册謚孝賢皇后，推恩先世，進封米思翰一等公。十四年，以李榮保子大學士傅恆經略金川功，敕建宗祠，祀哈什屯、米思翰、李榮保，並追謚李榮保曰莊愨。

顧八代，字文起，伊爾根覺羅氏，滿洲鑲黃旗人。父顧納禪，事太宗，從伐明，次大同，攻小石城，先登，賜號「巴圖魯」，予世職牛彔章京。旋授甲喇額眞。順治初，從入關，定陝西、湖南、江南、浙江，皆在行間，進三等阿達哈哈番。子顧蘇，襲，進二等。

顧八代，其次子也。任俠重義，好讀書，善射。以廕生充護軍。順治十六年，從征雲南有功，授戶部筆帖式。旋以顧蘇及子佛岳相繼卒，無嗣，顧八代襲世職，遷吏部郎中。康熙十四年，聖祖試旗員第一，擢翰林院侍讀學士。

吳三桂陷湖南，遣其將掠兩廣。鎭南將軍莽依圖自江西下廣東，駐韶州。十六年，上命顧八代傳諭莽依圖規復廣西，卽留軍，從征廣西。巡撫傅弘烈爲三桂將吳世琮所敗，莽依圖引兵與相合。顧八代按行諸軍，謂結營散亂，敵至慮不相應。世琮兵至，師復敗，還駐梧州。世琮來追，擊卻之。顧八代策世琮且復至，益誡備。會除夕，世琮以三萬人奄至，又擊敗之。十七年，師進次盤江，與世琮軍遇，莽依圖病甚，以軍事屬顧八代；偕副都統勒貝等渡江，與世琮戰，分兵出敵後，破其左而合擊其右。世琮潰圍出，遣精騎追之，自殺。師進克南寧，叛將馬承廕與三桂軍合，可十萬，拒戰。諸將或難之，顧八代奮入陣，諸將皆力戰，遂破敵。

十八年，京察，掌院學士拉薩里、葉方藹以顧八代從征有績效，注上考；大學士索額圖改注「浮躁」，坐奪官。莽依圖疏言顧八代從征三載，竭誠奮勉，運籌決勝，請留軍委署副都統，參贊軍務，上命以原銜從征。十九年，莽依圖卒於軍，顧八代從平南大將軍賚塔下雲南，攻會城。顧八代議當先取銀錠山，俯瞰城內，攻得勢。及勇略將軍趙良棟師至，用顧八代策，先取銀錠山，克會城，雲南平。師還，授侍講學士。

二十三年，命直尙書房，累遷禮部侍郎。二十八年，授尙書。三十二年，坐事，上責其不稱職，奪官，留世職，仍直尙書房。三十七年，以病乞休。四十七年，卒。

顧八代直尙書房時，世宗從受學；及卒，貧無以斂，世宗親臨奠，爲經紀其喪。雍正四年，詔復官，加太傅，予祭葬，謚文端，又以其貧，賜其家白金萬。八年，建賢良祠京師，諭滿洲大臣當入祀者五人，大學士圖海、都統賚塔，次卽顧八代，及尙書瑪爾漢、齊蘇勒。子顧儼，襲世職，自參領官至副都統。孫顧琮，自有傳。

瑪爾漢，兆佳氏，滿洲正白旗人。順治十一年，繙譯舉人，授工部七品筆帖式，累遷刑部員外郎。

康熙十三年，陝西提督王輔臣叛應吳三桂，上命揚威將軍阿密達自江寧移師討之，瑪爾漢以署驍騎參領從。十四年，與副都統鄂克濟哈、穆舒琿等自涇州進兵，屢破壘，斬級數百，克寧州。十五年，大將軍圖海督兵圍平涼，輔臣降，瑪爾漢還京師。圖海請調涼州、寧夏、固原諸鎮兵進攻興安、漢中，上命副都統吳丹及瑪爾漢赴諸鎮料理徵發，兼詢緩急機宜。甘肅提督張勇請緩師，上命圖海固守鳳翔、秦州諸要隘，分兵授征南將軍穆占下湖廣，命瑪爾漢從。十七年，授御史。

十九年，穆占師進貴州，二十年，師進雲南，瑪爾漢皆在行間，得功牌十二。雲南平，師還，追論征湖南不力援永興，致損將士，奪功牌九。二十一年，命巡視河東鹽政。御史許承宣、羅秉倫劾山西巡撫圖克善令平陽屬十三州縣增報鹽丁加課累民，下巡撫穆爾賽會瑪爾漢覈實，請免虛報一萬七千餘丁。二十五年，以按治歸化城都統固穆德不實，吏議左遷。二十六年，授理藩院司務。從大學士索額圖等使鄂羅斯定邊界，辭辨明析，鄂羅斯人折服。事聞，聖祖嘉其能。尋遷戶部郎中。三十三年，遷翰林院侍講學士，再遷兵部侍郎。三十五年，上親征噶爾丹，命瑪爾漢駐土木董理驛站，以送軍馬羸，吏議奪官，命寬之。

三十八年，遷左都御史。再遷兵部尚書，充經筵講官、議政大臣。四十三年，歲饑，流民就食京師。命與內大臣佟國維、明珠、阿密達等監賑。四十六年，調吏部。四十八年，以老病乞休。五十七年，卒，年八十五。上遣內大臣臨奠，賜祭葬。雍正八年，世宗諭獎瑪爾漢謹愼忠厚，事聖祖宣力多年，完名引退，贈太子太傅。賢良祠成，命入祀。乾隆元年，高宗命追諡恭勤。

田六善，字兼山，山西陽城人。順治三年進士，授河南太康知縣，時當兵後，勞來安集。九年，巡撫吳景道疏薦才守兼優，遷戶部主事，監臨清關，復監鳳陽倉兼臨淮關。罷濫徵，革奇羨，商民稱便。累遷郎中。十五年，授江南道御史。兵部議禁民乘馬，六善疏言其不便，下廷臣集議，弛禁。十六年，疏言：「欲安民在勸清吏，乞敕各督撫實行薦舉，吏部於各督撫蒞任一二年後，列奏薦舉何人，能否察吏安民，卽可以是鑒別。議者或謂舉薦清吏，無以處乎不在清吏之列者，一難也；恐督撫依舊受賄徇私，二難也；徵糧緝逃處分罣礙，三難也。然臣謂清吏果得薦舉，則爲清吏者見公道尙存，益堅其持守，一便也；羣吏以不著清名爲愧，力自濯磨，二便也；某省有清吏幾人，以驗政治修廢，三便也；天下曉然知有能必先有守，風俗丕變，四便也；向日督撫厭憎清吏無益於己，今必且卵翼而親愛之，五便也。不惑於三難，力致其五便，將循良興起，不讓前古矣。」下部議行。尋命巡視長蘆鹽政。十七年，還掌江南道事。

康熙元年，乞假歸。三年，補貴州道御史。四年，疏言：「兵部議裁山西、陝西、河南等處兵額，三營裁一營。遇裁之兵，挾久練之技，處坐困之時，窮無所歸，遂爲賊盜。請諭總督、提督諸臣，察已裁之兵，如弓馬嫻熟、膂力精强，仍收入伍。自後老弱必斥，逃亡不補。所漸去者疲卒，不慮其爲非；所招回者勁兵，可資其實用。」下部議，令各營汰去老弱，其年力精壯者仍留充伍。又疏言：「吏部於往日曾行之事，率皆援以爲例，惟意所彼此，莫窮其弊。請敕部以上所裁定及有旨著爲例者，彙爲一册，敬謹遵守，餘仍循舊章。」得旨，如所請。七年，命巡視京、通倉，還掌山東道事，得旨內陞，回籍待缺。

十一年，授刑科給事中，秩視正四品。疏言：「臣里居讀上諭，以蘇克薩哈爲鼇拜仇陷，殺其子孫，連坐族人白爾赫圖，恩予昭雪。臣思法律爲天下共者也，以滿洲勞苦功高之人，因與執政諸臣意見相左，輒牽連興大獄，恐尤而效之，報復相尋，借端推刃。周禮有八議，罪大可減，罪小可赦。請特制昭示，滿洲犯罪非反叛有實迹者，一准於律，勿妄議株連。儲人才，固國本，於是乎在。」上韙其言，下王大臣議，從之。又疏言：「聖學宜先讀史。史者，古帝王得失之林也。其君寬仁明斷，崇儉納諫，則其民必安，其事必治，其世必興必平。若夫苛察因循，惡聞過，樂逞欲，其民必不安，其事必不治，其世必衰必亂。」乞諭日講諸臣，以通鑑與經史並進。」得旨俞允。尋轉戶科掌印給事中。三遷至右僉都御史。

十三年，疏言：「吳三桂負恩叛逆，處必滅之勢。綠旗月餉，步兵一兩有奇，馬兵二兩有奇，甲冑不必堅强，弓刀不必精利，登山涉水，資以先驅。臣謂綠旗力雖弱，善用之則强；心雖渙，善收之則聚。供給宜足，勞逸宜均。至先登破陣，無分滿、漢，賞賚公平。斯忠勇自奮，克佐勁旅以奏膚功，今日所宜急計者也。」下部議鼓勵綠旗官兵敍給爵賞例。遷順天府尹。未幾，復遷左副都御史。十四年，疏言：「臣昔爲河南知縣時，孫可望、李定國尙據雲、貴、四川，其勢不減於吳三桂。金聲桓叛江西，姜瓖叛大同，亦不異耿精忠、王輔臣。而當日民心未若今之驚惶疑懼者，由其時督撫有孟喬芳、張存仁、吳景道諸臣，敦行儉樸，愼守廉隅，吏治肅清，民生樂遂也。宜特頒嚴諭，令各督撫禁雜派，覈軍實。有司或剝民敗檢，立行糾劾，以省民力、安衆心。師行所至，更宜審酌剿禦。近見江西、浙江報捷諸疏，屢言殺賊累萬。然必待殺盡而後入閩，恐愚頑之民無盡，草竊之賊亦無盡。臣謂先取精忠，則羣賊自息。昔姜瓖乍叛，土寇羣起，瓖滅，土寇亦盡，其明驗也。至三桂狡謀，覬以一隅之地困天下全力，我卽以天下全力困此一隅。三桂授首，則四川、廣西不煩兵而自定。」又疏言：「臣籍山西，與陝西接壤。黃河自邊外折入內地，至蒲州一千餘里。蒲州上至禹門，爲平陽府屬，河西爲西安，有提督、總兵重兵駐守。自此以北，永寧州、臨縣爲汾州府屬，渡口有孟門鎭、高家塔諸處；更北保德州爲太原府屬，渡口有黑田溝、窮狠窩諸處。河西爲延安，素稱荒野，河東爲交城，路險山深，草竊潛匿。請敕巡撫、提督分兵駐防。」又疏言：「師已抵平涼，輔臣迫於必死，困獸猶鬬，殺賊百不償失兵一。宜駐軍城下，以逸待勞，急攻固原，絕其糧道。平涼地瘠，非比湖南地廣米多，可以持久。糧道不通，人心自散，必有斬輔臣獻軍門者。若賊東出則東應，賊西出則西應，疲我師徒，分我威力，固原圍解，賊氣貫通，此斷斷不可者也。」諸疏並下王大臣議行。

十六年，擢工部侍郞。十七年，以夏旱求言，疏言：「今日官至督撫，居莫敢誰何之勢，自非大賢，鮮不縱恣。道府歲納規禮，加之以搜括，則道府所轄官民，不啻鬻之道府矣。州縣歲納規禮，重之以勒索，則州縣所屬士民，不啻鬻之州縣矣。世祖朝，山東巡按程衡劾巡撫耿焞，江南巡按秦世禎劾士國寶，皆置重典，天下肅然。今巡按久停，雖欲議復，恐一時難得多人。惟有出自上意，欲淸一省，則選一人遣往，不必一時俱發。出其不意，示以不測，使天下姦惡吏不敢恃督撫而肆志，卽有不肖之督撫，亦莫敢庇貪而害民。」疏入，報聞。

調戶部。十八年，疏言：「國家有錢法以通有無、利民用，自秦、漢及唐、宋，公私皆悉用錢；至金、元，以銀與錢鈔並行；至明中葉，乃專資於銀。闖逆之亂，或沉江河，或埋山谷，又以貪吏厚藏，銀益少，民益困。今欲救天下之窮，惟有多鑄錢。鑄錢所資，銅六鉛四，而可採之山，所司每深諱之，蓋恐時有時無，貽累償稅。且上官聞其地開採，此挾彼制，誅求甚多也。臣謂宜令天下產銅鉛之地，任民採取，有則以十分二輸稅於官，無則聽之州縣自行稽察，毋使多官旁撓。報採多者予議敍，則官與民皆樂爲，資以鼓鑄，錢不可勝用矣。」下九卿詳議，擬例以上，得旨：「採銅關係國計，其令各督撫率屬殫力奉行。」

六善以老病乞罷，上不許。二十年，命致仕。三十年，卒於家，年七十一。

杜臻，字肇余，浙江秀水人。順治十五年進士，改庶吉士，散館，授編修。累遷內閣學士，擢吏部侍郎。

國初以海上多事，下令遷東南各省沿海居民於內地，畫界而設之禁。界外皆棄地，流民無所歸，去爲盜。及師定金門、廈門，總督姚啓聖請以界外地按籍還民，弛海禁，收魚鹽之利給軍食，廷臣持不可。康熙二十二年，臺灣平，上命以界外地還民。會給事中傅感丁請以江、浙、閩、粵濱海界外地招徠開墾，乃命臻及內閣學士席柱赴福建、廣東察視展界，進臻工部尚書。臻與席柱如廣東，自欽州防城始，遵海以東而北，歷府七、州三、縣二十九、衞六、所十七、巡檢司十六、臺城堡砦二十一，還民地二萬八千一百九十二頃，復業丁口三萬一千三百。復如福建，自福寧州西分水關始，遵海以北，歷府四、州一、縣二十四、衞四、所五、巡檢司三、關城鎮砦五十五，還民地二萬一千一十八頃，復業丁口四萬八百。於是兩省濱海居民咸得復業。別遣使察視江南、浙江展界復業，同時畢事。臻以母喪還里，席柱復命，奏陳濱海居民還鄉安業。上曰：「民樂處海濱，以可出海經商捕魚，爾等知其故，前此何以不准議行？邊疆大臣當以國計民生爲念，曩禁令雖嚴，私出海貿易初未嘗斷絕。凡議出海貿易不可行者，皆總督、巡撫自圖射利故也。」

臻喪終，起刑部尙書。舊制，方冬獄囚月給煤，獄吏率乾沒，囚多以寒疾死，臻力禁之。調兵部。時議裁各省駐防及督、撫、提、鎭標兵，臻謂：「兵冗可裁而不宜驟行，請自今老弱、物故、額缺概不補，數歲額自減。」從之。再調禮部。以疾告歸，尋卒於家。上南巡，書「眷懷舊德」額追賜之。

臻少貧力學，事祖母及父母孝，宏奬人才，詩文剴切中條理。

薩穆哈，吳雅氏，滿洲正黃旗人。順治十二年進士，授戶部主事，遷員外郎。康熙十二年，聖祖允吳三桂疏請撤藩，遣薩穆哈偕郎中党務禮、席蘭泰，主事辛珠，筆帖式薩爾圖如貴州，具舟及芻粟，諭以毋騷擾，毋遲悞。既至，三桂謀反，提督李本深與謀，書招貴州巡撫曹申吉，總督甘文焜得之，告薩穆哈等，趣詣京師告變，並請兵赴援。薩穆哈與党務禮、席蘭泰行至鎭遠，三桂已舉兵，鎭遠將吏得三桂檄，不給驛馬。薩穆哈、党務禮得馬二，馳至沅州。乃乘驛，十一晝夜至京師，詣兵部，下馬喘急，抱柱不能言，久之始蘇，上三桂反狀。席蘭泰自鎭遠乘小舟至常德，乃乘驛，後七日至。辛珠、薩爾圖不及行，死之。十三年，擢薩穆哈刑部郎中。十四年，敍告變功，薩穆哈、党務禮、席蘭泰並應陞光祿、太僕諸卿。

十五年，授太僕寺卿。十六年，再遷戶部侍郎。命監賑山東。十七年，還京師。疏言：「臣屢奉使命，所過州縣，間有藉差科派民財，深滋擾累。請嗣後有大事，特遣部院官，餘並責督撫料理。」上爲下廷臣會議，定州縣科斂俱視貪吏治罪。調吏部。二十年，再遷工部尙書。二十一年，命察視石景山至盧溝橋石隄，疏言：「隄內本官地，康熙初招民墾荒，致侵損隄根。請敕部免其賦，罷勿復耕。」從之。二十二年，命察視山西地震，疏請被災最重州縣發帑治賑。

二十四年，河道總督靳輔請於高郵、寶應諸州縣築隄，束黃河注海，按察使于成龍主濬海口，下廷臣議，用輔策。上詢日講官籍江南者，侍讀喬萊力請用成龍策。上曰：「鄉官議如此，未知民意如何？」令薩穆哈與學士穆成額，會漕運總督徐旭齡、巡撫湯斌，詳察民間利害。薩穆哈等行歷海口諸州縣，諸州縣民陳狀參差不一；檄諸州縣，令各擇通達事體者十人詢利害，皆言濬海口不便。二十五年，薩穆哈還奏，謂詳問居民，從成龍議；積水不能施工，從輔議；水中亦不能取土，請兩罷之。是時成龍召詣京師，上命廷臣及薩穆哈、成龍再議。成龍言濬海口當兼治串場河，費至百餘萬。廷臣以爲費鉅，疏請停。未幾，斌入爲尚書，奏言：「海口不急濬，再遇水，下游諸州縣悉付巨浸。」上召問薩穆哈，薩穆哈不堅執前奏。復下廷臣議，始定用成龍策。上責薩穆哈前覆奏不實，奪官。尋授步軍翼尉。

三十二年，仍授工部尚書。三十九年，上察知工部積弊，河工糜帑，受請託，發銀多侵蝕，詰責薩穆哈等。薩穆哈尋以老疾乞罷，上斥其僞詐，命奪官，仍留任，察工部積弊，一一自列。四十三年，以疏濬京師內外河道侵蝕帑銀，薩穆哈得賕，逮治擬絞。卒於獄。

論曰：米思翰贊撤藩之議，綢繆軍食，足以支十年，知定謀有由也。顧八代、瑪爾漢皆文臣，能克敵，復以廉勤建績。六善於軍事有建白，收綠旗之用，其效著於後矣。臻巡復海疆，兵後一大政也。薩穆哈以告變受賞，亦附著於斯篇。

清史稿卷二百六十九

列傳五十六

索額圖　明珠 余國柱　佛倫

索額圖，赫舍里氏，滿洲正黃旗人，索尼第二子。初授侍衞，自三等洊升一等。康熙七年，授吏部侍郎。八年五月，自請解任効力左右，復爲一等侍衞。及鼇拜獲罪，大學士班布爾善坐黨誅，授索額圖國史院大學士，兼佐領。九年，改保和殿大學士。十一年，世祖實錄成，加太子太傅。十五年，大學士熊賜履票本有誤，改寫草簽，既又毀去。索額圖與大學士巴泰、杜立德等疏劾，賜履坐罷歸。十八年，京察，侍講學士顧八代隨征稱職，翰林院以「政勤才長」注考，索額圖改注「浮躁」，竟坐降調。語詳顧八代傳。

索額圖權勢日盛。會地震，左都御史魏象樞入對，陳索額圖怙權貪縱狀，請嚴譴。上曰：「修省當自朕始！」翌日，召索額圖及諸大臣諭曰：「兹遘地震，朕反躬修省。爾等亦宜洗滌肺腸，公忠自矢。自任用後，諸臣家計頗皆饒裕，乃朋比徇私，益加貪黷。若事情發覺，國法具在，決不爾貸！」是時索額圖、明珠同柄朝政，互植私黨，貪侈傾朝右，故諭及之。上並書「節制謹度」榜賜焉。

十九年八月，以病乞解任，上優旨獎其「勤敏練達，用兵以來，贊畫機宜」，改命爲內大臣。尋授議政大臣。先是索額圖兄噶布拉，以冊謚孝誠仁皇后推恩所生，封一等公；弟心裕，襲索尼初封一等伯；法保，襲索尼加封一等公。二十三年三月，以心裕等嬾惰驕縱，責索額圖弗能教，奪內大臣、議政大臣、太子太傅，但任佐領，並奪法保一等公。二十五年，授領侍衞內大臣。

時俄羅斯屢侵黑龍江邊境，據雅克薩，其衆去復來，上發兵圍之。察罕汗謝罪，使費耀多囉等來議界。二十八年，上命索額圖與都統佟國綱往議。索額圖奏謂：「尼布楚、雅克薩兩地當歸我。」上曰：「尼布楚歸我，則俄羅斯貿易無所棲止，可以額爾固納河爲界。」索額圖等與議，費耀多囉果執尼布楚、雅克薩爲請。索額圖等力斥之，仍宣上意，以額爾固納河及格爾必齊河爲界，立碑而還。

二十九年，上以裕親王福全爲大將軍，擊噶爾丹，命索額圖將盛京、吉林、科爾沁兵會於巴林，敗噶爾丹於烏闌布通。以不窮追，鐫四級。三十五年，從上親征，率八旗前鋒、察哈爾四旗及漢軍綠旗兵前行，幷命督火器營。大將軍費揚古自西路抵圖拉。上駐克魯倫河，噶爾丹遁走。費揚古截擊之於昭莫多，大敗其衆。三十六年，上還幸寧夏，命索額圖督水驛，會噶爾丹死。敍功，復前所鐫級。四十年九月，以老乞休，心裕代爲領侍衞內大臣。

索額圖事皇太子謹，皇太子漸失上意。四十一年，上閱河至德州，皇太子有疾，召索額圖自京師至德州侍疾。居月餘，皇太子疾愈，還京師。是歲，心裕以虐斃家人奪官。四十二年五月，上命執索額圖，交宗人府拘禁，諭曰：「爾爲大學士，以貪惡革退，後復起用，罔知愧悔。爾家人訐爾，留內三年，朕意欲寬爾。爾乃怙過不悛，結黨妄行，議論國事。皇太子在德州，爾乘馬至中門始下，卽此爾已應死。爾所行事，任舉一端，無不當誅。朕念爾原係大臣，心有不忍，姑貸爾死。」又命執索額圖諸子交心裕、法保拘禁，諭：「若別生事端，心裕、法保當族誅！」諸臣黨附索額圖者，麻爾圖、額庫禮、溫代、邵甘、佟寶並命嚴錮，阿米達以老貸之。又命諸臣同祖子孫在部院者，皆奪官。江潢以家有索額圖私書，下刑部論死。仍諭滿洲人與偶有來往者，漢官與交結者，皆貸不問。尋索額圖死於幽所。

後數年，皇太子以狂疾廢，上宣諭罪狀，謂：「索額圖助允礽潛謀大事，朕知其情，將索額圖處死。今允礽欲爲索額圖報仇，令朕戒愼不寧。」並按誅索額圖二子格爾芬、阿爾吉善。他日，上謂廷臣曰：「昔索額圖懷私，倡議皇太子服御俱用黃色，一切儀制幾與朕相似。驕縱之漸，實由於此。索額圖誠本朝第一罪人也！」

明珠，字端範，納喇氏，滿洲正黃旗人，葉赫貝勒金台石孫。父尼雅哈，當太祖滅葉赫，來降，授佐領。明珠自侍衞授鑾儀衞治儀正，遷內務府郎中。康熙三年，擢總管。五年，授弘文院學士。七年，命閱淮、揚河工，議復興化白駒場舊閘，鑿黃河北岸引河。旋授刑部尚書。改都察院左都御史，充經筵講官。十一年，遷兵部尚書。十二年，上幸南苑，閱八旗甲兵於晾鷹臺。明珠先布條教使練習之，及期，軍容整肅，上嘉其能，因著爲令。

康熙初，南疆大定，留重兵鎭之：吳三桂雲南，尚可喜廣東，耿精忠福建。十餘年，漸跋扈，三桂尤驕縱。可喜亦憂之，疏請撤藩，歸老海城。精忠、三桂繼請。上召諸大臣詢方略，戶部尚書米思翰、刑部尚書莫洛等主撤，明珠和之。諸大臣皆默然。上曰：「三桂等蓄謀久，不早除之，將養癰成患。今日撤亦反，不撤亦反，不若先發。」因下詔許之。三桂遂反，精忠及可喜子之信皆叛應之。時爭咎建議者，索額圖請誅之。上曰：「此出自朕意，他人何罪？」明珠由是稱上旨。十四年，調吏部尚書。十六年，授武英殿大學士，屢充實錄、方略、一統志、明史諸書總裁，累加太子太師。迨三叛旣平，上諭廷臣以前議撤藩，惟明珠等能稱旨，且曰：「當時有請誅建議者，朕若從之，皆含冤泉壤矣！」

明珠既擅政，簠簋不飭，貨賄山積。佛倫、余國柱其黨也，援引致高位。靳輔督南河，主築隄束水，下游不濬自通。于成龍等議濬下游，與異議。輔興屯田，議者謂不便於民，多不右輔，明珠獨是其議。蔡毓榮、張汧皆明珠所薦引者也，迨得罪按治，恐累舉者，傅輕比，上諭斥，始定。與索額圖互植黨相傾軋。索額圖生而貴盛，性倨肆，有不附己者顯斥之，於朝士獨親李光地。明珠則務謙和，輕財好施，以招來新進，異己者以陰謀陷之，與徐乾學等相結。索額圖善事皇太子，而明珠反之，朝士有侍皇太子者，皆陰斥去。薦湯斌傅皇太子，卽以傾斌。會天久不雨，光地所薦講官德格勒明易，上命筮，得夬，因陳小人居鼎鉉，天屯其膏，語斥明珠。事具德格勒傳。

二十七年，御史郭琇疏劾：「明珠、國柱背公營私，閣中票擬皆出明珠指麾，輕重任意。國柱承其風旨，卽有舛錯，同官莫敢駁正。聖明時有詰責，漫無省改。凡奉諭旨或稱善，明珠則曰『由我力薦』；或稱不善，明珠則曰『上意不喜，我從容挽救』；且任意附益，市恩立威，因而要結羣心，挾取貨賄。日奏事畢，出中左門，滿、漢部院諸臣拱立以待，密語移時，上意罔不宣露。部院事稍有關係者，必請命而行。明珠廣結黨羽，滿洲則佛倫、格斯特及其族姪富拉塔、錫珠等，凡會議會推，力爲把持；漢人則國柱爲之囊橐，督撫藩臬員缺，國柱等展轉徵賄，必滿欲而後止。康熙二十三年學道報滿應陞者，率往論價，缺皆預定。靳輔與明珠交結，初議開下河，以爲當任輔，欣然欲行。及上欲別任，則以于成龍方沐上眷，舉以應命，而成龍官止按察使，題奏權仍屬輔，此時未有阻撓意也。及輔張大其事，與成龍議不合，乃始一力阻撓。明珠自知罪戾，對人柔顏甘語，百計款曲，而陰行鷙害，意毒謀險。最忌者言官，惟恐發其姦狀，考選科道，輒與訂約，章奏必使先聞。當佛倫爲左都御史，見御史李興謙屢疏稱旨，吳震方頗有彈劾，卽令借事排陷。明珠智術足以彌縫罪惡，又有國柱姦謀附和，負恩亂政。伏冀立加嚴譴。」

疏入，上諭吏部曰：「國家建官分職，必矢志精白，大法小廉。今在廷諸臣，自大學士以下，惟知互相結引，徇私傾陷。凡遇會議，一二倡率於前，衆附和於後，一意詭隨。廷議如此，國是何憑？至於緊要員缺，特令會同推舉，原期得人，亦欲令被舉者警心滌慮，恐致累及舉者，而貪黷匪類，往往敗露。此皆植黨納賄所致。朕不忍加罪大臣，且用兵時有曾著勞績者，免其發覺。罷明珠大學士，交領侍衞內大臣酌用。」未幾，授內大臣。後從上征噶爾丹，督西路軍餉，敍功復原級。

明珠自罷政後，雖權勢未替，然爲內大臣者二十年，竟不復柄用。四十七年，卒。子性德、揆敍自有傳。

余國柱，字兩石，湖廣大冶人。順治九年進士，授兗州推官。遷行人司行人，轉戶部主事。康熙十五年，考授戶科給事中。時方用兵，國柱屢疏言籌餉事，語多精覈。二十年，擢左副都御史。旋授江寧巡撫，請設機製寬大緞疋。得旨：「非常用之物，何爲勞費？」當明珠用事，國柱務罔利以迎合之，及內轉左都御史，遷戶部尚書，湯斌繼國柱撫江蘇；國柱索斌獻明珠金，斌不能應，由是傾之。二十六年，授武英殿大學士，益與明珠結，一時稱爲「余秦檜」。會上謁陵，中途召于成龍入對，成龍盡發明珠、國柱等貪私。上歸詢高士奇，士奇亦以狀聞。及郭琇疏論劾，言者蠭起，國柱門人陳世安亦具疏糾之，頗中要害，國柱遂奪官。既出都，於江寧治第宅，營生計，復爲給事中何金蘭所劾，命逐之回籍。卒於家。

佛倫，舒穆祿氏，滿洲正白旗人。自筆帖式累遷內閣學士。吳三桂既死，其孫世璠猶據滇、黔，命佛倫總理糧餉，通鎮遠運道，旋兼理四川糧餉。事平，遷刑部侍郎。尋遷左都御史，擢工部尚書，轉刑、戶兩部。先是下河工程，靳輔與按察使于成龍議不協，命佛倫偕侍郎熊一瀟等勘議。佛倫受明珠指，議如輔言，爲總漕慕天顏所劾。御史陸祖修亦劾佛倫祖輔，且言：「九卿會議時，尚書科爾坤等阿佛倫意，尚書張玉書、左都御史徐乾學言興屯所占民田應還之民，科爾坤置不聞。他九卿或不得見隻字。」上怒，下部嚴議。及郭琇劾明珠，指佛倫爲明珠黨，因解佛倫任。召輔等廷對，佛倫乃奏停屯田，並汰前所設官。部議奪佛倫官，上命留佐領。旋授內務府總管。

出爲山東巡撫，疏請均賦役，令紳民一體應役，詔嘉其實心任事。初，濰縣知縣朱敦厚以贓私爲巡撫錢珏所發，乞徐乾學請於珏，獲免，且內擢主事。至是事發，下佛倫鞫實，乾學坐奪官。佛倫又劾琇知吳江縣時，嘗侵公帑，其父景昌故名爾標，乃明御史黃宗昌奴，坐賊黨誅，琇改父名冒封典，當追奪。乾學故附明珠，後相失，或傳琇疏乾學實主之，故佛倫以是報。尋擢川陝總督，入爲禮部尚書。三十八年，授文淵閣大學士。三十九年，琇入覲，訟父受誣。上詰佛倫，自承不實，當奪官，援赦得免。未幾，以原品休致。旋卒。

論曰：康熙中，滿洲大臣以權位相尙者，惟索額圖、明珠，一時氣勢熏灼，然不能終保令名，卒以貪侈敗。索額圖以附皇太子得罪，禍延於後嗣。明珠與索額圖競權，不附皇太子，雖被彈事罷相，聖祖猶念其贊撤藩，力全之，以視索額圖，豈不幸哉？若國柱、佛倫，則權門之疏附矣。

清史稿卷二百七十

列傳五十七

郝浴 子林 楊素蘊 郭琇

郝浴，字雪海，直隸定州人。少有志操，負氣節。順治六年進士，授刑部主事。八年，改湖廣道御史，巡按四川。時張獻忠將孫可望、李定國等降明，爲桂王將，據川南爲寇，師討之，郡縣吏率軍前除授，恣爲貪虐。浴至，嚴約束，廉民間疾苦，將吏始斂迹。九年，平西王吳三桂與固山額眞李國翰分兵復成都、嘉定、敍州、重慶。已而兩路兵俱敗，三桂退駐綿州。浴在保寧監臨鄉試，可望將數萬人薄城，浴飛檄邀三桂，激以大義，謂「不死於賊，必死於法」。逾月，三桂乃赴援，可望等引去。

浴在圍城中，上詔詢收川方略，疏言：「秦兵苦轉餉，川兵苦待哺，故必秦不助川而後秦可保；川不冀秦助而後川可圖。成都地大且要，灌口一水，襟帶三十州縣。若移兵成都，照籍屯田，開耕一年，可當秦運三年。所難者牛種，倘令土司出牛，撫臣與立券，豐年還其値，當無不聽命。嘉定據上游，饒茶、鹽，令暫易穀種，則牛、種俱不難辦也。臣故謂開屯便。川所患者滇寇也，滇寇所恃，不過皮兜、布鎧、鳥銃、劚刀，善於騰山踰嶺。蜀中土官土兵，其技尤嫻於此。若拔其精銳爲前茅，以滿洲驍騎爲後勁，疾雷迅霆，賊必鳥獸散。臣故謂用土兵便。」上以其言可採，下部議。部議謂戰守事當聽三桂主之，遂報寢。浴又言：「土賊投誠，給劄授官，恣行劫掠爲民害。請嗣後願歸伍者歸伍，願爲民者，令有司造册編丁，免牛租，除雜派，就熟地開徵，俾有定額。」疏議行。

三桂入四川，寖驕横，部下多不法，憚浴嚴正，輒禁止沿路塘報。浴上言：「臣忝司朝廷耳目，而壅閼若此，安用臣爲？」及保寧圍解，頒賞將士，三桂以冠服與浴，浴不受。疏言：「平賊乃平西王責。臣司風憲，不預軍事，而以臣預賞，非黨臣則忌臣也。」因陳三桂擁兵觀望狀，三桂深銜之。浴劾永寧總兵柏永馥臨陣退縮，廣元副將胡一鵬驕悍不法，並命奪官逮治。降將董顯忠等以副將銜題授司道，恣睢虐民，浴復疏劾，改原職。三桂嗾顯忠等入京陳辨，浴坐鐫秩去。

十一年，大學士馮銓、成克鞏、呂宮等交章薦浴，三桂乃摭浴保寧奏捷疏有「親冒矢石」語，指爲冒功，論劾，部議當坐死，上命寬之，流徙奉天。大學士馮銓、成克鞏、呂宮皆以薦浴罷吏議。浴至戍所，益潛心義理之學，嗜孟子及二程遺書，以「致知格物」顏其廬，刻苦厲志。康熙十年，聖祖幸奉天，浴迎謁道左，具陳始末，上爲動容，慰勞良久。

十二年，三桂反，尙書王熙、給事中劉沛先薦浴，爲部議所格。十四年，侍郎魏象樞復疏言：「浴血性過人，才守學識，臣皆愧不及。使在西蜀操尺寸之權，豈肯如羅森輩俯首從逆？臣子立朝，各有本末。當日參浴者三桂也，使三桂始終恭順，方且任以腹心。浴一書生耳，卽老死徙所，誰復問之？今三桂叛矣，天下無不恨三桂，卽無不憐浴。浴當三桂身居王爵，手握兵柄，不畏威，不附勢，致爲所仇。三桂之所仇，正國家之所取，何忍棄之？」上乃召浴還，復授湖廣道御史。

時陝西提督王輔臣叛應三桂，浴疏言：「大兵進剿平涼，宜於西安、潼關用重兵屯駐，以待策應。用鄖陽之兵攻興安，調河南之兵入武關，直取漢中，逆賊計日可擒。」上然之，下其疏諸帥。復請禁苛徵，恤民困，止督、撫、提、鎭坐名題補之例。章十數上，皆中時弊。十六年，命巡視兩淮鹽政，嚴剔宿蠹，增課六十餘萬。淮、揚大饑，發倉米賑救，全活甚衆。十七年，擢左僉都御史，遷左副都御史。

十九年，授廣西巡撫。廣西新經喪亂，民生凋瘵，浴專意撫綏，疏陳調劑四策，請裁兵、汰馬、防要害、簡精銳；復請停鼓鑄，改米徵銀，復南寧、太平、思恩諸府縣行鹽舊制：上輒報可。時南疆底定，滿洲兵撤還京師。浴疏言撫標兵不宜裁減，下部議，留其半。又請爲死事巡撫馬雄鎮、傅弘烈建祠桂林，知府劉浩、知縣周岱生爲孫延齡所戕，疏請予卹。二十二年，卒官。喪歸，士民泣送者數千里不絕。

初，傅弘烈以軍事急，移庫金七萬有奇、米七千餘石供餉，浴請以庫項扣抵。及卒，布政使崔維雅署巡撫，劾浴侵欺，命郎中蘇赫、陳光祖往按，如維雅言。部議奪官追償。上知浴廉，諭所動錢糧非入己，從寬免追。二十五年，子林訟父冤，復原官，賜祭葬。

林，字中美。康熙二十一年進士，授中書科中書，歷吏部郎中，亦以廉正稱。累遷禮部侍郎，加尚書銜。致仕，卒。

楊素蘊，字筠湄，陝西宜君人。順治九年進士，授直隸東明知縣。東明當河決後，官舍城垣悉敗，民居殆盡，遺民依丘阜，僅數十家。素蘊至，爲繕城郭，招集流亡，三年戶增至萬餘。山東羣盜任鳳亭等剽掠旁郡，擾及畿南。素蘊設計降其渠，散其脅從。十七年，舉卓異，行取，授四川道御史。疏言：「臣言官也，宜以言爲事。然今天下所患，正在議論多而成功少。國家建官分職，各有所事。誠使司舉劾，籌財用，任封疆，理刑獄，各舉其職，則平天下無餘事。更願皇上推誠御物，肅大閑，寬小眚，俾人人得展其才，尤端本澄源之要也。」

時吳三桂鎭雲南，郡縣吏得自辟署，謂之「西選」。漸乃題用朝臣，無復顧忌。素蘊疏言：「三桂以上湖南道胡允等十員題補雲南各道，幷有奉差部員在內，深足駭異。爵祿者人主之大柄，綱紀者朝廷之大防，柄不可移，防不可潰。前此經略用人，特命二部不得掣肘，亦惟以軍前効用及所轄五省各官酌量題請，從未聞敢以他行省及現任京官坐缺定銜者也。且疏稱求於滇省既苦索駿無從，求於遠方又恐叱馭不速，則湖南、四川距雲南猶近，若京師、山東、江南相去萬里，不知其所謂遠者更在何方？皇上特假便宜，不過許其就近調補。若盡天下之官，不分內外，不論遠近，皆可擇而取之，何如歸吏部銓授，尤爲名正言順。縱或雲、貴新經開闢，料理乏人，諸臣才品爲藩臣所素知，亦宜請旨令吏部籤補，乃徑行擬用，不亦輕名器而褻國體乎？人臣忠邪之分，起於一念之敬肆。藩臣勛歷有年，應知大體。此舉爲封疆計，未必別有深心，然防微杜漸，當愼於幾先。祈申飭藩臣，嗣後惟力圖進取，加意撫綏，一切威福大權，俱宜稟自朝廷，則君恩臣誼兩盡其善。」疏下部。

十八年，聖祖卽位，輔臣柄政，出素蘊爲川北道。三桂見素蘊前奏，惡之，具疏辨，並摘「防微杜漸」語，謂意含隱射，語伏危機。詔責素蘊回奏，素蘊言：「防微杜漸，古今通義。臣但期藩臣每事盡善，爲聖世純臣，非有他也。」下部議，坐素蘊巧飾，當降調，罷歸。

居十年，三桂反。尚書郝惟訥、冀如錫，侍郎楊永寧交章請起用，惟訥詞尤切，略言：「素藴首劾三桂，云當防微杜漸。在當日反狀未形，似屬杞憂。由今觀之，則素藴先見甚明，且爲國直陳，奮不自顧，共剛腸正氣，實有大過人者！亟宜優錄。」乃命發湖廣軍前，以原品用。會丁父憂，服闋，乃赴軍前。總督蔡毓榮題補湖廣提學道，部議當以現辦軍務參議道題補。康熙十七年，題補下荆南道。時襄陽總兵楊來嘉、副將洪福等叛應三桂。大軍運餉，自襄至房、保路險陿，舟車不通，歲調襄陽、安陸、德安三郡丁夫擔負，餉苦不繼。素藴訪知穀城有小溪可通舟，乃按行山谷開餉道，由是水運通利，省丁夫什九，軍乃無乏。遷山西提學道。二十四年，任滿，薦舉擢通政司參議，累遷順天府尹。二十六年，授安徽巡撫。會歲饑，上疏請賑。甫拜疏，卽檄州縣開倉賑給，全活甚衆。

尋調湖廣巡撫。夏逢龍亂初定，脅從尚衆，人情恇擾，一夕數驚。素藴首嚴告訐之禁，反側以安。二十八年，大旱，疏請蠲免武昌等屬三十二州縣錢糧，上遣戶部郎中舒淑等會督撫勘災。舒淑至武昌，素藴適患暑疾，令布政使于養志從總督丁思孔往勘。尋稱病乞休，上疑其託疾，奪官。命甫下而素藴已卒。

先是，湖北郡縣疾苦最甚者，如沔陽、江陵、漢陽、嘉魚濱江地陷未蠲賦額，咸寧、黃陂、景陵穀折，江夏、崇陽、武昌、通城、漢陽、漢川、雲夢、孝感、應城穀田科重，監利一年兩賦，爲民害數十年。素藴得其實，條爲兩疏。未及上而病革，口授入遺疏，曰：「此疏行，吾目瞑矣！」

郭琇，字華野，山東卽墨人。康熙九年進士。十八年，授江南吳江知縣。材力强幹，善斷疑獄。徵賦行版串法，胥吏不能爲奸。居官七年，治行爲江南最。二十五年，巡撫湯斌薦琇居心恬淡，蒞事精鋭，請遷擢。部議以琇徵賦未如額，寢其奏，聖祖特許之，行取，授江南道御史。時河督靳輔請停濬下河，築高家堰重隄，淸丈隄外田畝以爲屯田，謂可增歲收百餘萬。巡撫于成龍議不合，上令尚書佛倫往勘，主輔議。下九卿覈奏，尚書張玉書、左都御史徐乾學力言屯田擾民。二十七年，琇疏劾輔治河無功，偏聽幕客陳潢阻濬下河。上御乾清門，召諸大臣，下琇疏，令會同察議。尋輔入覲，復召諸大臣與議。琇申言屯田害民，輔坐罷，而擢琇僉都御史。

大學士明珠柄政，與余國柱比，頗營賄賂，權傾一時，久之爲上所覺。琇疏劾明珠與國柱結黨行私，詳列諸罪狀，并及佛倫、傅拉塔與輔等交通狀，於是明珠等降黜有差。琇直聲震天下。遷太常寺卿，再遷內閣學士。二十八年，復遷吏部侍郎，充經筵講官，擢左都御史。疏劾少詹事高士奇與原任左都御史王鴻緒植黨爲奸，給事中何楷、修撰陳元龍、編修王項齡依附壞法，士奇等並休致回籍。

未幾，御史張星法劾山東巡撫錢珏貪黷，珏奏辨，因及琇嘗致書囑薦卽墨知縣高上達等，却之，遂挾嫌使星法誣劾，下法司訊。獄未具，琇疏言：「左都御史馬齊於會訊時多方鍛鍊，必欲實以指使誣劾罪。」詔責琇疑揣。尋法司奏琇請託事實，當奪官。上以琇平日鯁直敢言，改降五級調用。二十九年，吏部推琇通政司參議，上命改令予琇休致。江寧巡撫洪之傑以吳江縣虧漕項，事涉琇，牒山東追琇赴質。時佛倫爲山東巡撫，因劾琇違例逗留希進用，請奪官逮治；又劾琇世父郭爾印乃明季御史黃宗昌家奴，琇父郭景昌原名爾標，嘗入賊黨伏法，琇私改父名請誥封，應追奪。部議如所請，逮赴江寧勘治。坐侵收運船飯米二千三百餘石，事發彌補，議遣戍，詔寬之。

三十八年，上南巡，琇迎駕德州。既還京師，諭大學士阿蘭泰等曰：「原任左都御史郭琇，前爲吳江令，居官甚善，百姓感頌至今。其人有膽量，可授湖廣總督，令馳驛赴任。」琇上官，疏言：「黃州、武昌二府兵米二萬七千有奇，運給荆州、鄖陽汛地，懸隔千里，輓輸費不貲，請改折色。江夏等十三州縣有故明藩產，田瘠賦重，數倍民糧，請一律減徵。江夏、嘉魚、漢陽三縣瀕江地，水齧土隊，有賦無田者三百餘頃，請豁免。」皆允行。

三十九年，入覲，因奏言：「臣父景昌，卽墨縣諸生，有册可稽。邑匪郭爾標本無妻室，安得有子？不知佛倫何所據，誣臣并及臣父。」時佛倫爲大學士，上詰之，以舛錯對，命仍予誥軸。琇陛辭，奏請淸丈地畝，並言湖南地廣人稀，恐淸丈後賦當差減。上問：「當減幾何？」琇言：「當減十分之三。」上曰：「果益民，雖倍於此，亦不惜也！」尋條陳三事：一，嚴定築隄處分；一，停造無用糧船；一，通融調補苗疆官吏。又疏禁徵賦諸弊政。上嘉其實心除弊，並允行。時紅苗就撫，琇陳善後之策，請頒詔敕，令勒石永遵。

四十年，以病乞休，上曰：「琇病甚，思一人代之不可得，能如琇者有幾人耶？」給事中馬士芳劾湖廣布政使任風厚久病，巡撫年遐齡徇庇不以聞。遐齡奏風厚實無病。風厚入覲，上見其未衰，因曰：「任風厚若不堪任使，郭琇豈肯徇庇耶？」未幾，琇以病劇再疏求罷，仍慰留。黃梅知縣李錦催科不力，琇委員摘印。錦得民心，民閉城拒之，乞留錦。御史左必蕃劾琇，部議當奪官，上以淸丈未畢，緩之。

四十一年，鎭算諸生李定等叩閽奏紅苗殺掠，總督、巡撫匿不以聞；而給事中宋駿業亦劾琇向驁虛聲，近益衰廢，持祿養癰。乃命侍郎傅繼祖、甘國樞，浙江巡撫趙申喬往按。會琇報淸丈畢，乞罷任。上責其淸丈稽延，與前奏不合，行不顧言；並及匿報紅苗殺掠與黃梅拒命事。琇自陳老病失察，請治罪。初紅苗犯鎭算，遊擊沈長祿往剿，至大梅山，守備許邦垣、千總孫淸俱陷賊，長祿私贖之歸，諱不報；而副將朱紱報苗已就撫，琇據以入告。繼祖等勘得狀，琇與提督林本植並奪官。五十四年，卒。尋祀鄉賢，並祀吳江名宦。

論曰：郝浴、楊素蘊秉剛正之性，抗論强藩，曲突徙薪，防禍未形，甘竄逐而不悔。郭琇抨擊權相，有直臣之風，震霆一鳴，僉壬解體。蓋由聖祖已悟其奸，而琇遂得行其志。然以浴之廉，蒙議於身後；素蘊居官愛民，不終於位；琇則橫被誣陷，廢置十年，始獲申雪。得君如聖祖，猶不克善全，直道難行，不其然哉？

清史稿卷二百七十一

列傳五十八

徐乾學 翁叔元 王鴻緒 高士奇

徐乾學，字原一，江南崑山人。幼慧，八歲能文。康熙九年，一甲三名進士，授編修。十一年，副蔡啓僔主順天鄉試，拔韓菼於遺卷中，明年魁天下，文體一變。坐副榜未取漢軍卷，與啓僔並鐫秩調用。尋復故官，遷左贊善，充日講起居注官。丁母憂歸，乾學父先卒，哀毁三年，喪葬一以禮；及母卒，如之。爲讀禮通考百二十卷，博采衆說，剖析其義。服闋，起故官。充明史總裁官，累遷侍講學士。

二十三年，乾學弟元文以左都御史降調，其子樹聲與乾學子樹屏並舉順天鄉試。上以是科取中南皿卷皆江、浙人，而湖廣、江西、福建無一與者，下九卿科道磨勘。樹屏等坐斥舉人。是年冬，乾學進詹事。二十四年，召試翰詹諸臣，擢乾學第一，與侍讀韓菼、編修孫岳頒、侍講歸允肅、編修喬萊等四人幷降敕褒奬賞賚。尋直南書房，擢內閣學士，充大清會典、一統志副總裁，教習庶吉士。時戶部郎中色楞額往福建稽察鼓鑄，請禁用明代舊錢，尚書科爾坤、余國柱等議如所請。乾學言：「自古皆新舊兼行，以從民便。若設厲禁，恐滋紛擾。」因考自漢至明故事，爲議以獻。上然之，事遂寢。

詔采購遺書，乾學以宋、元經解、李燾續通鑑長編及唐開元禮，或繕寫，或仍古本，綜其體要，條列奏進，上稱善。時乾學與學士張英日侍左右，凡著作之任，皆以屬之。學士例推巡撫，上以二人學問淹通，宜侍從，特諭吏部，遇巡撫缺勿預推。未幾，遷禮部侍郞，直講經筵。朝鮮使臣鄭載嵩訴其國王受枉，語悖妄。乾學謂恐長外藩跋扈，劾其使臣失辭不敬，宜責以大義。上見疏，奬，謂有關國體。已而王上疏謝罪。二十六年，遷左都御史，擢刑部尚書。二十七年，典會試。

初，明珠當國，勢張甚，其黨布中外，乾學不能立異同。至是，明珠漸失帝眷，而乾學驟拜左都御史，卽劾罷江西巡撫安世鼎，諷諸御史風聞言事，臺諫多所彈劾，不避權貴。明珠竟罷相，衆皆謂乾學主之。時有南、北黨之目，互相抨擊。尙書科爾坤、佛倫，明珠黨也，乾學遇會議會推，輒與齟齬。總河靳輔奏下河屯田，下九卿會議，乾學偕尚書張玉書言屯田所占民地應歸舊業，科爾坤、佛倫勿從。御史陸祖修因劾科爾坤等偏袒河臣，不顧公議，御史郭琇亦劾輔興屯累民，詔罷輔任。湖廣巡撫張汧亦明珠私人，先是命色楞額往讞上荆南道祖澤深婪贓各款，並察汧有無穢迹，色楞額悉爲庇隱。御史陳紫芝劾汧貪黷，命副都御史開音布會巡撫于成龍、馬齊覆訊，汧、澤深事俱實，復得澤深交結大學士余國柱爲囑色楞額徇庇及汧遣人赴京行賄狀，下法司嚴議。時國柱已爲琇劾罷，法司請檄追質訊，並詰汧行賄何人，汧指乾學。上聞，命免國柱質訊，戒勿株連。於是但論汧、澤深、色楞額如律，事遂寢。乾學尋乞罷，疏言：「臣蒙特達之知，感激矢報，苞苴餽遺，一切禁絕。前任湖北巡撫張汧橫肆汙衊，緣臣爲憲長，拒其幣問，是以銜憾誣攀。非聖明在上，是非幾至混淆。臣備位卿僚，乃爲貪吏誣搆，皇上覆載之仁，不加譴責，臣復何顏出入禁廷，有玷清班？伏冀聖慈放歸田里。」詔許以原官解任，仍領修書總裁事。

二十八年，元文拜大學士，乾學子樹穀考選御史。副都御史許三禮劾乾學：「律身不嚴，爲張汧所引。皇上寬仁，不加譴責，卽宜引咎自退，乞命歸里。又復優柔繫戀，潛住長安。乘修史爲名，出入禁廷，與高士奇相爲表裏。物議沸騰，招搖納賄。其子樹穀不遵成例，朦朧考選御史，明有所恃。獨其弟秉義文行兼優，原任禮部尚書熊賜履理學醇儒，乞立卽召用，以佐盛治。乾學當逐出史館，樹穀應調部屬，以遵成例。」詔乾學復奏，乾學疏辨，乞罷斥歸田，並免樹穀職。疏皆下部議，坐三禮所劾無實，應鐫秩調用。三禮益恚，復列款訐乾學贓罪，帝嚴斥之，免降調，仍留任。

是年冬，乾學復上疏言：「臣年六十，精神衰耗，祇以受恩深重，依戀徘徊。三禮私怨逞忿，幸聖主洞燭幽隱。臣方寸靡寧，不能復事鉛槧。且恐因循居此，更有無端彈射。乞恩終始矜全，俾得保其衰病之身，歸省先臣丘隴，庶身心閒暇。願比古人書局自隨之義，屏迹編摩，少報萬一。」乃許給假回籍，降旨褒嘉，命攜書籍卽家編輯。二十九年春，陛辭，賜御書「光燄萬丈」榜額。未幾，兩江總督傅臘塔疏劾乾學囑託蘇州府貢監等請建生祠，復縱其子姪交結巡撫洪之傑，倚勢競利，請敕部嚴議。語具元文傳。上置弗問，而予元文休致。

三十年，山東巡撫佛倫劾濰縣知縣朱敦厚加收火耗論死，并及乾學嘗致書前任巡撫錢珏庇敦厚。乾學與珏俱坐是奪職。自是齮齕者不已。嘉定知縣聞在上爲縣民訐告私派，逮獄，閱二年未定讞。按察使高承爵窮詰，在上自承嘗餽乾學子樹敏金，至事發後追還，因坐樹敏罪論絞。會詔戒內外各官私怨報復，樹敏得贖罪。三十三年，諭大學士舉長於文章學問超卓者，王熙、張玉書等薦乾學與王鴻緒、高士奇，命來京修書。乾學已前卒，遺疏以所纂一統志進，詔下所司，復故官。

翁叔元，字寶林，江南常熟人。康熙十五年，一甲三名進士，授編修，館試第一。累遷國子監祭酒，洊擢吏部侍郎，遷工部尚書。部例，每有工作，先計其直上之，名曰「料估」。工完多冒破，所司不敢以聞，有十年不銷算者，大工至四十三案。叔元蒞部甫半載，積牘一清。調刑部，移疾歸，卒。叔元愛才而褊隘，何焯在門下，初甚賞之；叔元疏劾湯斌，焯請削門生籍，叔元擯之，竟不得成名。以是爲世所誚云。

王鴻緒，初名度心，字季友，江南婁縣人。康熙十二年一甲二名進士，授編修。十四年，主順天鄉試。充日講起居注官。累遷翰林院侍講。十九年，聖祖諭奬講官勤勞，加鴻緒侍讀學士銜。時湖廣有朱方旦者，自號二眉山人。造中說補，聚徒横議，常至數千人。自詡前知，與人决休咎。巡撫董國興劾其左道惑衆，逮至京，得旨寬釋。及吳三桂反，順承郡王勒爾錦駐師荆州，方旦以占驗出入軍營，巡撫張朝珍亦稱爲異人。上密戒勒爾錦勿爲所惑。方旦乃避走江、浙，會鴻緒得其所刊中質秘書，遂以奏進，列其誣罔君上、悖逆聖道、搖惑人心三大罪。方旦坐誅。

二十一年，轉侍讀，充明史總裁。累擢内閣學士、戶部侍郎。二十四年，典會試。二十五年，疏請回籍治本生母喪，遣官賜祭。二十六年，擢左都御史。疏劾廣東巡撫李士楨貪劣，潮州知府林杭學嘗從吳三桂反，乃舉其清廉。士楨坐罷，杭學奪職。會靈臺郎董漢臣疏陳時事，以諭教元良、愼簡宰執爲言。御史陶式玉劾漢臣摭拾浮言，欺世盜名，請逮治。

鴻緒疏言：「欽天監靈臺郎、博士等官，不擇流品，星卜屠沽之徒，粗識數字，便得濫竽。請敕下考試，分別去留。」下部議行。漢臣及博士賈文然等十五人並以詞理舛誤黜。初，以式玉疏下九卿集議，尚書湯斌謂大臣不言，慚對漢臣。漢臣旣黜，鴻緒偕左都御史璙丹、副都御史徐元珙合疏劾斌務名鮮實，並追論江寧巡撫去任時，巧飾文告，以博虛譽。上素重斌清廉，置弗問。

鴻緒論各省駐防官兵累民，略言：「駐防將領恃威放肆，或占奪民業，或重息放債，或強娶民婦。或誆詐逃人，株連良善；或收羅奸棍，巧生奇詐。種種爲害，所在時有。如西安、荆州駐防官兵紀律太寬，牧放馬匹，驅赴村莊，累民芻秣；百十成羣，踐食田禾，所至驛騷。其他苦累，又可類推。請嚴飭將軍、副都統等力行約束。綠旗提、鎭縱兵害民，以及虛冒兵糧者，不一而足，請飭督撫立行指參。」上命議行。

未幾，以父憂歸。二十八年，服闋，將赴補。左都御史郭琇劾鴻緒與高士奇招權納賄，並及給事中何楷、編修陳元龍，皆予休致。語具士奇傳。嘉定知縣聞在上爲縣民訐告私派事，按察使高承爵按治。在上言嘗以銀餽舉人徐樹敏，至事發退還，因坐樹敏罪。巡撫鄭端覆訊，在上言嘗以銀五百餽鴻緒，亦事發退還。端乃劾乾學縱子行詐，鴻緒竟染贓銀，有玷大臣名節，乞敕部嚴議。上特諭曰：「朕崇尚德教，蠲滌煩苛。凡大小臣工，咸思恩禮下逮，曲全始終；卽因事放歸，仍令各安田里。近見諸臣彼此傾軋，伐異黨同，私怨相尋，牽連報復；雖業已解職投閒，仍復吹求不已，株連逮於子弟，顚覆及於身家。朕總攬萬機，已三十年，此等情態，知之甚悉。娼嫉傾軋之害，歷代皆有，而明季爲甚。公家之事，置若罔聞，而分樹黨援，飛誣排陷，迄無虛日。朕於此等背公誤國之人，深切痛恨。自今以往，內外大小諸臣，宜各端心術，盡蠲私忿，共矢公忠。儻仍執迷不悟，復踵前非，朕將窮極根株，悉坐以朋黨之罪。」時鴻緒方就質，詔至，得釋。

三十三年，以薦召來京修書。尋授工部尚書，充經筵講官。四十七年，調戶部。其年冬，皇太子允礽旣廢，詔大臣保奏儲貳，鴻緒與內大臣阿靈阿、侍郎揆敍等謀，舉皇子允禩，詔切責，以原品休致。

五十三年，疏言：「臣舊居館職，奉命爲明史總裁官，與湯斌、徐乾學、葉方靄互相參訂，僅成數卷。及臣回籍多年，恩召重領史局，而前此纂輯諸臣，罕有存者。惟大學士張玉書爲監修，尚書陳廷敬爲總裁，各專一類：玉書任志，廷敬任本紀，臣任列傳。因臣原銜食俸，比二臣得有餘暇，刪繁就簡，正謬訂譌。如是數年，彙分成帙，而大學士熊賜履續奉監修之命，檄取傳稿以進，玉書、廷敬暨臣皆未參閱。臣恐傳稿尚多舛誤，自蒙恩歸田，欲圖報稱，因重理舊編，搜殘補闕，復經五載，成列傳二百八卷。其間是非邪正，悉據公論，不敢稍逞私臆。但年代久遠，傳聞異辭，未敢自信爲是。謹繕寫全稿，齎呈御覽，請宣付史館，以備參考。」詔俞之。

五十四年，復召來京修書，充省方盛典總裁官。雍正元年，卒於京。乾隆四十三年，國史館進鴻緖傳，高宗命以郭琇劾疏載入，使後世知鴻緖輩罪狀。

孫興吾，進士，官吏部侍郎。

高士奇，字澹人，浙江錢塘人。幼好學能文。貧，以監生就順天鄉試，充書寫序班。工書法，以明珠薦，入內廷供奉，授詹事府錄事。遷內閣中書，食六品俸，賜居西安門內。康熙十七年，聖祖降敕，以士奇書寫密諭及纂輯講章、詩文，供奉有年，特賜表裏十匹、銀五百。十九年，復諭吏部優敍，授爲額外翰林院侍講。尋補侍讀，充日講起居注官，遷右庶子。累擢詹事府少詹事。

二十六年，上謁陵，于成龍在道盡發明珠、余國柱之私。駕旋，値太皇太后喪，不入宮，以成龍言問士奇，亦盡言之。上曰：「何無人劾奏？」士奇對曰：「人孰不畏死。」帝曰：「若輩重於四輔臣乎？欲去則去之矣，有何懼？」未幾，郭琇疏上，明珠、國柱遂罷相。二十七年，山東巡撫張汧以齎銀赴京行賄事發，逮治，獄辭涉士奇。會奉諭戒勿株連，於是置弗問。事詳徐乾學傳。士奇因疏言：「臣等編摩纂輯，惟在直廬。宣諭奏對，悉經中使。非進講，或數月不覲天顏，從未干涉政事。不獨臣爲然，前入直諸臣，如熊賜履、葉方靄、張玉書、孫在豐、王士禎、朱彝尊等，近今同事諸臣，如陳廷敬、徐乾學、王鴻緒、張英、勵杜訥等，莫不皆然。獨是供奉日久，嫌疑日滋。張汧無端疑怨，含沙污衊，臣將無以自明，幸賴聖明在上，誣搆難施。但禁廷清秘，來茲萋斐，豈容仍玷清班？伏乞賜歸田里。」上命解任，仍領修書事。二十八年，從上南巡，至杭州，幸士奇西溪山莊，御書「竹窗」榜額賜之。

未幾，左都御史郭琇劾奏曰：「皇上宵旰焦勞，勵精圖治，用人行政，未嘗纖毫假手左右。乃有原任少詹事高士奇、左都御史王鴻緒等，表裏爲奸，植黨營私，試略陳其罪。士奇出身微賤，其始徒步來京，覓館爲生。皇上因其字學頗工，不拘資格，擢補翰林。令入南書房供奉，不過使之考訂文章，原未假之與聞政事。而士奇日思結納，諂附大臣，攬事招權，以圖分肥。內外大小臣工，無不知有士奇者。聲名赫奕，乃至如此。是其罪之可誅者一也。久之羽翼既多，遂自立門戶，結王鴻緒爲死黨，給事中何楷爲義兄弟，翰林陳元龍爲叔姪，鴻緒兄頊齡爲子女姻親，俱寄以心腹，在外招攬。凡督、撫、藩、臬、道、府、廳、縣及在內大小卿員，皆鴻緒、楷等爲之居停，哄騙餽至，成千累萬。卽不屬黨護者，亦有常例，名之曰『平安錢』。是士奇等之奸貪壞法，全無顧忌，其罪之可誅者二也。光棍俞子易，在京肆橫有年，事發潛遁。有虎坊橋瓦房六十餘間，價值八千金，餽送士奇。此外順成門外斜街並各處房屋，令心腹出名置買，寄頓賄銀至四十餘萬。又於本鄉平湖縣置田產千頃，大興土木，杭州西溪廣置園宅。以覓館餬口之窮儒，忽爲數百萬之富翁。試問金從何來？無非取給於各官。官從何來？非侵國帑，卽剝民膏。是士奇等眞國之蠹而民之賊也，其罪之可誅者三也。皇上洞悉其罪，因各館編纂未竣，令解任修書，矜全之恩至矣！士奇不思改過自新，仍怙惡不悛，當聖駕南巡，上諭嚴戒餽送，以軍法治罪。惟士奇與鴻緒愍不畏死，鴻緒在淮、揚等處，招攬各官餽送萬金，潛遺士奇。淮、揚如此，他處可知。是士奇等欺君滅法，背公行私，其罪之可誅者四也。王鴻緒、陳元龍鼎甲出身，儼然士林翹楚；竟不顧淸議，依媚大臣，無所不至。苟圖富貴，傷敗名教，豈不玷朝班而羞當世之士哉？總之高士奇、王鴻緒、陳元龍、何楷、王頊齡等，豺狼其性，蛇蝎其心，鬼蜮其形。畏勢者既觀望而不敢言，趨勢者復擁戴而不肯言。臣若不言，有負聖恩。故不避嫌怨，請立賜罷斥，明正典刑，天下幸甚。」疏入，士奇等俱休致回籍。副都御史許三禮復疏劾解任尙書徐乾學與士奇姻親，招搖納賄，相爲表裏。部議以所劾無據，得寢。

三十三年，召來京修書。士奇既至，仍直南書房。三十六年，以養母乞歸，詔允之，特授詹事府詹事。尋擢禮部侍郎，以母老未赴。四十二年，上南巡，士奇迎駕淮安，扈蹕至杭州。及回鑾，復從至京師，屢入對，賜予優渥。上顧侍臣曰：「朕初讀書，內監授以四子本經，作時文；得士奇，始知學問門徑。初見士奇得古人詩文，一覽卽知其時代，心以爲異，未幾，朕亦能之。士奇無戰陣功，而朕待之厚，以其裨朕學問者大也。」尋遣歸，是年卒於家。上深惜之，命加給全葬，授其子庶吉士輿爲編修。尋謚文恪。

論曰：儒臣直內廷，謂之「書房」，存未入關前舊名也。上書房授諸皇子讀，尊爲師傅；南書房以詩文書畫供御，地分淸切，參與密勿。乾學、士奇先後入直，鴻緒亦以文學進。乃憑藉權勢，互結黨援，納賄營私，致屢遭彈劾，聖祖曲予保全。乾學、鴻緒猶得以書局自隨，竟編纂之業，士奇亦以恩禮終，不其幸歟！

清史稿卷二百七十二

列傳五十九

湯若望　楊光先　南懷仁

湯若望，初名約翰亞當沙耳，姓方白耳氏，日耳曼國人。明萬曆間，利瑪竇挾天算之學入中國，徐光啓與游，盡其術。崇禎初，日食失驗，光啓上言：「臺官用郭守敬法，歷久必差，宜及時修正。」莊烈帝用其議，設局修改曆法，光啓為監督，湯若望被徵入局掌推算。光啓卒，以李天經代，奏進湯若望所著書及恆星屏障。迭與臺官測日食，候節氣，並考定置閏先後，湯若望術輒驗。莊烈帝知西法果密，欲據以改大統術，未行而明亡。

順治元年，睿親王多爾衮定京師，是歲六月，湯若望啓言：「臣於明崇禎二年來京，用西洋新法釐正舊曆，製測量日月星晷、定時考驗諸器。近遭賊毀，擬重製進呈。先將本年八月初一日日食，照新法推步。京師日食限分秒並起復方位，與各省所見不同諸數，開列呈覽。」王命湯若望修正曆法。七月，禮部啓請頒曆，王言：「治曆明時，帝王所重。今用新法正曆，以敬迓天休，宜名時憲曆，用稱朝廷憲天乂民之至意。自順治二年始，卽用新曆頒行天下。」湯若望復啓言：「敬授人時，全以節氣交宮，與太陽出入、晝夜時刻爲重。今節氣、日時、刻分與太陽出入、晝夜時刻，俱照道里遠近推算，增加曆首，以協民時，利民用。」王獎其精確。八月丙辰朔，日有食之。王令大學士馮銓與湯若望率欽天監官赴觀象臺測驗，惟新法脗合，大統、回回二法時刻俱不協。

世祖定鼎京師，十一月，以湯若望掌欽天監事。湯若望疏辭，上不許。又疏請別給敕印，而以監印繳部，謂治曆之責，學道之志，庶可並行不悖，上亦不許。並諭湯若望遵旨率屬精修曆法，整頓監規，如有怠玩侵紊，卽行參奏。加太僕寺卿，尋改太常寺卿。十年三月，賜號通玄教師，敕曰：「國家肇造鴻業，以授時定曆爲急務。羲和而後，如漢洛下閎、張衡，唐李淳風、僧一行，於曆法代有損益。元郭守敬號爲精密，然經緯之度，尙不能符合天行，其後晷度遂以積差。爾湯若望來自西洋，精於象緯，閎通曆法。徐光啓特薦於朝，一時專家治曆如魏文魁等，實不及爾。但以遠人，多忌成功，終不見用。朕承天眷，定鼎之初，爾爲朕修大淸時憲曆，迄於有成。又能潔身持行，盡心乃事。今特錫爾嘉名，俾知天生賢人，佐佑定曆，補數千年之闕略，非偶然也。」旋復加通政使，進秩正一品。

欽天監舊設回回科，湯若望用新法，久之，罷回回科不置。十四年四月，革職回回科秋官正吳明炫疏言：「臣祖默沙亦黑等一十八姓，本西域人。自隋開皇己未，抱其曆學，重譯來朝，授職曆官，歷一千五十九載，專管星宿行度。順治三年，掌印湯若望諭臣科，凡日月交食及太陰五星陵犯、天象占驗，俱不必奏進。臣察湯若望推水星二八月皆伏不見，今於二月二十九日仍見東方，又八月二十四日夕見，皆關象占，不敢不據推上聞。乞上復存臣科，庶絕學獲傳。」並上十四年回回術推算太陰五星陵犯書，日月交食、天象占驗圖象。別疏又舉湯若望舛謬三事：一、遺漏紫炁，一、顚倒觜參，一、顚倒羅計。八月，上命內大臣愛星阿及各部院大臣登觀象臺測驗水星不見，議明炫罪，坐奏事詐不以實，律絞，援赦得免。

康熙五年，新安衞官生楊光先叩閽進所著摘謬論、選擇議，斥湯若望新法十謬，並指選擇榮親王葬期誤用洪範五行，下議政王等會同確議。議政王等議：「歷代舊法，每日十二時，分一百刻，新法改九十六刻。康熙三年立春候氣，先期起管，湯若望妄奏春氣已應參、觜二宿，改調次序，四餘刪去紫炁。天祐皇上，曆祚無疆，湯若望祇進二百年曆。選榮親王葬期不用正五行，反用洪範五行，山向年月俱犯忌殺，事犯重大。湯若望及刻漏科杜如預、五官挈壺正楊宏量、曆科李祖白、春官正宋可成、秋官正宋發、冬官正朱光顯、中官正劉有泰皆凌遲處死；故監官子劉必遠、賈文郁、可成子哲、祖白子實、湯若望義子潘盡孝皆斬。」

得旨，湯若望效力多年，又復衰老，杜如預、楊宏量勘定陵地有勞，皆免死，並令覆議。議政王等覆議，湯若望流徙，餘如前議。得旨，湯若望等並免流徙，祖白、可成、發、光顯、有泰皆斬。自是廢新法不用。

聖祖既親政，以南懷仁治理曆法，光先坐譴黜，復用新法。時湯若望已前卒，復通微教師封號，視原品賜卹，改「通玄」曰「通微」，避聖祖諱也。

楊光先，字長公，江南歙縣人。在明時爲新安所千戶。崇禎十年，上疏劾大學士溫體仁、給事中陳啓新，舁棺自隨。廷杖，戍遼西。

國初，命湯若望治曆用新法，頒時憲曆書，面題「依西洋新法」五字。光先上書，謂非所宜用。旣又論湯若望誤以順治十八年閏十月爲閏七月，上所爲摘謬、闢邪諸論，攻湯若望甚力，斥所奉天主教爲妄言惑衆。聖祖卽位，四輔臣執政，頗右光先，下禮、吏二部會鞫。康熙四年，議政王等定讞，盡用光先說，譴湯若望，其屬官至坐死。遂罷新法，復用大統術。除光先右監副，疏辭，不許；卽授監正，疏辭，復不許。

光先編次其所爲書，命曰不得已，持舊說繩湯若望。顧學術自審不逮遠甚，旣屢辭不獲，乃引吳明烜爲監副。明烜，明炫兄弟行，明炫議復回回科不得請，至是明烜副光先任推算。五年春，光先疏言：「今候氣法久失傳，十二月中氣不應。乞許臣延訪博學有心計之人，與之制器測候，幷飭禮部採宜陽金門山竹管、上黨羊頭山秬黍、河內葭莩備用。」七年，光先復疏言：「律管尺寸，載在史記，而用法失傳。今訪求能候氣者，尙未能致。臣病風痺，未能董理。」下禮部，言光先職監正，不當自諉，仍令訪求能候氣者。

是時朝廷知光先學術不勝任，復用西洋人南懷仁治理曆法。南懷仁疏劾明烜造康熙八年七政民曆於是年十二月置閏，應在康熙九年正月，又一歲兩春分、兩秋分，種種舛誤，下議政王等會議。議政王等議，曆法精微，難以遽定，請命大臣督同測驗。八年，上遣大學士圖海等二十人會監正馬祜測驗立春、雨水兩節氣及太陰火、木二星躔度，南懷仁言悉應，明烜言悉不應。議政王等疏請以康熙九年曆日交南懷仁推算，上問：「光先前劾湯若望，議政王大臣會議，以光先何者爲是，湯若望何者爲非，及新法當日議停，今日議復，其故安在？」議政王等疏言：「前命大學士圖海等二十人赴觀象臺測驗，南懷仁所言悉應，吳明烜所言悉不應，問監正馬祜，監副宜塔喇、胡振鉞、李光顯，皆言南懷仁曆法上合天象。一日百刻，歷代成法，今南懷仁推算九十六刻，既合天象，自康熙九年始，應按九十六刻推行。南懷仁言羅睺、計都、月孛、推曆所用，故入曆；紫炁無象，推曆所不用，故不入曆。自康熙九年始，紫炁不必造入七政曆。」又言：「候氣爲古法，推曆亦無所用，嗣後並應停止。請將光先奪官，交刑部議罪。」上命光先但奪官，免其罪。南懷仁等復呈告光先依附鼇拜，將歷代所用洪範五行稱爲滅蠻經，致李祖白等無辜被戮，援引吳明烜誣告湯若望謀叛。下議政王等議，坐光先斬，上以光先老，貸其死，遣回籍，道卒。刑部議明烜坐奏事不實，當杖流，上命笞四十釋之。

南懷仁，初名佛迪南特斯，姓阜泌斯脫氏，比利時國人。康熙初，入中國。時湯若望方黜，楊光先爲監正，吳明烜爲監副，以大統術治曆，節氣不應，金、水二星躔度舛錯。明烜奏水星當見，其言復不售。乃召南懷仁，命治理曆法。南懷仁劾光先、明烜而去之，遂授南懷仁監副。

時康熙八年三月，南懷仁言是歲按舊法以十一月置閏，以新法測驗，閏當在九年正月。旣又言是月二十九日雨水，乃正月中氣，卽爲康熙九年之正月，閏當在是年二月。上命禮部詢欽天監官，多從南懷仁，乃罷八年十二月閏，移置九年二月；節氣占候，悉用南懷仁說。六月，南懷仁請改造觀象臺儀器，從之。十二月，儀器成，擢南懷仁監正。儀凡六：曰黃道經緯儀，曰赤道經緯儀，曰地平經儀，曰地平緯儀，曰紀限儀，曰天體儀；並繪圖立說，次爲靈臺儀象志。十七年，進康熙永年表，表推七政交食，爲湯若望未竟之書，南懷仁續成之。二十一年，命南懷仁至盛京測北極高度，較京師高二度，別爲推算日月交食表上之。南懷仁官監正久，累加至工部侍郎。二十七年，卒，諡勤敏。

自是欽天監用西洋人，累進爲監正、監副，相繼不絕。五十四年，命紀理安製地平經緯儀，合地平、象限二儀爲一。乾隆中，戴進賢、徐懋德、劉松齡、傅作霖皆賜進士。道光間，高拱宸等或歸國，或病卒。時監官已深習西法，不必復用西洋人，奏奉宣宗諭，停西洋人入監。方聖祖用南懷仁，許奉天主教，仍其國俗，而禁各省立堂入教。是時各省天主堂已三十餘所。雍正間，禁令嚴，盡毀去，但留京師一所，俾西洋人入監者居之。入內地傳教，輒繩以法。迨停西洋人入監，未幾海禁弛，傳教入條約，新舊教堂遍內地矣。

論曰：曆算之術，愈入則愈深，愈進則愈密。湯若望、南懷仁所述作，與楊光先所攻訐，淺深疏密，今人人能言之。其在當日，嫉忌遠人，牽涉宗教，引繩批根，互爲起仆，誠一時得失之林也。聖祖嘗言當曆法爭議未已，己所未學，不能定是非，乃發憤譽討，卒能深造密微，窮極其閫奧。爲天下主，虛己勵學如是。嗚呼，聖矣！

清史稿卷二百七十三

列傳六十

李率泰 趙廷臣 袁懋功 徐旭齡 郎廷佐 弟廷相 郎永清 永清子廷極
佟鳳彩 麻勒吉 阿席熙 瑪祜 施維翰

李率泰，字壽疇，漢軍正藍旗人，永芳子。初名延齡，年十二，入侍太祖，賜今名。年十六，以宗室女妻之。弱冠，從太宗征察哈爾、朝鮮及明錦州，又從貝勒阿巴泰征山東，並有功，洊擢梅勒額眞。

順治元年，命以刑部參政兼任，率師駐防錦州。四月，從睿親王多爾袞入關，破李自成；又率兵徇山東、河南，斬自成將趙應元，降其衆萬人。二年，從豫親王多鐸破自成兵潼關。移師南征，克揚州，下江寧，分兵定蘇州、松江諸郡。江陰典史閻應元拒守，督兵攻破之。豫親王令駐防蘇州。會明將吳志葵、黃蜚等來犯，時城兵僅千餘，率泰使遶城張幟爲援兵狀。志葵等斬關入，勁騎突起截擊，盡殲之。

三年，從端重親王博洛平浙江、福建，敍功，授世職二等阿達哈哈番兼拖沙喇哈番。五年，鄭彩犯福建漳、泉諸郡，詔率泰與靖南將軍陳泰協勦，斬獲甚衆。復長樂、連江二縣。彩走，復擒斬所署總督顧世臣等，遂克興化。寇攻福州十四月，圍始解。民食盡，江西盜郭天才自杉關長驅至福州，載米麥江上，誘民出就食。率泰師次建寧，檄守吏嚴備，乃夜焚洪山橋遁。巡按御史周世科虐刑婪賄，率泰疏劾，置諸法。六年，從征大同叛將姜瓖，下保德州，擒瓖黨牛化麟等。敍功，復加拖沙喇哈番。

初定官制，改參政爲侍郎，率泰仍以刑部侍郎兼梅勒額眞。八年，調吏部，拜弘文院大學士。條奏請懲貪酷官吏，給滿洲兵馬草料，酌量營造工程次第，上從之。未幾，與大學士陳泰坐誤增恩詔赦款，並罷任，降世職爲拜他喇布勒哈番。九年，特進三等阿思哈尼哈番。

十年，用大學士洪承疇薦，授兩廣總督。時明桂王朱由榔居安隆，其將李定國擁兵廣西，土寇廖篤增等應之。十一年，率泰遣兵進勦，斬篤增於玉版巢。十二年，定國犯廣東，率泰禦之，敗其將高文貴。會靖南將軍珠瑪喇率禁旅至，合兵夾擊，大破之。復高、雷二郡。

十三年，加太子太保，調閩浙總督。率泰有方略，善用兵，與士卒同甘苦。時鄭成功據臺灣，數入寇。率泰疏請增設水師三千，造哨船百餘艘，招降海盜，散其羽翼。又言成功父芝龍不宜徙寧古塔，其地近海，恐乘間遁歸，爲患滋大。世祖悉用其言。以破定國功，進世職一等。考滿，加少保。十五年，招撫成功將唐邦杰、林翀、葉祿等，降者數萬人。十五年，成功攻溫州，陷平陽、瑞安，率泰調江寧滿洲兵助剿，成功敗走。是年，詔分閩浙總督爲二：以都統趙國祚督浙江，駐溫州；而以率泰專督福建，駐福州。未幾，成功據南安嶺窺福州，其黨陳斌旣降復叛，率衆據羅星塔。率泰檄兵燔其巨艦千餘，成功遁。斌復降，奏誅之。十六年，坐事奪世職，任總督如故。

康熙元年，率泰以漳州爲福建門戶，奏增設水師二千。尋與靖南王耿繼茂擊走定海小埕諸寇，復與提督馬得功平萬安所，擊走成功將楊宣。是年成功死，其子錦拒命如故，部下漸攜貳。於是率泰復招降其將林俊奇、陳輝、何義、魏明等三百餘人，兵二千有奇。統建寧、延平、邵武三路士卒剿內地山寇，獲其渠王鐵佛，斬之。旣，錦率其將周全斌以五百餘人自梁山內犯，率泰遣總兵王進加、參將折光秋夾擊，大破之；復與靖南王耿繼茂統舟師擣廈門，取浯嶼、金門二島，錦宵遁。三年，降其將林國樑，進兵八尺門，降其將翁求多；夜半渡海拔銅山，斬級三千有奇，其將黃廷等率兵民三萬餘人來降，獲敵艦、軍械無算。錦僅以數十艘遁入臺灣。敍功，加秩正一品。

尋以病累疏乞休，詔輒慰留。五年，卒官。遺疏言：「海賊遠竄臺灣，奉旨撤兵，與民休息。第將衆兵繁，撤之驟，易致驚疑；遲，又恐貽患。今當安反側之心，後須防難制之勢。紅毛夾板船雖已回國，然往來頻仍，異時恐生釁。至數年以來，令沿海居民遷移內地，失其故業。宜略寬界限，俾獲耕漁，庶甦殘喘。」上聞，優詔褒卹，贈兵部尚書，復世職，謚忠襄。

趙廷臣，字君鄰，漢軍鑲黃旗人。順治二年，自貢生授江蘇山陽知縣，遷江寧同知，有政聲。坐催徵逾限，免。十年，大學士洪承疇經略湖廣，薦廷臣清幹，題授下湖南道副使，廩平冤獄。十三年，調督糧道。

十五年，從定貴州，遂擢授巡撫。甫至官，察民間疾苦，定賦蠲賑，懲貪橫，禁吏卒驛騷。疏言：「貴州古稱鬼方，自城市外，四顧皆苗。其貴陽以東，苗爲夥，而銅苗、九股爲悍；其次爲革老，曰羊黃，曰八番子，曰土人，曰侗人，曰蠻人，曰冉家蠻，皆黔東苗屬也。自貴陽以西，羅羅爲夥，而黑羅爲悍；其次曰仲家，曰宋家，曰蔡家，曰龍家，曰白羅，皆黔西苗屬也。專事鬭殺，馭之甚難。臣以爲敎化無不可施之地。請自後應襲土官年十三以上者，令入學習禮，由儒學起送承襲。其族屬子弟願入學讀書者，亦許其仕進，則儒敎日興而悍俗漸變。土官私襲，支系不明，爭奪易起，釀成變亂，令歲終錄其世次籍上布政司達部。有爭襲者，按籍立辨，豫杜釁端。」並下部議行。

十六年，擢雲貴總督。土寇馮天裕陷湄潭，犯甕安，調兵擊卻之。疏請改馬乃、曹滴諸土司爲流官。又言：「貴州屢被寇，改衞爲府，改所爲縣，法令紛更，民苦重役，今應復舊制。雲南田土荒蕪，當招民開墾。衝路州縣，請以順治十七年秋糧貸爲春種資。」並下部議行。吳三桂貢象五，世祖命免送京，廷臣因乞概停邊貢，允之。十八年，以平土酋龍吉兆功，加兵部尚書。是年調浙江。敍雲南墾荒勞，加太子少保。

康熙二年，疏言：「浙江逋賦不淸，由徵解繁雜，請以一條鞭法令各州縣隨徵隨解，布政司察明註册，至爲簡易。」又疏言：「徵糧之法不一，苟能寓撫字於催科，卽百姓受其福。急公好義，人情皆然。有司止以箠楚爲能，民安得不重利借債，減價賣產？錢糧完，地方壞矣。苟能得廉有司，禁革火耗，天平不欺天，法馬不違法，又禁絕差擾，一酒一飯無不爲民節省，民未有不交納恐後者。徵糧之能，在人不在法，然不得其人而循法行之，亦得半之道也。實徵册籍立實在戶名，以杜詭卸；流水紅簿送本府印發，以防侵蝕；易知由單徧散窮山深谷，以絕橫索。臣於浙屬立法通行，催徵得法之吏，請敕部酌議，許題請獎勵。」又疏請移海島投誠官兵分插內地，杜其煽誘；定水師提鎭各營兵制，以備水戰。杭、嘉、湖三郡毗連太湖，易藏奸宄，請增造快號船，撥兵巡哨。詔並從之。時鄭成功死，廷臣招明魯王所署將軍阮美、都督鄭殷、侍郎蔡昌登等，皆率衆來降；惟張煌言散兵居定海山中，執而殺之。

四年，疏請崇節儉，維風俗。又言用人宜寬小眚，請敕部分別罣誤降革人員，量才錄用。又言民人鬻身旗下，宜令有司給與印契，並曉諭鄰里，後或逃歸，有容留者，乃可坐以窩逃。並議行。時錢滯不行，疏請令外省收銅開鑄，準寶泉、寶源兩局法式，去各省分鑄之名，以天下之錢供天下之用。上命復各省二十四監鑄錢。浙東初平，叛獄屢起，廷臣平情讞鞫，全活甚衆。時海濱尚多餘孽，聞廷臣寬大，多解甲來歸。六年，以病乞休，詔慰留之。八年，巡海自福建還，至奉化，病卒，謚清獻。

廷臣爲政寬靜而善折獄。有瞽者入屠者室，攫其篋中錢，屠者逐之，則曰：「欺吾瞽，奪吾錢。」廷臣令投錢水中，見浮脂，以錢還屠者。有殺人獄已誣服，廷臣察傷格，曰：「傷寸而刃尺，必冤也！」更求之，得眞殺人者。旱，山中人言魃見，入人家輒失財物。廷臣曰：「盜也！」令吏捕治之。

袁懋功，字九敍，順天香河人。順治二年進士，授禮科給事中。疏請愼簡學官，磨勘文體，釐定禮制。又以前明廢官援恩詔踵至，請敕吏部會都察院嚴覈才品。累擢戶部侍郎。十七年，世祖諭懋功才品敏練，授雲南巡撫。時雲南初定，懋功令降卒入籍歸農，墾無主之田。編保甲，以時稽察。奏減屯田糧額，請停派部員履勘田畝。撫雲南九載，政績大著。以父憂去。服除，起山東巡撫。康熙十年，濟南五十六州縣衞新墾地被淹，懋功疏請展限一年起科，部格不行，上特允之。調浙江，未行，卒，謚清獻。

徐旭齡，字元文，浙江錢塘人。順治十二年進士，除刑部主事，再遷禮部郎中。康熙六年，授雲南道御史。裁缺，改湖廣道。迭疏請汰額外衙役，核州縣贖鍰，降調官百姓保留敕督撫核實，皆下部議行。命偕御史席特納巡視兩淮鹽政，疏陳積弊，請嚴禁斤重不得逾額，部議如所請勒石。又疏請停止豫徵鹽課，部議不允。遷太常寺少卿，累擢左僉都御史，請裁軍興以後增設道員。二十二年，授山東巡撫。二十三年，遷工部侍郎。復出爲漕運總督，疏請釐三害，籌三便，革隨漕增、裁運耗二項，及民間幫貼盤費腳價，各省給軍欵項，改由州縣逕發運丁，行月糧改入現運項下撥給，並合併漕船幫次，皆下九卿議行。二十六年，卒，亦謚清獻。

郎廷佐，字一柱，漢軍鑲黃旗人，世籍廣寧。父熙載，明諸生。太祖克廣寧，熙載來歸，授防禦，以軍功予世職遊擊。崇德元年卒，長子廷輔嗣。廷佐，其次子也。自官學生授內院筆帖式，擢國史院侍讀。順治三年，從肅親王豪格徇四川，平張獻忠。六年，從英親王阿濟格討叛將姜瓖。遷秘書院學士。

十一年，授江西巡撫。江西自明末洊遭兵亂，逋賦鉅萬。廷佐累疏請蠲緩蘇民困，詔允行。土寇洪國柱等掠饒州、廣信，遣兵剿平之。十二年，擢江南江西總督。江南逋賦至四百餘萬，廷佐覈賦籍，曰：「此非盡民困不能輸也，必有官吏侵蝕而詭稱民逋者。民困可矜，官吏弊不可不革。」乃籍之爲三：曰官侵，曰吏蝕，曰民逋。責右布政使按籍督催，而令左布政使稽徵新賦，以除新舊牽混之弊。並疏請官吏徵賦未完者，令戴罪留任催徵，於是宿弊頓革。師行取估舶以濟，商民交困。廷佐疏請視江西例，發帑造船備用，上韙其言，命議行。

十六年，巡閱江海，因密疏言：「鄭成功屯聚海島，將犯江南。江南汛兵無多，水師舟楫未備，請調發鄰省勁兵防禦。」事格不行。未幾，成功陷鎭江，襲瓜洲，遂窺江寧，城守單弱。會梅勒額眞噶楚哈、瑪爾賽自貴州旋師，廷佐與駐防總管喀喀木邀入城共禦敵，挫其前鋒，得舟二十餘。成功兵大至，戰艦蔽江，廷佐登埤固守。提督管效忠、總兵梁化鳳等水陸夾擊，焚敵艦五百餘，擒斬無算，成功遁入海。捷聞，詔嘉奬。十八年，分江南江西總督爲二，以廷佐專督江南。康熙四年，復舊制，仍兼江西。七年，以疾解任。致仕大學士金之俊家居，得匿名書帖，詆其曾降李自成，之俊訴廷佐，令有司窮治。上聞，慮株連無辜，責之俊違例妄訴，廷佐俟病痊起用，鐫二秩。

十三年，耿精忠反，授廷佐福建總督。廷佐奏言：「臣孫爲耿氏婿，臣與精忠有連。然誓不與賊俱生，願力疾前驅，殲除叛寇。」上嘉之，賜鞍馬、甲胄以寵其行。廷佐至浙江，從大將軍康親王傑書治軍，駐金華。疏陳精忠句結海寇，宜剿撫兼施。上曰：「海寇當撫，精忠當用剿，或用間。」廷佐頗有規畫，未及行，十五年，卒於軍，賜祭葬。江南、江西俱祀名宦。

弟廷相，字鈞衡。初授欽天監筆帖式。累官四川左布政使。四川屢經兵燹，廷相莅任，百廢俱興，民不知擾。康熙八年，授河南巡撫。廷佐卒，上即擢廷相爲福建總督。會精忠降，餘黨紀朝佐、張八等尙抗拒，廷相剿撫兼用，旬月悉平。鄭錦及山寇朱寅屢犯郡縣，遣兵分剿，屢却之，擒斬甚衆。十七年，錦窺漳州，據玉州等寨，分擾石碼、江東橋。廷相請援，詔康親王督兵協剿。時寇勢甚張，上責廷相庸懦不能殄賊，命解任。二十七年，卒。

郎永淸，字定庵。初授禮部筆帖式。出知山西渾源州，招民開墾，豁逋賦萬餘。姜瓖黨高山等竄伏山谷間爲盜，永淸簡丁壯，親率搜捕，多斬獲。事平，擢江西贛州知府，平反寃獄，居官有聲。師討李定國，議牧馬贛州，民譁言兵且入城，爭竄避。永淸度城外地爲牧場，區畫八旗駐營，具芻茭，兵不入城，贛民安堵。師還，徵民夫數千挽舟，灘水湍激，永淸慮民夫無食且逃，以大艦載米尾其後，軍行無滯。民德之，爲立像祠焉。

從子廷佐巡撫江西，永清例回避，調山西汾州。遷山東東昌道副使，轉湖廣下荊南道。李自成黨踞房、竹間，官軍分路會剿，餽餉俱取給鄖、襄，陸路挽運，議徵民夫數萬。永清疏水道，倣古轉搬法，安塘遞運，軍得無匱。累遷湖南布政使。衡、永、寶三郡苦食粵鹽，灘險道遠，商民交病。永清申請改食淮鹽，民便之。康熙十二年，調河南。師討吳三桂，議養馬南陽，永清請移牧湖廣。河南協濟湖廣軍米十萬石，申巡撫題請改於江南、江西採運。在官十二年，課最。二十五年，擢山東巡撫。未幾，卒官，祀湖南名宦。永清子廷極、廷棟。

廷極，字紫衡。初授江寧府同知，遷雲南順寧知府，有政聲。累擢江西巡撫。江西多山，州縣運糧盤兌，民間津貼夫船耗米五斗三升，載賦役全書，歲分給如法。戶部初議駁減，總督范承勳以請，得如故。至是戶部復議停給，併追前已給者，廷極累疏爭之。尋兼理兩江總督。五十一年，擢漕運總督。卒，謚溫勤。廷棟，字樸齋。官湖南按察使。

佟鳳彩，字高岡，漢軍正藍旗人，養性從孫也。初授國史院副理事官。外改順天香河知縣，內擢山西道御史，出視河東鹽政。順治七年，巡按湖南。八年，外轉湖廣武昌道參議，遷廣西右布政使。時師征雲南，道廣西，供億浩繁，鳳彩籌濟無匱。調江西左布政使。十七年，擢四川巡撫。四川經張獻忠亂，城邑殘破，鳳彩勸官吏捐輸，修築成都府城，葺治學宮，濬都江大堰。以祖母憂去官。

康熙六年，起貴州巡撫。疏言：「驛站累民，而貴州尤苦。層山峻嶺，俗言『地無三里平』。行一站，馬則蹄瘤脊爛，夫則足破肩穿。應於重安江、楊老堡、黃絲鋪、盤江坡、江西坡、輭轎坡等六處增置腰站，設夫馬如額。」復言：「黔省田土多奇零，國初隸版圖，州縣衞所等官不諳賦役，任意牒報。戶部以明季賦役全書發黔訂正，原報多者不復更改，少者照數增添。臣蒞任，酌定繇單規式，飭所司塡給花戶，以杜私派。嗣各屬造報，此多彼縮，不能照則塡給。且田地名色甚多，錢糧輕重不一。現飭所司淸釐，更正賦役全書，以垂永久。」詔並允行。丁母憂。

十一年，起河南巡撫。彰德舊有萬金渠，康熙七、八年水患三至，鳳彩奏請修濬，以弭民害。尋疏言：「豫省歲修黃河，用夫多或至萬餘，俱按畝起派，雇直年需三四十萬，小民重困。請改爲官雇，按通省地畝等則派銀，刊明繇單。若遇意外大工，再具題請旨。」上以派銀雇夫仍屬累民，命並免之。十二年，鳳彩疏言：「均平里甲，直省通行。河南雖有里甲之名，其實多者每里或五六百頃，少者止一二百頃，或寥寥數頃。有司止知照例編差，里小田少，難以承役，愈增苦累。今飭州縣按徵糧地畝册，如一州縣有地一千頃，原分爲十里者，每里均分一百頃；一里之中各分十甲，每甲均分十頃。遇有差徭，按里甲分當，則豪强無計規避，貧弱不致偏枯。」又言：「豫省民間栽柳供河工採辦，歲需百餘萬束。自康熙七年以後，協濟江南河工已二百七十餘萬束。去歲陽武險工，無柳可用，將民間桃、李、梨、杏盡行斫伐，方事堵禦。是修防本省河工尚屬不敷，實難協濟外省。且黃河渡船裝柳止二三百束，至無船之地，官吏束手，若非亟圖變通，必至誤運。向例本省河工運柳，每束給銀五分，今遠運江南千里之外，止給銀四分五釐，民安得不賠累？乞敕河臣於江南雇船到豫，使民止備柳束輓運江干。嗣後就江南鄰近無河患處，酌派協濟。留河南有餘不盡之柳，以備本省河患，庶百姓稍得蘇息，大工不致遲誤。」疏入，並下九卿科道議行。河南民稱均里甲、蠲夫柳爲利民二大疏。

吳三桂反，河南當通衢，鳳彩悉心調度，民不知擾。十三年，以疾乞休，許之，士民赴闕籲留。左都御史姚文然疏言，鳳彩撫豫數載，民所愛戴，宜令力疾視事，命仍留任。十六年，卒官，謚勤僖。河南、四川、貴州並祀名宦。

麻勒吉，瓜爾佳氏，滿洲正黃旗人。先世居蘇完，有達邦阿者，當太祖時來歸，麻勒吉其曾孫也。順治九年，滿、漢分榜，麻勒吉以繙譯舉人舉會試第一，殿試一甲第一，授修撰，世祖器之。十年，諭麻勒吉兼通滿、漢文，氣度老成，擢弘文院侍講學士。十一年，擢學士，充日講官，敎習庶吉士，編纂太祖、太宗聖訓副總裁，經筵講官。

明將孫可望詣經略洪承疇軍降，封義王，命麻勒吉爲使，學士胡兆龍、奇徹伯副之，齎敕印授之，卽偕詣京師。麻勒吉初與直隸總督張玄錫同官學士，使還，玄錫迎於順德，麻勒吉訶辱之，玄錫憤，自剄不殊。巡撫董天機以玄錫手書遺疏上聞，上遣學士折庫納、侍郎霍達往按。玄錫復疏言：「麻勒吉於迎候時面斥失儀，又責以前此南行不出迎，且云：『在南方洪經略日有饋遺，何等盡禮！』奇徹伯又索臣騾駝。臣因賄賂干禁，不與。」上責麻勒吉等逼迫大臣，任意妄行，下九卿會勘。玄錫，直隸淸苑人，明庶吉士。順治初授原官，自檢討累遷至學士。上稱其勤敏，擢宣大總督，移督直隸、河南、山東。至是，以聽勘詣京師，居僧寺，自縊。九卿議麻勒吉等當奪官籍沒，上寬之，削加級、奪誥敕而已。

十六年，以雲南初定，發帑金三十萬，命麻勒吉偕尙書伊圖、左都御史能圖往賑，並按大將軍貝勒尙善縱兵擾民狀，麻勒吉爲奏辨。尋安親王岳樂覆勘，尙善兵入永昌掠民婦事實，麻勒吉坐徇庇，奪官。十八年，命以原銜入直。上大漸，召麻勒吉與學士王熙撰擬遺詔，付內廷侍衞賈卜嘉進奏。上命麻勒吉懷詔草，俟上更衣畢，與賈卜嘉奏知皇太后，宣示諸王貝勒。是夕上崩，麻勒吉遵旨將事。旋授秘書院學士。

康熙五年，擢刑部侍郎。七年，授江南江西總督。時蘇州、松江頻遭水患，布政使慕天顏議濬吳淞江、劉河口，麻勒吉因與巡撫瑪祜疏請以各府漕折銀十四萬充工費。淮、揚被水坍沒田地，請永免歲賦。詔並允行。鎭江駐防兵訐將軍李顯貴、知府劉元輔侵冒錢糧，遣學士折爾肯等往按得實，麻勒吉坐不先舉發，並械繫至京聽勘。給事中姚文然疏言麻勒吉罪狀未定，宜寬鎖繫，上然之。尋命復任。十二年，大計，左遷兵部督捕理事官。

吳三桂反，定南王孔有德壻孫延齡及提督馬雄以廣西叛應之。十六年，命赴簡親王喇布軍，招撫延齡。比至桂林，延齡已爲三桂所殺，其部將劉彥明等率衆降。十八年，詔麻勒吉赴廣西護諸軍，時雄已死，其子承廕降，授招義將軍，封伯爵。已，部兵以餉匱譁，麻勒吉上言：「承廕與黃明、葉秉忠皆賊帥歸誠，今承廕授高爵，而明、秉忠未授官，故陰嗾兵士爲變。秉忠年老無異志，惟明强悍，爲柳州官兵所懾服，若不調用他所，終恐爲害。」乃授明總兵官。明復叛，詔麻勒吉與偏沅巡撫韓世琦會剿，尋報爲苗人所殺。十九年，巡撫傅弘烈剿賊至柳州，承廕復叛，弘烈遇害，命麻勒吉兼攝巡撫事。時柳州再變，民多逃竄，田荒賦淆，麻勒吉招撫流亡，令歸故業，葺學宮，振興文敎，頗著治績。二十一年，撤故定南王所部，分隸八旗漢軍，麻勒吉率以還京。

二十三年，授步軍統領。二十八年，卒。三十七年，兵部奏黃明爲貴州參將上官斌等所擒，麻勒吉追坐妄報，奪官。江南民爲麻勒吉立碑雨花臺紀績，祀名宦。

阿席熙，瓜爾佳氏，滿洲鑲紅旗人。自兵部筆帖式四遷光祿寺卿。考滿，輔政大臣鼇拜等令解任，隨旗行走，復坐事奪官。聖祖親政，鑒其無罪，命以郎中用。七年，超擢陝西布政使。舉卓異，擢巡撫。康熙十二年，遷江南江西總督。耿精忠叛，窺江西，阿席熙發兵赴剿，並檄援浙江。未幾，精忠陷廣信、建昌、饒州，參將陳九傑等應之。阿席熙遣兵防徽州，賊陷績溪、婺源，擾及徽州，迭克之。簡親王喇布率師至江寧，以阿席熙參贊軍務。十七年，疏報江南清出隱漏田地一萬四千餘頃、山八百餘里，加兵部尚書。尋坐瞻徇巡撫慕天顏奏銷浮冒，罷任。卒。阿席熙居官廉潔，江南士民德之，祀名宦。

瑪祜，哲柏氏，滿洲鑲紅旗人。順治九年繙譯進士。授佐領，兼刑部員外郎。遷欽天監監正。康熙八年，江寧巡撫缺，命議政大臣等會推滿洲郎中以上、學士以下通漢文有才能者備擢用，舉奏皆不當上意，特以命瑪祜。九年夏，淮安、揚州二府久雨，田廬多淹，詔發帑賑濟。瑪祜疏請蠲免桃源等縣積欠賦銀，及六、七兩年未完漕米。部議漕米無蠲免例，上特允其請，並蠲減蘇、松、常三府被災歲賦。

十年，疏言：「蘇、松二府額賦最重，由明洪武初以張士誠竊據其地，遷怒於民，取豪戶收租籍，付有司定賦額，較宋多七倍、元多三倍，是以民力困竭，積逋遂多。自康熙元年至八年，民欠二百餘萬，催徵稍急，逃亡接踵，舊欠仍懸，新逋復積。請敕部覈減二府浮糧，以期歲賦清完。」疏下部議，以科則久定，報寢。時布政使慕天顏請濬吳淞江、劉河，瑪祜與總督麻勒吉請以漕折十四萬充費。給事中柯聳疏言，東南水利宜乘此興工，盡疏各支河。下瑪祜覆勘。瑪祜言各州縣支河皆已疏通，吳江縣長橋乃太湖洩水要道，應令開濬。未幾，以京口將軍李顯貴等侵餉事覺，坐不先舉發，罣吏議，當左遷，命留任。十二年，黃、淮水漲，清水潭石隄決，高郵等十八州縣衞所被災，瑪祜奏請發帑賑濟。十五年，霪雨久不霽，以憂卒。遺疏極陳水災民困，無一語及私。詔褒惜，謚清恪。

施維翰，字及甫，江南華亭人。順治九年進士，授江西臨江推官，清漕弊，善折獄，姦頑斂迹。巡撫郎廷佐奏其治行，舉卓異，內擢兵部主事。改山東道御史，疏言：「察吏首重懲貪，尤宜先嚴大吏。各督撫按露章彈劾，宜及監司，勿僅以州縣塞責。」又言：「糾舉之法，密於文，疏於武。鎮帥擁重兵，有庸碌衰憊、緩急難恃者，有縱恣婪贓、肆虐軍民者，督撫按徇隱弗糾，事發同罪。」詔並議行。十七年，出按陝西。聖祖卽位，裁巡按，維翰乞假歸。

康熙三年，復授江南道御史，疏言：「直省錢糧，每委府佐協徵，所至舖設供給，不免擾民。甚或縱容胥役，橫肆誅求。請概行禁止，以專責成、杜擾害。」下部飭禁。巡鹽河東，徵課如額。八年，疏劾偏沅巡撫周召南徇庇貪吏。十一年，疏劾福建總督劉斗徇情題建故靖南王耿繼茂祠。召南、斗並坐譴。十二年，內陞，以四品服俸仍留御史任。疏言：「設登聞鼓，原以伸士民寃抑，故使科道共與其事。然每收訴狀，必待科道六十餘員集議，輒致稽延。請用滿、漢科道各一員司之，半年更易。」從之。

遷鴻臚寺少卿，累遷左副都御史。浙江巡撫陳秉直薦舉學道陳汝璞，爲左都御史魏象樞所劾，秉直應降調，以加級抵銷。維翰言：「秉直與汝璞見聞最近，乃徇情妄舉，非尋常詿誤可比。請敕部定議，凡保舉非人坐降調者，不許抵銷。」上然之，因著爲例。給事中李宗孔繼劾秉直，坐左遷。

十八年，授山東巡撫。會歲祲，民多流亡，維翰疏請賑恤，並截留漕米五萬石發濟南倉存貯，散給饑民。又疏言：「青、萊等府距臨淸倉遠，辦解甚艱。請永行改折，以息轉輸。」民大悅服。二十一年，代李之芳爲浙江總督。之芳按治軍士鼓譟，繫累二百餘人。維翰至，卽日定讞，多平反。二十二年冬，調福建，未上官，二十三年春，卒，謚淸惠。

論曰：李率泰鎭福建，禦鄭成功父子，趙廷臣督浙江，執張煌言，有功於戡定。郎廷佐釐逋賦，佟鳳彩均里甲、躅夫柳，爲民袪害。麻勒吉初奉使迫張玄錫至死，聖祖諭斥其縱恣，然於江南有惠政，阿席熙、瑪祜淸望尤過之。施維翰在臺敢言，出持疆節，措置得大體。皆康熙初賢大吏也。愷悌君子，屏藩王國，厥績懋矣！

清史稿卷二百七十四

列傳六十一

楊雍建　姚締虞　朱弘祚子綱　王騭　宋犖　陳詵

楊雍建，字自西，浙江海寧人。順治十二年進士，授廣東高要知縣。時方用兵，總督駐高要。師行徵民夫，吏慮其逃，縶之官廨。當除夕，雍建命徙廊廡，撤餚饌畀之。師中索榕樹枝製繩以燃礮，軍吏檄徵，語不遜，雍建笞之。總督王國光以是稱雍建方剛，特疏荐。蒞官甫一年，擢兵科給事中。

十六年春，世祖幸南苑，雍建疏言：「昨因聖體違和，傳諭孟春饗太廟，遣官致祭。至期皇躬康豫，仍親廟祀，此敬修祀典之盛心也。乃回宮未幾，復幸南苑，寒威未釋，陟歷郊原，恐不足以慎起居。且古者蒐苗獮狩，各有其時。設使獸起於前，馬逸於後，驚屬車之清塵，豈能無萬一之慮？」疏入，上甚怒，宣雍建入，諭以閱兵習武之意。雍建奏對不失常度，上意亦解。

時平南王尚可喜、靖南王耿繼茂並鎭廣東，雍建疏陳廣東害民之政八：委吏太濫，雜派太繁，里役無定例，用夫無定制，鹽埠日橫，私稅日盈，伐薪採木，大肆流毒，均宜亟爲革除。且兩藩並建，供億維繁。今川、貴底定，請移一藩鎭撫其地，俾粵民甦息。上尋命繼茂移鎭福建，雍建發之也。十七年，疏言：「朋黨之患，釀於草野。欲塞其源，宜嚴禁盟社，請飭學臣查禁。」從之。轉吏科給事中。聖祖卽位，輔臣秉政，奏事者入見，皆長跪，雍建獨立語。比退，輔臣目之曰：「此南苑上書諫獵者也。」自是奏事者見輔臣皆不跪。

康熙三年，彗星見。雍建奏言：「天心仁愛，垂象示警。乞齋心修省，廣求直言，詳詢利病，並飭內外臣工，滌慮洗心，共修職業。」上優旨褒答。四年，疏言：「治化未醇，由於臣職未盡。比者部臣以推諉爲卸責，明爲本部應議之事，或請咨別部，或請飭督撫，致一案之處分，因一人之口供未到而更待另議；一事之行止，因一時文卷小誤而重俟行查；至地方利弊所關，憚於釐正，輒云已經題定，無庸再議。如此，則一二胥吏執定例以駁之足矣，不知滿、漢堂司各官所司爲何事也。督撫以蒙蔽爲苟安，民苦於差徭，而額外之私徵，未聞建長策以除積困；吏橫於貪暴，而有司之掊克，不過摘薄罪以引輕條。向日行考滿之法，則題報者皆稱職，曾無三等以下之劣員；平時上彈劾之章，則特糾者僅末僚，不及道府以上之大吏。凡此推諉蒙蔽之習，請嚴飭內外臣工各圖報稱，儻仍蹈故轍，立予罷斥，以儆官常。」疏入，報聞。尋自刑科都給事中累擢左副都御史。

十八年，典會試，授貴州巡撫。疏請立營制，減徭役，招集流亡，禁革私派。土司謁巡撫，故事，必鳴鼓角，交戟於門，俾拜其下。雍建悉屏去，引至座前問疾苦，予以酒食，土司咸輸服。始，貴陽斗米值錢五千，雍建請轉餉以給。旣，令民翦荒茅，敎以耕種。比三年，稻田日闢，民食以裕。二十三年，召授兵部侍郎。尋以親老乞終養，許之。四十三年，卒，賜祭葬。子中訥，進士，官右中允。

姚締虞，字歷升，湖廣黃陂人。順治十五年進士，授四川成都府推官。四川殘民多聚爲盜，互告訐，釀大獄。締虞平恕讞鞫，輒得其情，審釋叛案株連獄囚十七人。總督苗澄、巡撫張德地薦廉能，舉卓異，會裁缺，改陝西安化知縣。行取，康熙十五年，授禮科給事中。疏請嚴選庶吉士，考覈翰林，報聞。十七年，典試江西，還，奏：「江西被賊殘破州縣在丁缺田荒案內者，請敕督撫酌量輕重，限三年或五年勸墾，以漸升科。全省逋賦二百二十萬，歷年追比，僅報完三萬。此二百十餘萬，雖敲骨吸髓，勢必不能復完。請早予蠲免，俾小民得免死亡。」

十八年，地震，求言。綍虞上疏曰：「科道乃朝廷耳目之官，原期知無不言，有聞則告。自故憲臣艾元徵請禁風聞條奏，自此言路氣靡，中外多所顧忌。臣請皇上省覽世祖朝諸臣奏議，如何謇諤；今者相率以條陳爲事，輭熟成風。蓋平時無以作其敢言之氣，一旦欲其慷慨直陳，難矣。乞敕廷臣會議，嗣後有矢志忠誠、指斥奸佞者，卽少差謬，亦賜矜全。如或快意恩讐，受人指使，章奏鈔傳，衆目難掩，縱令彈劾得實，亦難免於徇私之罪。如此，則言官有所顧忌，不敢妄言；中外諸臣有所顧忌，不敢妄爲。」疏下九卿科道會議。越日，召廷臣等集中左門，上問：「綍虞疏如何定議？」吏部尙書郝惟訥等暨給事中李宗孔等俱言風聞之例，不宜復開。上問：「綍虞，爾意如何？」綍虞對曰：「皇上明聖，從未譴罪言官。但有處分條例在，言官皆生畏懼。」上曰：「如汝言，條例便當廢耶？」綍虞對曰：「科條雖設，當辨公私誠僞。」上意稍解。諭言：「官宜敷陳國家大事，如有大奸大貪，糾劾得實，法在必行，決不姑貸。且魏象樞彈奏程汝璞，亦是風聞，已鞫問得實，原未嘗有風聞之禁也。」上宣綍虞前，指內閣所呈世祖時章奏示之曰：「汝以朕爲未閱此乎？」綍虞對曰：「惟久經聖覽，臣故不憚盡言。」上命以所言宣付史館。次日，復命綍虞入起居注，授筆札記之。尋轉工科掌印給事中。二十一年，疏上考察科道，黜孫緒極、傅廷俊、和鹽鼎三人，而嘉綍虞與王曰溫、李迥稱職。疏論外吏積習，視事偸惰，公務沉閣，文移遲緩；僚屬宴會，游客酬酢，廢時糜費。請敕部禁飭。累擢左僉都御史。

二十四年，授四川巡撫。緜虞先爲推官有聲，百姓喜其來。緜虞至，牓上諭於廳事，嚴約束，禁私徵雜派，杜絕餽遺，屬吏憚之。疏言：「四川迭經兵火，荒殘已極。官戶鄉紳，多流寓外省，雖令子弟復業，迨入學鄉舉登仕版後，仍棄本籍他往。百姓見其如此，亦裹足不歸。若招回鄉宦一家，可抵百姓數戶。紳宦既歸，百姓亦不招而自至。今察明各屬流寓外省紳衿，請敕部移行，飭令復業。」從之。蜀人困於採木，緜虞陛辭，首陳其害，會松威道王騭入覲，亦舉是以奏，詔特免之。復請免運白蠟，停解鐵稅，皆獲施行。二十七年，卒官，賜祭葬。

朱弘祚，字徽蔭，山東高唐人，昌祚弟。弘祚自舉人授江南盱眙知縣，有惠政，舉卓異。康熙十四年，行取御史，以昌祚子紱官大理寺卿迴避，改刑部主事。再遷兵部督捕郎中，出爲直隸天津道僉事，調直隸守道參議。

二十六年，超擢廣東巡撫。入見，奏對稱旨，賜帑金千，及內廐鞍馬。過庾嶺，察知夫役苦累，首禁革之。復牒兵部，凡使者過境，有驛站供億，不得更有所役。廣東軍興後，無藝之徵，浮於正供，悉罷免。劾墨吏尤者數人，餘悉奉法。鹽法爲藩下姦民所亂，據引地莫敢譙訶。弘祚疏陳整飭鹽政數事，如議行。高州屬縣吳川，瓊州屬縣臨高、澄邁，戶少田蕪，積逋十二萬兩有奇，疏請豁免。衞所屯田歲輸糧三斗，額重多逃亡。弘祚言：「民糧重，則每畝八升八合起科，今屯田浮三之二，非恤兵之道，當比例裁減。」事皆允行。逆亂方定，姦民告訐無已，疏請嚴妄首株連之例，略謂：「當定南分鎭，聞風投冒倚藉聲勢者，實繁有徒。迨經平定，藩下人應歸旗者，悉已簿錄解京；籍內無名者，釋放爲民。嗣有旨：『藩下官兵、奴僕及貿易人等，除實係遼東舊人及價買人外，逐一清查，發出爲民。』臣尋繹詔意，原以諸人皆朝廷赤子，不忍株累。且十餘年來，或補伍，或歸農，或死亡遷徙，無籍可稽。乃姦宄之徒，蔓引株連，或在部呈首，或向有司告訐；及事白省釋，而官民之被累已深。請敕部嚴議。」從之。

三十一年，擢福建浙江總督。値大計，弘祚疏言「福建地瘠民佻」，上責弘祚失言，謂：「賢才不擇地而生。四川巡撫張德地署延綏巡撫，言『延綏邊地，無可舉博學鴻詞者』；少詹事邵遠平奏『南方人輕浮不可用』。朕心甚不愜，因皆罷斥。今弘祚又以謬言陳奏，下部議降調。」三十九年，命修高家堰河工，病卒。

子絳，官至廣東布政使；綱，初授兵部主事，累官湖南布政使，雍正間，擢雲南巡撫，疏劾署巡撫楊名時徇隱廢弛，藩庫借支未清款項至十九萬有奇，名時坐是得罪。尋調撫福建，卒，謚勤恪。

王騭，字辰嶽，山東福山人。順治十二年進士，授戶部主事。康熙五年，典試廣東。歷刑部郎中。十九年，出爲四川松威道。時征雲南，騭督運軍糧，覆舟墜馬，屢經險阻，師賴以濟。二十四年，壘溪大定堡山後生番出掠，巡撫韓世琦檄兵追勦，令騭駐茂州，與總兵高鼎議勦撫。騭赴堡開諭，番族據巴豬寨，陽就撫，負嵎如故。騭招撫附近諸寨，遣兵自廟山進，圍寨，斬獲無算。追至黑水江，賊渠挖子被焚死，山後番衆悉降。調直隸口北道，未行。

時以太和殿工，命採蜀中楠木。騭入覲，疏言：「四川大半環山巉巖，惟成都稍平衍。巨材所生，必於深林窮壑，人跡罕到，斧斤難施，所以久存。民夫入山採木，足胝履穿，攀籐側立，施工旣難；而運路自山抵江，或百餘里，或七八十里，深澗急灘，溪流紆折，經時歷月，始至其地。木在溪間，必待暴水而出，故陸運必於春冬，水運必於夏秋，非可一徑而行，計日而至，其艱如此。且四川禍變相踵，荒煙百里。臣當年運糧行間，滿目瘡痍。自蕩平以後，休養生息，然計通省戶口，仍不過一萬八千餘丁，不及他省一縣之衆。就中抽撥五千入山採木，衣糧器具，盈千累百，遣發民夫，遠至千里，近亦數百里，耕作全廢，國賦何徵？請敕下撫臣，親詣採楠處察勘，量材取用，其必不能採運者，奏請上裁。」疏入，上諭曰：「四川屢經兵火，困苦已極，採木累民。塞外松木，取充殿材，足支數百年，何必柟木？令免採運。」未幾，吏部循例疏請司道內擢京堂，鷺未與，特命內陞。尋授光祿寺少卿，累遷太常寺卿。

二十六年，授江西巡撫。陛辭，上諭曰：「大吏以操守爲要，大法則小廉，百姓蒙福。」鷺對曰：「臣向在四川，不取民間粒米束草，日費取給於家。」上曰：「身爲大臣，日費必取給於家，勢有所不能。但操守廉潔，念念愛民，便爲良吏，且亦須安靜。貪汚屬吏，先當訓誡；不悛，則糾劾。」瀕行，賜帑金千。二十七年，擢閩浙總督。疏言：「江西自蕩平後，積年蠲免銀米二百萬有奇，民生漸裕。然徵收之弊，尙爲民累，錢糧明加火耗，暗加重戥，部院司道府皆有解費。臣入境之初，火耗已減，解費尙存，卽揭示剔除積弊，盡革官役上下大小雜費。南昌、新建二縣漕糧尙仍民兌，俱行革除，漕運積年陋規，搜剔無遺。但在民則省費，在官則失利。恐臣去後，空言無用，乞天語嚴禁，不致前弊復生。」下所司知之。

時湖廣叛卒夏逢龍據武昌，陷黃州。鷺次邵武，聞警，恐蔓及江西，奏撥福建兵協剿。自海禁旣弛，姦民雜入商販，出洋劫掠。鷺旣上官，卽檄溫州總兵蔣懋勛、黃巖總兵林本植、定海總兵董大本以舟師出洋搜捕。懋勛、本植得賊舟七，大本於白沙灣獲巨艦一，斬盜渠楊仕玉等十六輩，釋被擄難民百十一人。二十八年，上幸浙江，賜鷺御用冠服。諭曰：

「爾任總督，實心任事，浙、閩黎庶稱爾清廉，故特加優賚。」未幾，召拜戶部尚書，以老病累疏乞休，詔輒慰留。

三十三年，召大學士、九卿及河督于成龍入對，上責成龍排陷靳輔，並及鵬與左都御史董訥、內閣學士李應薦附和成龍，鵬等具疏引罪，訥、應薦並奪官，鵬原品休致。三十四年，卒於家，賜祭葬。

宋犖，字牧仲，河南商丘人，權子。順治四年，犖年十四，應詔以大臣子列侍衞。逾歲，試授通判。康熙三年，授湖廣黃州通判。以母憂去。十六年，授理藩院院判，遷刑部員外郎，榷贛關，還遷郎中。二十二年，授直隸通永道。二十六年，遷山東按察使。再遷江蘇布政使，察司庫虧三十六萬有奇，犖揭報督撫，責前布政使劉鼎、章欽文分償。戶部採銅鑄錢，定值斤六分五釐，犖以江蘇不產銅，採自他省，値昂過半，牒巡撫田雯，疏請停採。下部議，改視各關例，斤一錢。

二十七年，擢江西巡撫。湖廣叛卒夏逢龍爲亂，徵江西兵赴剿，次九江，挾餉缺幾譁變。犖行次彭澤，聞報，檄發湖口庫帑充行糧，兵乃進。至南昌受事，舊裁督標兵李美玉、袁大相糾三千餘人，謀劫倉庫，應逢龍以叛。犖詗知之，捕得美玉、大相，衆恂恂。犖令卽斬以徇，諭衆受煽惑者皆貸不問，衆乃定。

江西採竹木，饒州供紫竹，南康、九江供檀、柟諸木，通省派供貓竹，名雖官捐，實爲民累，犖疏請動支正帑採買。上命歲終巡撫視察布政司庫，犖疏請糧驛道庫，布政使察覈；府庫，道員察覈。漢軍文武官吏受代，家屬例當還旗，經過州縣，點驗取結。犖曰：「是以罪人待之也。」疏請自贓私斥革並侵挪帑項解部比追外，止給到京定限咨文，俾示區別。皆下部議行。

三十一年，調江蘇巡撫。蘇州濱海各縣遇颶，上元、六合諸縣發山水，淮、揚、徐屬縣河溢，疏請視被災輕重，蠲減如例。發江寧、鳳陽倉儲米麥散賑。別疏請除太湖傍坍地賦額，戶部以地逾千畝，令詳察。犖再疏上陳，上特允之。

犖在江蘇，三遇上南巡，嘉犖居官安靜，迭蒙賞賚，以犖年逾七十，書「福」、「壽」字以賜。四十四年，擢吏部尚書。四十七年，以老乞罷，瀕行，賜以詩。五十三年，詣京師祝聖壽，加太子少師，復賜以詩，還里。卒，年八十，賜祭葬。

陳詵，字叔大，浙江海寧人。康熙十一年舉人，授中書科中書舍人。二十八年，考授吏科給事中，乞養歸。三十六年，起補原官。轉刑科掌印給事中。疏言：「淮、黃自古不兩行。邇者修歸仁堤，開胡家溝，出睢湖之水；閉六壩，加築高家堰，出洪澤湖之水。此借淮敵黃不易之理。然淮水入運者多，則敵黃仍弱。舊設天妃閘，自淮、黃交會處至清江浦，凡爲五閘，重運到時，更迭啓閉，過卽下板鎖斷，是以全淮注黃。其引入運河者，不過暫資濟運。自改建草壩，淮、黃盡趨運河，清江浦民居可危。宜復天妃閘舊制，使淮易敵黃，有裨大工。」疏下河督張鵬翮議行。尋疏劾山東蒲臺知縣俞宏聲以赦前細故，拘繫監生王觀成，迫令自殺；巡撫王國昌僅以杖責解役結案，玩視民命。命侍郎吳涵偕詵往按，宏聲坐奪官，國昌等議處。授鴻臚寺卿，再遷左副都御史。

四十三年，授貴州巡撫。疏言：「貴州田地俱在層岡峻嶺間，土性寒涼，收成歉薄，人牛種蓺維艱。前撫臣王蓺因合屬田地荒蕪十之四五，減輕舊則，招徠開墾成熟，六年後起科。有續報者亦如之。」疏下部，如所請。四十七年，調湖北。疏劾布政使王毓賢虧帑，命解任。尋以盤驗已完，奏免其罪。五十年，擢工部尚書。五十二年，調禮部。五十八年，乞休，命致仕。六十一年，卒，賜祭葬，謚清恪。子世倌，自有傳。

論曰：當三藩亂時，雲、貴、閩、粵，其發難地也；蹂躪所及，湖南北、江西、四川，受害最甚。伊闢、王繼文撫雲南，從師而南，參與軍畫，其事已別見；瑋建於貴州，締虞於四川，弘祚於廣東，鷟於江西，犖承鷟，詵遙繼雍建，兵後撫綏甚勤。大亂方定，起衰救弊，出水火，登衽席，偉哉諸人之功歟！

清史稿卷二百七十五

列傳六十二

格爾古德 金世德 趙士麟 郭世隆 傅臘塔 馬如龍

格爾古德，字宜亭，鈕祜祿氏，滿洲鑲藍旗人。自筆帖式授內院副理事官。康熙三年，從定西將軍圖海平湖廣茅麓山李自成餘部。師還，遷弘文院侍讀，進翰林院侍讀學士，充日講起居注官。十三年，從安親王岳樂討吳三桂。三桂將林興珠降，上策請分水師，泊君山，斷常德道；泊香爐夾扁山，斷長沙、衡州道：則三桂將坐困。安親王令格爾古德馳奏，並以興珠語聞，上密諭駐岳州諸將議行。師還，擢詹事，遷內閣學士。

二十一年，授直隸巡撫。上諭之曰：「金世德、于成龍為巡撫有聲，爾承其後，得名甚難。若急於求名，或致僨事，爾其懍諸！直隸旗下莊頭與民雜處，倚恃聲勢，每為民害。爾其嚴察懲創，即皇莊亦毋寬宥。」八旗圈地屬於王公大臣者，輒置莊，設莊頭，主徵租，遂以病民，上深知之，故以諭格爾古德。格爾古德尋疏言：「自釁投旗之人，或作奸犯科，冀逃法網；或游手好閒，規避差徭。本主聽其仍居本籍，放債牟利，則諱旗而稱民；竄逃搆訟，遇官長訪聞，又舍民而稱旗。詐害良善，官不敢問。應責成本主，止留農戶在莊，餘俱收回服役。有徇縱者議處。」下所司飭禁，並諭戶部：「凡鬻身之人，先經犯罪，投旗冀倖免者，與知情之本主，並從重治罪。」時大學士明珠所屬佐領下人戶指圈民間塚地，民訴於戶部，事下巡撫，令宛平縣察勘。知縣王養濂言無礙民塚，格爾古德疏劾圈佔塚地屬實，養濂罣吏議。詔嗣後有如此者，嚴懲不貸。自康熙初，鼇拜柄政，總督朱昌祚等以圈地獲罪，由是無敢訟言其失者。至姦民竄入旗下，尋仇傾陷，狡桀莫能制。獨格爾古德承上指，執法嚴懲，時稱爲「鐵面」。

二十三年，上幸五臺山，格爾古德迎駕，詢地方賢吏，以靈壽知縣陸隴其對。尋疏薦井陘道李基和、盧龍知縣衞立鼎與隴其廉能，下部擢用。頃之，以疾乞休，優詔慰留。會詔廷臣公舉清廉官，首以格爾古德列奏。上念其羸疾，遣御醫診視。未幾，卒，賜卹加等，謚文清。

格爾古德清介，布衣蔬食，卻餽遺，纖毫不以自污。上嘗責漕運總督碩幹居官無狀，碩幹言：「臣爲衆所忌，故未能致聲譽。」上曰：「格爾古德爲巡撫，沒後人猶思慕稱頌。居官苟善，豈有不致聲譽者？」爲上所重如此。祀直隸名宦。

金世德，字孟求，漢軍正黃旗人，兵部侍郎維城子。淹貫經史，精國書。以廕生授內院博士，累擢左副都御史。康熙七年，授直隸巡撫。是時尚循明制，直隸不置兩司，世德請設守道理錢穀，巡道理刑名，如外省布政、按察二司。由是始有專司。畿北諸郡，旗、民雜處，易於容奸，請立屯長以治之。唐縣等三十七州縣，田一千六百餘頃，河流沙擁，民不能耕。歲輸銀二萬有奇、穀豆三百九十石，歷年責原戶納賦爲民害，世德爲奏請除額。地震通州等九州縣，復請賑卹，並蠲免錢糧。皆如所請行。師南征，供億繁急，世德單騎行營中，躬料芻糗，軍無橫索，吏無侵漁，市肆晏然。十九年，卒，謚清惠。

趙士麟，字麟伯，雲南河陽人。康熙三年進士，授貴州平遠推官。改直隸容城知縣，緝盜衞民，創正學書院，與諸生講學。行取，授吏部主事。歷郎中，擢光祿寺少卿，三遷至左副都御史。疏請臺灣改郡縣比內地，設總兵鎮守，省沿海之戍卒，詔報可。

二十三年，授浙江巡撫。杭州民貸於駐防旗兵，名爲「印子錢」，取息重，至鬻妻孥賣田舍；不償，則鬨於官。營兵馬化龍毆官，成大獄。士麟移會將軍製繳券約，捐資代償。將軍令減子歸母，母復減十之六。事遂解，民大稱頌。詔裁浙江總督，總督駐衢州，督標兵三千被汰，乏食譁掠，民罷市。士麟仍濟以餉，因奏設副將一，定額兵八百餘，留撥各營缺額。衆乃定。浙中豪右衙蠹，驕悍不法，爲民害。士麟廉得其狀，悉置之法，强暴斂跡。省城河道久淤，督役疏濬，半載訖工，民以爲便。復繕城隍，修學校，親蒞書院，與諸生講論經史及濂、洛、關、閩之學，士風大振。禁革規費，積弊一清。二十五年，移撫江蘇。浙人懷之，繪圖以志去思，幷於西湖敬一書院肖像祀之。尋召爲兵部督捕侍郎，調吏部，皆能舉其職。三十七年，卒。祀浙江名宦。

士麟潛心正學，以朱子爲歸。躬行實踐，施於政事，士懿民恬，所至皆有聲績。

郭世隆，字昌伯，漢軍鑲紅旗人。父洪臣，原籍汾州。順治二年，英親王阿濟格下九江，洪臣隨明將左夢庚來降，入旗，授佐領，分轄降衆。累官湖廣道州總兵。康熙四年，世隆襲管佐領，授禮部員外郎，改御史。二十七年，盛京福陵守兵訴其兄寃死，命世隆往按，得誣良刑偪自縊狀，原審侍郎阿禮瑚等坐失實奪官。頃之，超擢內閣學士。聖祖謁孝陵，經通州，山西禮縣民訴知縣萬世緯及知府紀元婪索狀，命世隆會督撫按治。世緯坐貪婪、科派、杖斃無罪人，元坐受賕薦世緯卓異，皆論死。

二十九年，代于成龍爲直隸巡撫。先是，罷任安溪知縣孫鏞告福建巡撫張仲舉、布政使張永茂侵蝕庫帑，遣郎中吳爾泰會總督勘訊，至卽拘訊知府六人，連引州縣官數十人。上聞疑之，命世隆往按，發仲舉與前布政使張汧竄改賦册、侵隱已徵額銀揑作民欠，又汧遷湖廣巡撫虧福建庫帑三十餘萬，仲舉前任湖南布政亦虧帑，相約互抵；嗣仲舉聞汧以贓敗，而福建庫尙未完，飭屬代爲彌縫，左證悉合。仲舉、永茂俱論罪如律。

世隆之任，帝諭曰：「于成龍居官甚善，繼之不易，爾當勤愼任事。」順天、保定、眞定、永平諸府旱，世隆奉命履勘，疏言：「被災者七十四州縣，請蠲本年及來年額賦。霸、文安等十四州縣災尤重，請治賑。」迭疏籌積貯，並以奉天歲豐，請飭山海關暫聽民間轉糴，仍限肩挑馱負，不得以大車裝載，皆如所請。又疏言：「眞定地當衝要，所屬贊皇縣，西有大峪曰子午套，素爲盜藪，請移紫荆關副將駐眞定；調馬、步兵二千分防霸州。」子牙河決，淹沒田畝，請修築大城等縣隄岸，並濬王家口、黑龍港諸支流堙塞者，皆報可。

三十四年，擢閩浙總督。歲歉，率閉糴居奇。世隆疏請蠲賦，幷發帑二十萬，乞糴江、浙，海運平糶，詔俞之。先是浙省奏請鼓鑄，官吏射利，請減其分數。由是私鑄者衆，每錢不及七八分，壅滯不行。三十八年，上南巡，世隆迎駕，至杭州，民擁輿赴訴。乃停官鑪，發帑收毀私錢，錢得流布。上聞，爲褒美。鄞縣沿海田，被水衝決一千七十餘畝，請永免額賦。

四十一年，調兩廣總督。廣東海疆二千餘里，守汛遼闊，盜賊出沒無常。世隆疏定營制，增設兵船巡哨，迭擊敗海盜，沉其舟四十五。疏報擒海陽巨盜蔡玉也等五人。上遣刑部侍郎常綬往勘，因議世隆平時禁賊不嚴，盜發，朦朧掩飾，坐奪官。

四十六年，起湖廣總督。疏陳防守紅苗，請沿邊安設塘汛，禁內地民與苗往來，並勿與爲婚姻。未幾，召爲刑部尚書。五十年，以山西流匪陳四等潛入湖廣，世隆前任總督坐失察，奪官。五十二年，萬壽，復原品。居三年，卒。直隸、福建、浙江、兩廣、湖廣皆祀名宦。

傅臘塔，伊爾根覺羅氏，滿洲鑲黃旗人。自筆帖式授內閣中書，遷侍讀。康熙十九年，授山東道御史，有聲臺中。二十五年，出爲陝西布政使。二十六年，擢左副都御史，遷工部侍郎。二十七年，偕侍郎多奇往雲南按提督萬正色與總兵王珍互訐事。讞實，正色、珍俱論罪有差。調吏部，授兩江總督。陛辭，上諭曰：「爾當潔己奉公，督兩江無如于成龍者，爾效之可矣！」傅臘塔至官，淸弊政，斥貪墨，讞獄尤明愼。贛縣民訴知縣劉瀚芳私徵銀米十餘萬，並蠹役不法。傅臘塔因劾布政使多弘安、按察使吳延貴、贛南道鍾有德於吏役婪贓不速勘，復從輕擬，曲爲庇護，弘安、延貴、有德並坐罷。

二十八年，上南巡，閱運河，命傅臘塔會河道總督王新命勘儀眞河閘。疏言：「閘外爲北新洲，北新洲外又有漲沙平鋪江中。應疏北新洲支河，直通四閘。糧艘循漲沙尾入新河口，可以通行。」別疏言：「江寧䖍稅累民，內輸房稅，外輸廊鈔，更外輸棚租，請予蠲免。」皆如所請。二十九年，淮、徐饑，發常平倉穀賑恤，災民賴焉。蘆洲丈量，例委佐貳，民苦需索。傅臘塔定五年一行，悉以印官理其事。歷年逋賦，量爲帶徵，由是積困頓甦。是年，監臨江南鄉試，疏稱士子應試者萬有餘人，請廣科舉額，下部議，增廣額四十名。疏劾大學士徐元文、原任尚書徐乾學縱子弟招權罔利，巡撫洪之傑徇私袒庇。詔毋深究，予元文休致。沭陽民周廷鑑叩閽訟降調侍郎胡簡敬居鄉不法，並及之傑瞻徇狀，命傅臘塔按治，得實，簡敬及其子弟並治罪，之傑奪官。

三十二年，廣東巡撫江有良與巡鹽太常少卿沙拜互訐。傅臘塔往按，有良、沙拜並坐受賕，奪官。三十三年，疏言：「淮、揚所屬多版荒，巡撫宋犖曾請緩徵，格於部議。臣履畝詳勘，鹽城、高郵等州縣因遇水災，業戶逃亡者衆。今田有涸出之名，人無耕種之實，小民積困。熟田額糧尚多懸欠，何能代償盈萬之荒賦？請恩賜蠲除，庶逃戶懷歸，安居樂業。」疏入，下部議，不許，上特命免徵。旋卒於官。上聞，諭廷臣曰：「傅臘塔和而不流，不畏權勢，愛惜軍民。兩江總督居官善者，于成龍而後，惟傅臘塔。」遣太僕寺卿楊舒赴江寧致祭，贈太子太保，謚清端，予騎都尉世職。士民懷之，爲建祠江寧。四十四年，上南巡，經雨花臺，賜祠額曰「兩江遺愛」。雍正中，入祀賢良祠。

馬如龍，字見五，陝西綏德州人。康熙十一年舉人。十四年，陝西提督王輔臣據寧羌叛，其黨朱龍寇綏德，陷之。如龍糾鄉勇倚山立寨，寇至，屢擊卻之。輔臣誘以僞劄，斬其使。會平逆將軍畢力克圖兵至，如龍渡河迎，呈僞劄，並陳賊虛實，因率所部爲前鋒，克綏德。畢力克圖以聞，卽便宜令攝州事。總督哈占亦疏言如龍倡義拒賊狀，請優敍。

十六年，授直隸灤州知州。州民猾而多盜，如龍鋤暴安良，豪右斂跡。州有民殺人而埋其尸，四十年矣；如龍宿逆旅，得白骨，問之，曰：「此屋十易主矣。」繫最初一人至，鉤其情得實，置諸法。昌平有殺人獄不得其主名，使如龍按之。閱狀，則民父子殺於僧寺，並及僧五，而民居旁二姓皆與民有違，問之，謝不知。使跡之，二人相與語曰：「孰謂馬公察，易欺耳。」執訊之，乃服。自是民頌如龍能折獄。十九年，以察出民間隱地，敍勞，入爲戶部員外郎，歷刑部郎中，榷浙江北新關稅務。

二十四年，遷杭州知府。杭州民貸於旗營，息重不能償，質及子女。如龍請於將軍，覈子母，以公使錢代償。杭州民咸頌如龍。二十八年，上南巡，聞其治行，超擢按察使。平反庶獄，多所全活。海賊楊士玉竄跡島嶼，勾土賊胡茂等剽掠商船，如龍設策擒之，盡殲其首從，巡撫張鵬翮以聞。二十九年，遷布政使，屬吏有歲餽，悉禁絕之。是年，紹興大水，庫儲絀，無可救濟。如龍檄十一郡合輸米二萬餘石，按戶賑給，告屬吏曰：「是逾於歲餽多矣。」

三十一年，授江西巡撫。整飭常平倉，春以羨米出貸，秋收還倉。飭州縣廣積儲，備凶荒。仿白鹿洞遺法，建書院以教士。嚴溺女之禁。疏請罷追轉漕腳耗。三十八年，入覲，賜御書「老成清望」榜。時淮、揚薦饑，如龍以江西連歲豐稔，率僚屬捐米十萬賑之。以老病累疏乞休，詔輒慰留。四十年，卒，賜祭葬。

論曰：守成世爲大臣者，以仁心行仁政，培養元氣，其先務也。兵革初息，瘡痍未復，格爾古德等任封疆之重，拊循安輯，與民休息，政績卓卓在耳目。廷褒老成，野留遺愛，有以哉！

清史稿卷二百七十六

列傳六十三

石琳 兄子文晟　徐潮 子杞　貝和諾 子馬喇　陶岱
博霽 覺羅華顯　蔣陳錫 子漣　洞　劉蔭樞
音泰　鄂海　衞既齊

石琳，漢軍正白旗人，石廷柱第四子。初授佐領，兼禮部郎中。康熙元年，出爲山東按察使。二年，以憂去官。尋起江南按察使，以在山東追入官房地遲延，坐降調。六年，授浙江鹽運使。十二年，轉湖廣下荆南道。十三年，襄陽總兵楊來喜、副將洪福以南漳叛應吳三桂，據房縣、保康、竹山。琳偕總兵劉成龍率師討之，撫定各峒寨。十五年，遷河南按察使。禁旅南征，牧馬開封，當麥秋，琳與統兵諸將帥約，令兵毋譁騷，坐帳中四十餘日。及去，民得穫麥。

二十年，遷浙江布政使。時耿精忠初平，衢州被兵尤甚，戶口逃亡，丁賦皆責之里甲。琳覈實，請免之。師行供億浩繁，民多逋負，琳悉爲釐定，裁革陋規，禁加耗尤嚴。嘗曰：「革一分火耗，可增一分正供。」二十三年，擢湖北巡撫。工部以修建太和殿，檄各省採柟、杉諸木。琳言柟產萬山中，挽運甚艱，請寬其程限。部議不許，特詔允之。

二十五年，調雲南。疏言：「詳覈賦役全書，應更改者八事。雲南自明初置鎮設衞，以田養軍曰屯田。又有給指揮等官爲俸，聽其招佃者曰官田。其租入較民賦十數倍，猶佃民之納租於田主。國初吳三桂留鎮，以租額爲賦額，相沿至今，積逋愈多，官民交困。宜改依民賦上則起科。雲南鹽井有九，以各井行鹽之多寡爲每歲徵課之重輕。琅井鹽斤徵課六釐，白井八釐，至黑井則倍。明末加徵，較明初原額不啻數倍。今請減黑、白二井之課如琅井例。開化民田畝科糧二斗六升三合，較未設府以前加至十倍。通省民糧，惟河陽最重，今當減半，與河陽一例。元江由土改流，三桂於額糧外別立名色：曰田地講銀，曰茶商稅銀，曰普洱無耗秋米，曰浪嫣等六寨地租。加賦倍徵，民不堪命，應請各減其半。通海六寨地糧較民賦重幾三倍，當改依新定民賦科則。碍嘉每糧一石，徵條編銀四兩有奇，亦爲偏重。今旣歸南安州附徵，應與州賦一律，每糧一石，徵銀一兩四分。麗江界連土番，古稱荒服。三桂叛後，割金沙江以內喇普地與蒙番，地去而糧存，當刪除。建水自明時設參將，歲派村寨陋規銀三百有奇、糧八十餘石，三桂遂編入正額，當裁革。新平之銀場，易門之銅廠，礦斷山空，宜盡豁課稅。」疏入，下所司議，刊入全書頒行。

二十八年，擢兩廣總督。瓊州總兵吳啓爵奏瓊屬黎地，請設州縣，築城垣，增兵防守。命琳勘奏，力陳其非要，上從之。四十一年，連州猺作亂，遣都統嵩祝等會剿，平之。琳規畫善後，定官吏管轄，撥兵移防，悉協機宜。未幾，卒官。

兄子文晟，初授薊州同知，歷雲南開化、山西平陽知府。康熙三十三年，上嘉其居官有聲，超擢貴州布政使。是歲，卽遷雲南巡撫。爲政務舉大綱。雲南屯賦科重民田數倍，琳官巡撫時，奏減而未議行；文晟復疏請，特允減舊額十之六。安南國王黎維正疏告國內牛羊、蝴蝶、普園三地爲鄰界土司侵佔，乞敕諭歸還。會文晟入覲，上問文晟，奏言：「此地明時卽內屬，非安南地。妄言擅奏，不宜允。」乃降詔切責之。四十三年，調廣東。四十四年，擢湖廣總督。坐劾容美土司田舜年僭妄淫虐非實，部議當降調，上命留任。文晟以疾乞退，上諭大學士曰：「文晟粗鄙，若爲土司事而罷，似未得體。今旣引疾，可允其請。」罷歸。五十九年，卒。

徐潮，字青來，浙江錢塘人。康熙十二年進士，選庶吉士，授檢討，累擢少詹事。潮學問淹通，在翰林，應奉文字，多出其手。聖祖嘗御門召講易、論語，敷陳明晰，爲之傾聽。三遷至工部侍郎，督理錢局，淸介不苟隨俗。局官冒濫事發，潮獨無所連染。三十三年，典會試。以母憂歸，服闋，起刑部侍郎。

三十九年，授河南巡撫，上諭之曰：「河南火耗最重，州縣多虧欠，爾當籌畫禁止。」潮上官，令火耗無過一分，州縣私派，悉皆禁革。南陽承解黑鉛，衞輝辦兌漕米，向皆假手胥吏，恣爲侵漁。潮悉心區畫，宿弊悉除。開封五府饑，疏請漕糧暫徵改折，以平市直。歸德屬永城、虞城、夏邑三縣被災地畝至一萬七千餘頃，出糶常平、義、社倉穀，借給貧民牛種，全活甚衆。四十一年，上巡幸畿甸，問巡撫李光地鄰省督撫賢否，光地舉潮對。上褒美，以潮與光地、張鵬翮、彭鵬、郭琇並稱。四十二年，上南巡，潮迎駕泰安，賜冠服及御書榜額。其冬，西巡，復迎駕，賞賚有加。上念汾、渭皆入河，議於河南儲穀，遇山、陝歲歉，自水道移粟，便於陸運。命潮會陝西、山西督撫勘議。潮與川陝總督博霽會勘三門砥柱。語見博霽傳。又別疏言：「汴水通淮，一自中牟東經祥符至宿遷，湮塞已久；一自中牟東南經尉氏至太和，今名賈魯河，尙可通流。請量加疏濬。鄭州北別有支河，舊跡尙存，若於此建閘，使汴與洛通，尤爲民便。」上從之。

四十三年，擢戶部尙書，充經筵講官，兼翰林院掌院學士，敎習庶吉士。四十四年，扈從南巡，命赴河南按事。時上以高郵、寶應諸州縣頻年被水患，由洪澤湖無所宣洩，宜於高堰二壩築堤束水入河，又於下河築堤束水入海。會潮按事還，上詢河壖形勢，因指授方略，命往董其役。四十五年，監修高家堰滾水壩、高郵車邏中壩，並濬文華寺減河。四十六年，監修武家壩、天然壩、蔣家壩及諸隄閘，先後畢工。四十七年，調吏部。四十九年，以病乞休，許以原官致仕。五十四年，卒，賜祭葬。

潮居官平易，不事矯飾，所至民咸稱頌。乾隆初，追謚文敬。子本，自有傳。

杞，字集功。康熙五十一年進士，官編修。由甘肅布政使巡撫陝西，入爲宗人府府丞。予休致，卒。

貝和諾，富察氏，滿洲正黃旗人，濟席哈孫。自工部筆帖式授戶部主事，歷郎中，兼佐領，累遷大理寺卿。康熙三十五年，命往山東經理閘河。漕運總督桑額奏漕船盡過濟寧，較往歲早一月。上以遣官經理，於漕運便，命以爲常。遷左副都御史，擢戶部侍郎。三十七年，朝鮮歲祲，國王李焞乞開市義州中江貿穀。詔發三萬石與爲市，令貝和諾及侍郎陶岱監視。事已，焞上表謝「八道生靈，賴以全活」。是年，授陝西巡撫。疏報：「陝西開事例，積貯米麥，應存一百七十七萬石有奇，今實存僅十七萬。」上命尙書傅臘塔、張鵬翮往按。

尋疏言長安、永壽、華陰等羅補三十八萬有奇，餘皆欠自捐生，請令補完。

三十九年，調四川。疏言：「打箭鑪、木鴉等處番、民一萬九千餘戶歸順，請增設安撫使五、副使五、土百戶四十五，以專管轄。邊民運茶赴鑪貿易，給官引五千六百道，定額徵課。川省行鹽，潼川、中江山路崎嶇，難於陸運，額運壅滯。惟冰江小溪可通水運，請增給水引，商民交便。」貝和諾治事精詳，尚書張鵬翮按事還，於上前亟稱之。四十二年，召授兵部侍郎。

四十四年，擢雲貴總督，捕治富民盜李天極、王枝葉等。天極廣通諸生，與臨安朱六非造爲符讖，師宗州枝葉，人素無行，天極等誘之，詭託明桂王孫，糾黨謀不軌。僭稱文興三年，散播印劄，圖劫掠廣南、開化，自蒙自竄入會城。貝和諾標兵詗得狀，誅六人，流其餘黨。四十九年，召拜禮部尚書。以太原流匪陳四等六十餘人詭稱赴雲南墾地，貝和諾得布政使牒報不察究，坐降調，授盛京工部侍郎。五十七年，復召爲禮部尚書，以老乞休，詔慰留。六十年，卒官。

子馬喇，襲管佐領，兼護軍參領，累擢正紅旗滿洲副都統。雍正五年，西藏阿爾布巴等與貝子康濟鼐不睦，命馬喇往駐西藏。既，阿爾布巴戕害康濟鼐，後藏頗羅鼐率兵報讐，執阿爾布巴等。遣尚書查郎阿等讞其罪，磔之。詔頗羅鼐總管前後藏事，移達賴喇嘛於裏塘。七年，命馬喇駐裏塘守護，賜帑金二千，總藏事。擢護軍統領。還京，遷工部尚書，坐免。十一年，復以副都統銜往西藏辦事。卒官。

陶岱，瓜爾佳氏，滿洲正藍旗人。由主事歷戶部郎中，累擢吏部侍郎。朝鮮告饑，乞開市貿穀，命陶岱與貝和諾運米給糶，御製海運朝鮮記紀其事。康熙三十八年，署兩江總督。尋授倉場侍郎，以漕運遲誤，降五秩，隨旗行走。尋卒。

博霽，巴雅拉氏，滿洲鑲白旗人。自護衞授鑾儀使，擢鑲白旗都統。康熙二十四年，授江寧將軍，調西安。三十五年，撫遠大將軍費揚古率師西剿噶爾丹，命博霽率滿洲兵自寧夏會師，大敗噶爾丹於昭莫多。敍功，授世職拖沙喇哈番。聖祖嘗諭大學士等曰：「博霽自江寧赴西安，軍民攀留泣送，直至浦口。非有善政，何能如此？誠可謂將軍矣！」四十二年，上幸西安閱兵，諭曰：「西安官兵皆嫺禮節，重和睦，尚廉恥，且人才壯健，騎射精練。朕巡幸江南、浙江、盛京、烏喇等處閱兵，未有能及之者，深可嘉尚！」賚博霽御用櫜鞬、弓矢。

四十三年，授四川陝西總督。上以山、陝屢歲祲，欲於河南儲粟備賑，泝黃河挽運，慮三門砥柱水急，舟不得上，命博霽偕山、陝、河南巡撫會勘。尋合疏言：「三門灘多水激，挽運險阻，仍以陸運爲便。」從之。四十七年，卒，賜祭葬。

覺羅華顯，滿洲正紅旗人。初授宗人府主事，遷戶部理事官。康熙三十七年，授翰林院侍講學士，累遷內閣學士。三十九年，授甘肅巡撫，未上官，調陝西。四十年，擢川陝總督。甘肅流民數千人就賑西安，華顯與巡撫鄂海出俸爲有司倡，集資計口授糧，並撥荒地爲業。上幸西安閱兵，與博霽、鄂海同受賜。陝民困重斂，華顯飭有司禁私徵，屏絕餽遺，軍民稱頌。四十二年，卒官，加太子太保，贈兵部尙書，諡文襄。祀陝西名宦。

蔣陳錫，字雨亭，江南常熟人。父伊，康熙十二年進士，選庶吉士，授御史。疏陳民間疾苦，繪十二圖以進。累官河南提學道副使，卒官。

陳錫，康熙二十四年進士，授陝西富平知縣。歲饑，米斛直數千，發倉賑濟，不給，斥家資佐之，全活甚衆。行取，擢禮部主事。監督海運倉，革糧艘篷席例銀。遷員外郞。河道總督張鵬翮薦佐兩淮河務。四十一年，授直隸天津道，遷河南按察使，讞決平恕。豫省有老瓜賊爲害行旅，陳錫廉得其巢穴，悉擒治之。

四十七年，遷山東布政使。未幾，擢任巡撫。疏請緩徵二十三州、縣、衞被災逋賦，廣鄉試解額，增給買補營馬直，免累及所司。條陳海防三事，言戰船當更番修葺，水手當召募熟諳水道之人，沿海村莊當舉行團練，互相接應；並以御史陳汝咸條議海疆弭盜，疏請漁舟編甲，閩、粵鳥船不許攜礮械，得盜舟火藥軍器，必究所從來。部議悉從之。長蘆巡鹽御史希祿請增東省鹽引，臨清關請增設濟寧等五州縣口岸，陳錫皆言其不便，並得請。

五十五年，擢雲貴總督。祿勸州土酋常應運誘沿江土夷攻卓干寨，陳錫檄師會剿，平之，撥兵弁駐守其地。石羊緒礦廠硐老山空，課額不足，疏請嗣後硐衰即止，勿制定額。鎮遠至省三十二驛，山路崎嶇，驛夫苦累，下令非有符合，毋濫應夫馬。都統武格、將軍噶爾弼率師入西藏，以雲南糧運艱難，欲自四川運糧濟給。四川總督年羹堯奏言滇、蜀俱進兵，蜀糧不足兼供。乃命陳錫與巡撫甘國璧速運。五十九年，詔責其籌濟不力誤軍機，與國璧並奪職，令自備資斧運米入藏。明年，卒於途。雍正元年，山東巡撫黃炳言陳錫在巡撫任，侵蝕捐穀羨餘銀二百餘萬，部議督追。弟廷錫入陳始末，詔減償其半。子漣、洞。

漣，字檀人。進士，官編修，終太僕寺卿。

洞，字愷思。進士，歷工部郎中，出爲雲南提學道。西陲用兵，命從軍，授甘肅涼莊道。西徼多卜藏、瑪嘉諸部與謝勒蘇、額勒布兩部逃人倚石門寺爲巢，往來刦掠。洞料簡精銳，會涼州鎮官兵，分五路進剿，轉戰棋子山，殲賊之半。時羅卜藏丹津進逼西寧，復檄兵捍禦，羅卜藏丹津遁走。大將軍年羹堯上其功，遷山西按察使，進布政使。上嘉洞實心供職，免其父追償。雍正十年，加侍郎銜，往肅州經理軍營屯田。在事二年，闢鎭番柳林湖田十三萬畝，得糧三萬石。築河堤，擴二大渠，分濬支渠，並建倉儲糧，公私饒裕。副都御史二格協理軍需，劾洞侵帑誤公，逮治論死，下獄追贓。總督查郎阿等交章雪其誣，洞已病卒。

劉蔭樞，字喬南，陝西韓城人。康熙十五年進士，授河南蘭陽知縣，有政聲。行取，擢吏科給事中，以憂歸，服闋，除刑科給事中。疏言：「廉吏必節儉。邇來居官競尚侈靡，不特車馬、衣服、飲食、器用，僭制踰等；抑且交結、奔走、餽送、夤緣，棄如泥沙，用如流水。俸不給則貸於人，玷官箴，傷國體。請敕申斥，以厲廉戒貪。」又疏言：「京師放債，六七當十；半年不償，即行轉票，以子爲母。數年之間，累萬盈千。是朝廷職官，竟爲債主廝養。乞敕嚴立科條，照實貸銀數三分起息。」並下部議行。尋調戶科。三十六年，詔求直言，蔭樞疏請肅紀綱，覈名實，開言路，報可。

三十七年，外轉江西贛南道。贛俗健訟，蔭樞晝夜平決，懲妄訴者，訟漸稀。將吏私徵門稅，蔭樞令革之。米市有牙課，牙人藉以婪索。蔭樞以其錢置田，徵租代課，除民累。署按察使，忤總督阿山，以讞獄前後獄辭互異，劾罷。四十二年，聖祖西巡，蔭樞迎駕潼關，上識之，召對稱旨，復授雲南按察使。四十五年，遷廣東布政使。總督貝和諾稱其清廉勤慎，士民愛戴，雲南布政使缺員，請以蔭樞調補，上從之。蔭樞督濬昆明湖，築六河岸牐。會夏旱，發粟平糶，禱於五華山，得雨，民大悅。

四十七年，擢貴州巡撫。貴州苗、仲雜處，號難治。蔭樞至，絕餽遺，省徭役，務以安靜爲治。疏請廣鄉試解額，設南籠廳學，以振人文。先後請改石阡、丹川、西堡、寧谷、平州、大華諸土司，設流官。開驛道，自雲南坡至蕉溪二千餘里。又疏言貴州錢糧課稅僅十餘萬，鄰省歲協餉二十餘萬，稍愆期，軍士懸額待餉。請豫撥二十萬儲布政使庫。部議持不可，疏三上，詔特允之。其後紅苗叛，餉賴以無絀。烏蒙、威寧兩土司相讐殺，四川巡撫年羹堯遣吏勘問，土酋匿不出，疏聞，命四川、雲、貴督撫按治。蔭樞先至，遣使招諭，威寧土酋聽命，烏蒙土酋亦自縛出就質，咸願伏罪釋仇，苗以無事。

五十四年，準噶爾策妄阿喇布坦侵哈密，詔備兵進討。蔭樞累疏請緩師，略云：「小醜不足煩大兵。願皇上息怒，重內治，輕遠略。」上責其妄奏，命馳驛赴軍前周閱詳議。蔭樞抵巴里坤，上疏數千言，請屯兵哈密，以逸待勞。旋稱病還甘肅，疏乞休，嚴旨譙讓，仍令回巡撫任。蔭樞疏報病愈，上斥蔭樞：「令詣軍前卽稱病，令回任病頓愈，情僞顯然。」命解任詣京師。部議阻撓軍務，坐絞，上宥之，遣赴喀爾喀種地。年已八十二，居戍三年，釋還，復故官。六十一年，與千叟宴。世宗御極，召見，賜金歸里。尋卒，年八十七。

音泰，瓜爾佳氏，滿洲鑲紅旗人。初爲西安駐防兵。康熙十三年，副都統佛尼勒討吳三桂將譚弘、吳之茂、王屛藩等，音泰隸麾下。師自漢中進克陽平朝天關，駐守梅嶺關，賊夜劫營，音泰力禦，中槍折齒，得上賞。明年，佛尼埒攻王輔臣秦州，臨壕列圍，賊突騎出犯，音泰射殪三人，賊駭遁。復進攻西和，屢敗之茂等於鹽關岐山堡。十七年，進攻四川，克保寧、敘州。敍功，授驍騎校，遷防禦。

三十五年，署參領，從西安將軍博霽會大將軍費揚古征噶爾丹，出西路。五月，上親征，出中路，至克魯倫河。値積雨，運糧滯，賊預焚草地，我軍紆道秣馬。音泰言於博霽曰：「聖駕親征，宜倍道前進。」乃急趨昭莫多，大軍繼進，噶爾丹敗遁。敍功，予雲騎尉世職。四十一年，遷佐領。四十二年，上巡西安，令官兵校射，音泰蒙賚與賜宴，尋授協領。

四十三年，擢西安副都統。四十四年，授西寧總兵官。上知其貧，詔陝西督撫助練兵犒賚之資。四十六年諭：「音泰久居西陲，諳習兵事，外藩蒙古及內地軍民交口稱譽。」命擢甘肅提督。四十八年，授川陝總督。入覲，賞花翎及冠服、鞍馬，並御書「攬轡澄清」榜賜之。

四十九年，幹偉番蠻羅都等掠寧番衞，戕冕山營遊擊周玉麟，命四川巡撫年羹堯偕提督岳昇龍往剿。羹堯至，昇龍已擒羅都等三人械送勘問。旣定讞，遂先還。昇龍偕建昌總兵郝弘勳至會鹽招降，番蠻諸酋願率衆十萬貢納糧馬。音泰請以降酋爲土司，分領其衆。因劾羹堯違旨先還，詔奪羹堯職，留任効力。未幾，昇龍以疾解任，羹堯知其曾假帑金，議率屬捐俸代償，音泰不從。羹堯遂入告，上允行，並諭音泰宜與巡撫和衷。尋褒其潔清不瞻徇，實心任事。會奉詔申禁游民越境，令嚴劾縱容官吏。邠州諸屬拘繫者四十餘案，每案至數十人。音泰疏言諸人皆藉技營生，無不法狀，應遞解原籍編管；如縱出境，議處所司，上韙之。

以病疏乞休，上曰：「朕前幸西安，知音泰義勇，洊擢至總督。寬嚴並用，軍民無不感戴。朕甚愛惜之，可令在任調攝。」五十二年，復請，許解任還京師，給第宅田畝，以旌其廉。並諭羣臣曰：「朕初用音泰，人不知其善，後乃稱朕有知人之明也。」五十三年，卒，賜祭葬，謚清端。初授雲騎尉世職，特命世襲罔替。

鄂海，溫都氏，滿洲鑲白旗人。自筆帖式授內閣中書，歷宗人府郎中，兼佐領。康熙三十二年，聖祖親征噶爾丹，命鄂海赴寧夏儲備牲畜。陝西按察使員缺，上以命鄂海，且諭之曰：「初任外僚，每言潔其身以圖報。及蒞任，輒背其言。朕於數十從臣中簡爾爲按察使，爾當益勵素行也。」三十七年，遷布政使。四十年，擢巡撫。

四十九年，授湖廣總督。鎮筸邊外紅苗爲亂，令總兵張谷貞等召苗目宣諭，毛都塘等五十二寨、盤塘等八十三寨，先後薙髮歸化，上嘉之。五十二年，移督川、陝。疏報甘肅洮、岷邊外大山生番請歸化，上以洮、岷邊外無生番，或爲蒙古屬部，命詳察。鄂海奏大山在洮州東南土司楊汝松界外，非蒙古屬部，宜令汝松兼轄；復疏報四川會川營界外涼山番目阿木哨請歸化，歲貢馬，請給番目職銜，令轄所屬番、民：並從之。甘肅靖遠、固原、會寧歲歉饑，民乏食，疏給口糧資本，撫輯流移。

五十七年，大將軍貝子允禵等率師討策妄阿喇布坦，駐兵西寧、甘州、莊浪諸處。鄂海請發西安庫帑四十萬，並撥平涼、鞏昌、寧夏倉穀十萬，充餉；以陝西葭州、甘肅寧夏等二十八處轉輸軍需，請豁丁糧，紓民力。五十八年，復請豁甘肅逋欠錢糧草束，俾民得盡力輸納本年糧草以佐軍，戶部格不行，特旨允之。六十年，詔解任專治糧餉，以四川巡撫年羹堯代之。未幾，命往吐魯番種地効力。雍正元年，予原品休致，効力如故。尋卒。

衞既齊，字伯嚴，山西猗氏人。父紹芳，字猶箴，順治三年進士，授河南尉氏知縣。兵後修復城郭、學校，勤勸課，廣積儲，禁暴戢姦，尉氏民頌焉。行取兵部主事，累遷貴州提學道僉事、浙江巡海道副使。

既齊，康熙三年進士，改庶吉士，散館授檢討。講學志當世之務，上疏言時事，語戇直。會遭祖母喪，假歸。居久之，詣京師補官。上命以對品調外，授直隸霸州州判。既齊召民之秀良者曹試而敎誨之，俾各有所成就。民貸於旗丁，子錢過倍，橫索無已。既齊力禁戢之，無敢逞。迭署固安、永清、平谷知縣，所至輒有惠政。巡撫于成龍疏荐，會既齊以母憂去，繼復遭父喪。一日，上御門，舉既齊諮於九卿，僉曰賢，命復授檢討。二十七年，服闋，詣京師補官。上知既齊講學負清望，超擢山東布政使。既齊感激，益自奮勉爲清廉，令府縣輸歀封還平餘。門懸鉦，吏民白事得自通。建歷山書院，仿經義、治事之例，設奎、壁二齋課士。護巡撫印者再。清庶獄，結八十餘案，株累數百人盡釋去。在官三年，有聲績。三十年，授順天府尹，疏請按行所部，黜陟屬吏賢不肖。上以爲無益，不許。尋擢副都御史，聞山、陜蝗見，平陽以南尤甚，疏請賑卹，上責其懸揣。

旋授貴州巡撫。紹芳爲提學，士民祠焉。既齊至貴州，謁父祠受事。黎平知府張瀲、副將侯奇嵩報古州高洞苗金濤匿罪人殺吏，請發兵進剿，既齊疏聞，卽遣兵捕治；瀲、奇嵩復報兵至斬苗一千一百一十八人，既齊復以聞。旋察知瀲、奇嵩妄報，疏實陳，請奪瀲、奇嵩官勘治。上責既齊輕率虛妄，遣尙書庫勒納、內閣學士溫保往按。旋命逮既齊至京師，上令九卿詰責。既齊引罪請死，九卿議當斬，上命貸之，遣戍黑龍江。明年，赦還。家居，立社課士，斥家資供膏火。三十八年，上命承修永定河工。三十九年，又命督培高家堰，卒工次。

論曰：康熙中葉後，天下乂安，封疆大吏多尙廉能，奉職循理。若石琳改賦役，徐潮革火耗，博霽、華顯、音泰整飭武備，安不忘危，皆能舉其職者。劉蔭樞志在休民，未知應兵之不容已，蔣陳錫、鄂海又以督餉稽遲蒙譴，衞既齊遭際殊異，而不獲以功名終，其治行皆有可稱，膏澤及於民，無深淺遠近，要爲不沬矣。

清史稿卷二百七十七

列傳六十四

于成龍 孫準　彭鵬　陳瑸　陳鵬年　施世綸

于成龍，字北溟，山西永寧人。明崇禎間副榜貢生。順治十八年，謁選，授廣西羅城知縣，年四十五矣。羅城居萬山中，盛瘴癘，猺、僮獷悍，初隸版籍。方兵後，遍地榛莽，縣中居民僅六家，無城郭廨舍。成龍到官，召吏民拊循之，申明保甲。盜發即時捕治，請於上官，讞實即處決，民安其居。鄰猺歲來殺掠，成龍集鄉兵將搗其巢，猺懼，誓不敢犯羅山境。民益得盡力耕耘。居羅山七年，與民相愛如家人父子。牒上官請寬徭役，疏鹺引，建學宮，創設養濟院，凡所當興罷者，次第舉行，縣大治。總督盧興祖等薦卓異。

康熙六年，遷四川合州知州。四川大亂後，州中遺民裁百餘，正賦僅十五兩，而供役繁重。成龍請革宿弊，招民墾田，貸以牛種，期月戶增至千。遷湖廣黃岡同知，駐岐亭。岐亭故多盜，白晝行劫，莫敢誰何。成龍撫其渠彭百齡，貰罪，令捕盜自贖。嘗察知盜所在，僞爲丐者，入其巢，與雜處十餘日，盡得其平時行劫狀。乃出呼役械諸盜，具獄辭，駢縛坑之，他盜皆遠竄。嘗微行村堡，周訪閭里情僞，遇盜及他疑獄，輒蹤跡得之，民驚服。巡撫張朝珍舉卓異。

十三年，署武昌知府。吳三桂犯湖南，師方攻岳州，檄成龍造浮橋濟師，甫成，山水發，橋圮，坐奪官。三桂散僞劄遍湖北州縣，麻城、大冶、黃岡、黃安諸盜，皆倚山結寨應三桂。妖人黃金龍匿興寧山中，謀內亂。劉君孚者，嘗爲成龍役，善捕盜，亦得三桂劄，與金龍等結大盜周鐵爪，據曹家河以叛。朝珍以成龍舊治得民心，檄往招撫。成龍詗知君孚雖反，衆未合，猶豫持兩端。兼程趨賊砦，距十里許止宿，榜示自首者免罪，來者日千計，皆貸之。先遣鄉約諭君孚，降者待以不死。乃策黑驘往，從者二，張蓋鳴鉦，逕入賊舍。呼君孚出見，叩頭受撫，降其衆數千，分立區保，籍其勇力者，督令進討。金龍走紙棚河，與其渠鄒君申往保山砦，成龍擒斬之。朝珍以聞，請復官，即擢黃州知府，上允之。

諸盜何士榮反永寧鄉，陳鼎業反陽邏，劉啓業反石陂，周鐵爪、鮑世庸反泉畈，各有衆數千，號東山賊，遙與湖口、寧州諸盜合，將趨黃州。時諸鎭兵皆從師徇湖南，州中吏民裁數百，議退保麻城。成龍曰：「黃州，七郡門戶，我師屯荆、岳，轉運取道於此。棄此不守，荆、岳且瓦解。」誓死不去。遂集鄉勇得二千人，遣黃岡知縣李經政攻陽邏，得鼎業誅之。士榮率賊數犯，自牧馬崖分兩路來犯。成龍遣千總羅登雲以千人當東路，而自當西路。令千總吳之蘭攻左，武舉張尙聖攻右，成龍力衝其中堅。戰合，之蘭中槍死，師少却；成龍策馬冒矢石巡前，顧千總李茂昇曰：「我死，汝歸報巡撫！」茂昇戰甚力，尙聖自右出賊後，賊大敗，生致士榮，檻送朝珍，遂進克泉畈。凡二十四日，東山賊悉平。十五年，歲饉，訛言復起。成龍修治赤壁亭榭，日與僚吏歗詠其中，民心大定。會丁繼母憂，總督蔡毓榮奏請奪情視事。十六年，增設江防道，駐黃州，卽以命成龍。

十七年，遷福建按察使。時鄭成功迭犯泉、漳諸郡，民以通海獲罪，株連數千人，獄成，當駢戮。成龍白康親王傑書，言所連引多平民，宜省釋。王素重成龍，悉從其請。遇疑獄，輒令訊鞫。判決明允，獄無淹滯。軍中多掠良民子女沒爲奴婢，成龍集貲贖歸之。巡撫吳興祚疏薦廉能第一，遷布政使。師駐福建，月徵莝夫數萬，累民，成龍白王罷之。

十九年，擢直隸巡撫，蒞任，戒州縣私加火耗餽遺上官。令既行，道府劾州縣，州縣卽訐道府不得餽遺挾嫌，疏請嚴定處分，下部議行。宣化所屬東西二城與懷安、蔚州二衞舊有水衝沙壓地千八百頃，前政金世德請除糧，未行，爲民累；成龍復疏請，從之。又以其地夏秋屢被災，請治賑。別疏劾靑縣知縣趙履謙貪墨，論如律。二十年，入覲，召對，上襃爲

「清官第一」，因問剿撫黃州土賊狀，成龍對：「臣惟宣布上威德，未有他能。」問：「屬吏中亦有清廉否？」成龍以知縣謝錫袞、同知何如玉、羅京對。復諭劾趙履謙甚當，成龍奏：「履謙過而不改，臣不得已劾之。」上曰：「爲政當知大體，小聽小察不足尚。人貴始終一節，爾其勉旃！」旋賜帑金千、親乘良馬一，製詩褒寵，並命戶部遣官助成龍賑濟宣化等處饑民。成龍復疏請緩眞定府屬五縣房租，並全蠲霸州本年錢糧，均報可。是年冬，乞假喪母，優詔許之。

未幾，遷江南江西總督。成龍先後疏薦直隸守道董秉忠、阜城知縣王燮、南路通判陳天棟。瀕行，復薦通州知州于成龍等。會江寧知府缺，命卽以通州知州于成龍擢補。成龍至江南，進屬吏誥誡之。革加派，剔積弊，治事嘗至達旦。好微行，察知民間疾苦、屬吏賢不肖。自奉簡陋，日惟以粗糲蔬食自給。江南俗侈麗，相率易布衣。士大夫家爲減輿從、毀丹堊，婚嫁不用音樂，豪猾率家遠避。居數月，政化大行。勢家懼其不利，搆蜚語。明珠秉政，尤與忤。二十二年，副都御史馬世濟督造漕船還京，劾成龍年衰，爲中軍副將田萬侯所欺蔽。命成龍回奏，成龍引咎乞嚴譴，詔留任，萬侯降調。二十三年，江蘇巡撫余國柱入爲左都御史，安徽巡撫涂國相遷湖廣總督，命成龍兼攝兩巡撫事。未幾，卒於官。

成龍歷官未嘗攜家屬，卒時，將軍、都統及僚吏入視，惟笥中綈袍一襲、牀頭鹽豉數器而已。民罷市聚哭，家繪像祀之。賜祭葬，謚清端。內閣學士錫住勘海疆還，上詢成龍在官狀，錫住奏甚清廉，但因輕信，或爲屬員欺罔。上曰：「于成龍督江南，或言其變更素行，及卒後，始知其始終廉潔，爲百姓所稱。殆因素性鯁直，不肯挾仇讒害，造爲此言耳。居官如成龍，能有幾耶？」是年冬，上南巡至江寧，諭知府于成龍曰：「爾務效前總督于成龍正直潔清，乃爲不負。」又諭大學士等曰：「朕博采輿評，咸稱于成龍實天下廉吏第一。」加贈太子太保，廕一子入監，復製詩褒之。雍正中，祀賢良祠。

孫準，字子繩。自廕生授山東臨清知州，有清操。舉卓異，入爲刑部員外郎，遷戶部郎中。出爲江南驛鹽道，再遷浙江按察使，居成龍喪歸，起四川布政使。康熙四十三年，授貴州巡撫。飭州縣立義學，令土司子弟及苗民俊秀者悉入肄業，送督學考試。調江蘇，歲饑，請發帑賑濟上元等十五縣及太倉、鎮海二衞。濱江海田畝被潮汐衝擊，多坍沒，疏請豁免錢糧，詔允行。以布政使宜思恭爲總督噶禮所劾，準坐失察，罷歸。雍正三年，復職銜。尋卒。

彭鵬，字奮斯，福建莆田人。幼慧，有與其父仇，欲殺鵬，走匿得免。順治十七年，舉鄉試。耿精忠叛，迫就僞職，鵬陽狂示疾，椎齒出血，堅拒不從。事平，謁選，康熙二十三年，授三河知縣。三河當衝要，旗、民雜居，號難治。鵬拊循懲勸，不畏强禦。有妄稱御前放鷹者，至縣索餼牽，鵬察其詐，縶而鞭之。治獄，擿發如神。鄰縣有疑獄，檄鵬往鞫，輒白其寃。二十七年，聖祖巡畿甸，召問鵬居官及拒精忠僞命狀，賜帑金三百，諭曰：「知爾清正不受民錢，以此養爾廉，勝民間數萬多矣！」尋順天府尹許三禮劾鵬匿報控案，命巡撫于成龍察之。成龍奏：「鵬訊無左驗，方緝凶，非不報也。」吏議奪官，詔鐫級留任。嗣以緝盜不獲，累被議，積至降十三級，俱從寬留任。

二十九年，詔舉廉能吏，用尚書李天馥薦，鵬與邵嗣堯、陸隴其、趙蒼璧並行取，擢爲科道。尋乞假歸，明年，卽家起工科給事中。三十二年，陝西西安、鳳翔，山西平陽災，發帑賑之。又命運河南米十萬石畀陝西散饑民。鵬疏論陝西、山西、河南三省有司不恤民狀，語甚切，下所司，並令鵬指實以聞。鵬因奏涇陽知縣劉桂剋扣籽粒，猗氏知縣李澍杖殺災民，磁州知州陳成郊濫派運價，夏邑知縣尚崇震派銀包運，南陽知府朱璘曖昧分肥，並及聞喜、夏縣匿災不報狀。詔三省巡撫察審，事不皆實，鵬例當譴，上貰之。

三十三年，疏劾順天鄉試中式舉人李仙湄闈墨删改過多，楊文鐸文謬妄，給事中馬士芳磨勘通賄。下九卿等察議，以鵬奏涉虛，因摘疏語有「臣言如妄，請劈臣頭，半懸國門，半懸順天府學」，以爲狂妄不敬，應奪官。命鵬回奏，鵬疏言：「會議諸臣，徇試官徐倬、彭殿元欺飾，反以臣爲妄，乞賜罪斥。」上不問，而予倬、殿元休致。

是年，順天學政侍郎李光地遭母喪，上命在任守制，光地乞假九月。鵬劾光地貪戀祿位，不請終制，應將光地解任，留京守制，上從之。會廷臣集議，鵬追論楊文鐸文謬妄，與廷臣忿爭，事聞，命解職，以原品効力江南河工。三十六年，召授刑科給事中。三十七年，出爲貴州按察使。

三十八年，擢廣西巡撫。湖廣總督郭琇請除學政積弊，給事中慕琛、滿晉，御史鄭惟孜等亦疏列順天鄉試事。上以李光地、張鵬翮、郭琇與鵬俱清廉，命各抒所見。鵬疏言：「琇請嚴督撫處分，學政貪贓，提問督撫，需索陋規，視貪贓治罪，久有定例，請勑榜示律條。維孜請令各省監生回籍鄉試，九卿慮成均空虛，應責成祭酒司業，就坐監讀書者講習考課，各省學政擇諸生有文行者送入成均，何慮空虛？琛、晉請察封坐號以防換卷，臣謂換卷多在入門暗約出號交卷時，請嚴稽於此。」又言：「文官子弟請皇上親試，臣謂當另立考場，去取聽睿裁。」與光地等疏皆下九卿詳議。互詳光地等傳。時河南巡撫徐潮之任，上諭曰：「爾能如李光地、張鵬翮、郭琇、彭鵬，不但爲今之名臣，亦足重於後世矣。」鵬在官省刑布德，減稅輕徭。廣西舊供魚膠、鐵葉，非其土物，赴廣東採運，鵬疏請免之。

尋移撫廣東，瀕行，疏言：「廣西州縣借端私派，名曰均平。臣到任，劾罷賀縣、荔浦、懷集、武緣諸貪吏。前此諸州縣大者派至三千兩，其次一二千兩。不肖官吏，往往先徵均平而後正課，甚者均平入己，遇事復行苛派。其不派均平者，又取盈於火耗。且均平所入，費於公者十之二三，費於饋遺者十之六七。欲去舊弊、甦民困，必先養州縣之廉。請於徵糧之內，明加火耗一分。其餘陋規，概行禁止。」疏入，下部議，謂火耗不可行，但嚴禁加派。廣西舊未設武科，鵬奏請行之。時與蕭永藻互調，上勉永藻效鵬，又諭大學士曰：「彭鵬人才壯健，前知三河，聞有賊，即佩刀乘馬馳捕，朕所知也。」御史王度昭劾鵬在廣西知布政使教化新虧帑，不即糾舉；迨離任始奏聞，又掩護其半。廣西糧道張天覺改徵兵米浮銷九十餘萬，部勒追完，而鵬反以天覺署布政使。兵米之案，必由藩司審詳，是直以天覺察天覺也。命鵬回奏，鵬疏辨，並訐度昭。上以其辭忿激，降旨嚴飭。

廣東因借兵餉，改額賦徵銀爲徵米，較估報時值浮多，戶部屢飭追完。鵬至官，是年歲稔米價低，以米計銀少七萬三千有奇，疏請令經管各官扣追存庫，並議嗣後額賦仍依原則徵銀，採購兵米；其按年應追完之銀，實因豐歉不同，米價無定，乞免重追：詔允行。鵬視事勤敏，遇墨吏糾劾無少徇。歲旱，步禱日中，詣獄慮囚，開倉平糶，旋得雨，民大稱頌。四十三年，卒官，年六十八，上深悼惜，稱其勤勞，賜祭葬。尋祀廣東名宦。

陳瓚，字眉川，廣東海康人。康熙三十三年進士，授福建古田知縣。古田多山，丁田淆錯，賦役輕重不均，民逋逃遷徙，黠者去爲盜。瓚請平賦役，民以蘇息。調臺灣，臺灣初隸版圖，民驍悍不馴。瓚興學廣教，在縣五年，民知禮讓。四十二年，行取，授刑部主事，歷郎中，出爲四川提學道僉事。淸介公愼，杜絕苞苴。上以四川官吏加派厲民，詔戒飭，特稱瓚廉。未幾，用福建巡撫張伯行薦，調臺灣廈門道。新學宮建朱子祠於學右，以正學厲俗，鎭以廉靜，番、民帖然。在官應得公使錢，悉屛不取。

五十三年，超擢偏沅巡撫。蒞任，劾湘潭知縣王爰溱縱役累民，長沙知府薛琳聲徇庇不糾劾，降黜有差。尋條奏禁加耗，除酷刑，糶積穀，置社倉，崇節儉，禁餽送，先起運，興書院，飭武備，停開採，凡十事。詔嘉勉，諭以躬行實踐，勿騖虛名。旋入覲，奏言：「官吏妄取一錢，卽與百千萬金無異。人所以貪取，皆爲用不足。臣初任知縣，卽不至窮苦，不取一錢，亦自足用。」比退，上目之曰：「此苦行老僧也！」

尋調撫福建，上諭廷臣曰：「朕見瓚，察其舉止言論，實爲淸官。瓚生長海濱，非世家大族，無門生故舊，而天下皆稱其淸。非有實行，豈能如此？國家得此等人，實爲祥瑞。宜加優異，以厲淸操。」陛辭，上問：「福建有加耗否？」瓚奏：「臺灣三縣無之。」上曰：「火耗盡禁，州縣無以辦公，恐別生弊端。」又曰：「淸官誠善，惟以淸而不刻爲尙。」瓚爲治，舉大綱，不尙煩苛。修建考亭書院及建陽、尤溪朱子祠，疏請御書榜額，並允之。復疏言：「防海賊與山賊異，山賊嘯聚有所，而海賊則出沒靡常。臺灣、金、廈防海賊，又與沿海邊境不同，沿海邊境患在突犯內境，而臺、廈患在剽掠海中。欲防臺、廈海賊，當令提標及臺、澎水師定期會哨，以交旗為驗。商船出海，令臺、廈兩汛撥哨船護送。又令商船連環具結，遇賊首尾相救，不救以通同行劫論罪。」下部議，以為繁瑣，上韙其言，命九卿再議，允行。

是年冬，兼攝閩浙總督。奉命巡海，自齎行糧，屏絕供億。捐穀應交巡撫公費，奏請充餉。上曰：「督撫有以公費請充餉者，朕皆未之允。蓋恐准令充餉，即同正項錢糧，不肖者又於此外婪取，重為民累。」令瓚遇本省需款撥用。瓚又請以司庫餘平賞賚兵役，命遵前旨。廣東雷州東洋塘堤岸，海潮沖激，侵損民田，瓚奏請修築，即移所貯公項及俸錢助工費。隄岸自是永固，鄉人蒙其利。五十七年，以病乞休，詔慰留之。未幾，卒於官。遺疏以所貯公項餘銀一萬三千有奇充西師之費。命以一萬佐餉，餘給其子為葬具。尋諭大學士曰：「陳瓚居官甚優，操守極清，朕所罕見，恐古人中亦不多得也。」追授禮部尚書，蔭一子入監讀書，謚清端。

瓚服御儉素，自奉惟草具粗糲。居止皆於廳事，昧爽治事，夜分始休。在福建置學田，增書院學舍，聘主講，人文日盛。雍正中，入祀賢良祠。乾隆初，賜其孫子良舉人；子恭員外郎，官至知府。

陳鵬年，字滄洲，湖廣湘潭人。康熙三十年進士。授浙江西安知縣，當兵後，户口流亡，豪强率佔田自殖。鵬年履畝按驗，復業者數千戶。烈婦徐寃死十年，鵬年雪其枉，得罪人置諸法。禁溺女，民感之，女欲棄復育者，皆以陳爲姓。河道總督張鵬翮薦調赴江南河工，授江南山陽知縣，遷海州知州。四十二年，聖祖南巡閱河，以山東饑，詔截漕四萬石，令鵬翮選賢幹吏運兗州分賑，以鵬年董其事，全活數萬人。上回鑾，召見濟寧舟次，賦詩稱旨，賜御書。

尋擢江寧知府。四十四年，上復南巡，總督阿山召屬吏議增地丁耗羨爲巡幸供億，鵬年力持不可，事得寢。阿山嗛之，令主辦龍潭行宮，侍從徵餽遺，悉勿應，忌者中以蜚語。會致仕大學士張英入對，上問江南廉吏，舉鵬年；復詢居官狀，英言：「吏畏威而不怨，民懷德而不玩，士式敎而不欺，廉其末也。」上意乃釋。幸京口閱水師，先一日，阿山檄鵬年於江干疊石爲步，江流急，施工困難，胥徒惶遽。鵬年率士民親運土石，詰旦工成。顧阿山憾不已，疏劾鵬年受鹽、典各商年規，侵蝕龍江關稅銀，又無故枷責關役，坐奪職，繫江寧獄。命桑額、張鵬翮與阿山會鞫，江寧民呼號罷市，諸生千餘建旛將叩閽。鵬年嘗就南市樓故址建鄉約講堂，月朔宣講聖諭，並爲之牓曰「天語丁寧」。南市樓者故狹邪地也，因坐以大不敬，論大辟。上與大學士李光地論阿山居官，光地言阿山任事廉幹，獨劾陳鵬年犯清議，上頷之。讞上，鵬年坐奪官免死，徵入武英殿修書。

四十七年，復出爲蘇州知府。禁革奢俗，清滯獄，聽斷稱神。值歲饑，疫甚，周歷村墟，詢民疾苦，請賑貸，全活甚衆。四十八年，署布政使。巡撫張伯行雅重鵬年，事無鉅細，倚以裁決。總督噶禮與伯行忤，並忌鵬年。已，劾布政使宜思恭、糧道賈樸，因坐鵬年覈報不實，吏議奪官，遣戍黑龍江，上寬之，命仍來京修書。噶禮復密奏鵬年虎丘詩，以爲怨望，欲文致其罪，上不報。俄，噶禮與伯行互訐，屢遣大臣按治，議奪伯行職。上以伯行清廉，命九卿改議，並諭曰：「噶禮曾奏陳鵬年詩語悖謬，朕閱其詩，初無干礙。朕豈受若輩欺耶？」因出其詩畀閣臣共閱。五十六年，出署霸昌道，仍回京修書。

六十年，命隨尚書張鵬翮勘山東、河南運河。時河決武陟縣馬營口，自長垣直注張秋，命河督趙世顯塞之。議久不決，鵬年疏言：「黃河老隄衝決八九里，大溜直趨滋口，宜於對岸上流廣武山下別開引河，更於決口稍東亦開引河，引溜仍歸正河，方可堵築。」奏入稱旨。世顯罷，即命鵬年署河道總督。六十一年，馬營口既塞復決，鵬年謂：「地勢低窪，雖有引河，流不能暢。惟有分疏上下，殺其悍怒。請於沁、黃交匯對岸王家溝開引河，使水東南行，入滎澤正河，然後隄工可成。」詔如議行。先是，馬營決口因桃汛流激，難以程工；副都御史牛鈕奉命閱河，奏於上流秦家廠堵築，工甫竟，而南壩尾旋決一百二十餘丈，入馬營東下。鵬年與巡撫楊宗義謀合之。既，北壩尾復潰百餘丈，鵬年乃建此議。世宗卽位，命眞除。時南北壩尾合而復潰者四，至是以次合龍，而馬營口尙未塞。鵬年止宿河堧，寢食俱廢，寖羸憊。雍正元年，疾篤，遣御醫診視。尋卒，上聞，諭曰：「鵬年積勞成疾，沒於公所。聞其家有八旬老母，室如懸罄。此眞鞠躬盡瘁、死而後已之臣。」褒錫甚至。賜帑金二千，錫其母封誥，視一品例廕子，謚恪勤。祀河南、江寧名宦。

子樹芝、樹萱，聖祖時，以諸生召見，令隨鵬年校書內廷。樹芝官至平越知府，樹萱官至戶部侍郞。

施世綸，字文賢，漢軍鑲黃旗人，琅仲子。康熙二十四年，以廕生授江南泰州知州。世綸廉惠勤民，州大治。二十七年，淮安被水，上遣使督隄工，從者數十輩，驛騷擾民，世綸白其不法者治之。湖北兵變，官兵赴援出州境，世綸具芻糧，而使吏人執梃列而待，兵有擾民，立捕治，兵皆斂手去。二十八年，以承修京口沙船遲誤，部議降調。總督傅臘塔疏陳世綸淸廉公直，上允留任。擢揚州知府。揚州民好游蕩，世綸力禁之，俗爲變。三十年八月，海潮驟漲，泰州范公隄圮，世綸請捐修。三十二年，移江寧知府。三十五年，琅卒，總督范成勳疏以世綸輿情愛戴，請在任守制；御史胡德邁疏論，世綸乃得去官，復居母喪。歲餘，授蘇州知府，仍請終制，辭不赴。三十八年，既終制，授江南淮徐道。

四十年，湖南按察使員缺，九卿舉世綸，大學士伊桑阿入奏，聖祖諭曰：「朕深知世綸廉，但遇事偏執，民與諸生訟，彼必祖民；諸生與搢紳訟，彼必祖諸生。處事惟求得中，豈可偏執？如世綸者，委以錢穀之事，則相宜耳。」是歲授湖南布政使。湖南田賦丁銀有徭費，漕米有京費。世綸至，盡革徭費，減京費四之一，民立石頌之。四十三年，移安徽布政使。

四十四年，遷太僕寺卿。四十五年，坐湖南任內失察營兵掠當鋪，罷職。三月，授順天府府尹，疏請禁司坊擅理詞訟、奸徒包攬捐納、牙行霸占貨物、流娼歌舞飲宴，飭部議，定爲令。四十八年，授左副都御史，兼管府尹事。四十九年，遷戶部侍郎，督理錢法。尋調總督倉場。五十四年，授雲南巡撫，未行，調漕運總督。世綸察運漕積弊，革羨金，劾貪弁，除蠹役，以嚴明爲治。歲督漕船，應限全完，無稍愆誤。

時西陲用兵，轉輸餽運，自河南達陝西。陝西旱饑，五十九年，上命世綸詣陝西佐總督鄂海督軍餉，並令道中勘河南府至西安黃河輓運路徑，並察陝西現存穀石數目陳奏。世綸乃泝河西上，疏言：「河南府孟津縣至陝西太陽渡，大小數十餘灘，縴道高低不等，或在河南，或在河北。澠池以下，舟下水可載糧三百餘石，上水載及其半；澠池以上，河流高迅，僅可數十石。自砥柱至神門無縴道，惟路旁石往往有方眼，又有石鼻，從前輓運，其蹟猶存。自陝州至西安府，河水平穩，俱有輓運路徑。謹繪圖以聞。」又言：「河南府至陝州三門，今乃無舟。請自太陽渡以下改車運，太陽渡至西安府黨家馬頭舟行爲便。黨家馬頭入倉復改車運，穀二十萬石都銀十萬三千兩有奇。但運穀二十萬，止得米十萬。請令河南以二穀易一米，則運價可省其半。若慮米難久貯，請照例出陳易新。」奏入，上念陝西災，發帑金五十萬，並令酌發常平倉穀；又以地方官吏大半在軍前，令選部院司官詣陝西，命世綸總其事。世綸令分十二路察貧民，按口分給，遠近皆遍。六十年春，得雨，災漸澹。上命世綸還理漕事。六十一年四月，以病乞休，溫旨慰留，令其子廷祥馳驛省視。五月，卒。遺疏請隨父瑯葬福建，上允之，詔獎其淸愼勤勞，予祭葬。

世綸當官聽强果決，摧抑豪猾，禁戢胥吏。所至有惠政，民號曰「青天」。在江寧以憂歸，民乞留者逾萬。旣不得請，人出一錢建兩亭府署前，號一文亭。官府尹，步軍統領託合齊方貴幸，出必擁騶從。世綸與相值，拱立道旁俟。託合齊下輿驚問，世綸抗聲曰：「國制，諸王始具騶從。吾以爲諸王至，拱立以俟，不意爲汝也！」將疏劾，託合齊謝之乃已。賑陝西，陝西積儲多虛耗，將疏劾。鄂海以廷祥知會寧，語微及之，世綸曰：「吾自入官，身且不顧，何有於子？」卒疏言之。鄂海坐罷去。

論曰：于成龍秉剛正之性，苦節自厲，始終不渝，所至民懷其德。彭鵬拒僞命，立身不苟，在官亦以正直稱。陳瑸起自海濱，一介不取，行能踐言。陳鵬年、施世綸廉明愛人，不畏强禦。之五人者，皆自牧令起，以清節聞於時。成龍、世綸名尤盛，閭巷誦其績，久而弗渝。康熙間吏治清明，廉吏接踵起，聖祖所以保全諸臣，其效大矣。

清史稿卷二百七十八

列傳六十五

慕天顏　阿山　噶禮

慕天顏，字拱極，甘肅靜寧人。順治十二年進士，授浙江錢塘知縣。遷廣西南寧同知，再遷福建興化知府。康熙九年，擢湖廣上荆南道。總督劉兆麒疏言天顏習邊海諸事，請調福建興泉道。尋擢江蘇布政使。十二年，喪母。總督麻勒吉、巡撫瑪祜疏言：「天顏廉明勤敏，清積年逋賦，釐剔挪移，事未竟，請令在官守制。」十三年，入覲，疏言：「江南田地錢糧有隱占、詭寄諸弊，臣飭州縣通計田額，均分里甲；又因科則不等，立徵收截票之法，每戶實徵錢糧分十限，於開徵日給限票，依限完納截票。逾限未截，按數追比，吏不能欺民。」下部，著爲令。

十五年，擢江寧巡撫。疏進錢糧交代册，上嘉其清晰，命布政使交代當以此爲式。尋以節減驛站錢糧，加兵部侍郎。師征吳三桂，大將軍貝勒尚善請造船濟師，下天顏督造送岳州。敍勞，加太子少保、兵部尚書，仍兼右副都御史。時諸道兵應徵發，舳艫蔽江，夫役牽挽，動以千萬計。天顏疏言：「縴夫募諸民間，夫給銀一錢。民爭逃匿，計里均派，先期拘集，饑寒踣頓。及兵旣到，計船給夫，兵與船戶橫索財物，鞭撻死傷。臣擬軍赴前敵，仍給縴夫；其凱旋還京，並各省調遣歸標官兵，每船應夫若干，以其直給船戶，令雇水手。」上從之，命下直省，著爲令。

江南水道交錯，天顏爲布政使時，請於巡撫瑪祜，濬吳淞江、劉河淤道。十九年，江南困霪雨，疏言：「附近吳淞江、劉河諸州縣水道通暢，旋溢旋消。宜興、常熟、武進、江陰、金壇諸縣水無出路，或要口湮塞，致積雨成壑。常熟白茆港爲長洲、崑山、無錫諸水出海要道，武進孟瀆河爲丹陽、宜興、金壇諸水歸江要道，請動帑疏濬。」上從之。於是濬白茆港四十三里達海，濬孟瀆河四十八里達江，皆建閘以時啓閉，費帑九萬有奇。又嘗疏請減浮糧，除版荒、坍沒公占田地，部議坍沒許豁除，版荒令覆勘。二十年，疏請募民墾版荒，六年後起科。

揚州知府高德貴虧帑數萬，旣劾罷，旋卒；天顏疏銷草豆價，戶部覈減七千有奇，天顏檄追德貴家屬。京口防禦高騰龍，德貴族也，與參領馬崇駿以天顏奏銷浮冒訐於將軍楊鳳翔，鳳翔格不行。總督阿席熙劾崇駿、騰龍婪取，上遣郎中圖爾宸、鍾有德會天顏勘治。崇駿、騰龍叩閽訟天顏奏銷浮冒，惡其訐告構罪狀，唆總督劾奏。上命圖爾宸、鍾有德具獄，崇駿、騰龍婪取罪至死，天顏以草豆價戶部覈減諉罪德貴，當左遷。得旨，如議。

天顏將去官，疏列成勞，且言：「夙夜冰兢精白，不意遭誣訐，蒙鑒宥不加嚴譴。」上以天顏未聞有廉名，乃自言「冰兢精白」，非是，命嚴飭。二十三年，起湖北巡撫，復諭之曰：「爾前爲巡撫，未能潔己率屬。今宜痛改前非，廉謹自持，以副任使。」旋移貴州。

二十六年，授漕運總督，疏言：「京口至瓜洲，漕船往來，風濤最險。請倣民間渡生船，官設十船，導引護防。」部議非例，不允。上曰：「朕南巡見京口、瓜洲往來人衆，備船過渡，有益於民。其如所請行。」天顏疏陳江南、江西累年未完漕項銀米請恩貰，上命盡免康熙十七年以前積逋。江南揚州、淮安所屬運河東瀕海諸州縣地卑下，謂之下河，頻歲被水。上先用湯斌議，遣侍郎孫在豐疏濬下河。河道總督靳輔議起翟家壩迄高家堰築重隄，束隄堰溢出之水北出清口，謂疏濬無益。天顏仍主疏濬，並修築高家堰，與不協。上遣尚書佛倫、熊一瀟，給事中達奇納、趙吉士會勘，佛倫等主用輔議，天顏、在豐議與輔異。天顏密疏力爭，輔疏劾天顏與在豐有連，欲在豐建功，故堅阻上游築隄。下部議，奪天顏職，而輔亦爲御史郭琇、陸祖修，給事中劉楷交章劾罷。初，輔請於仲家莊建閘，引駱馬湖水，別鑿中河，俾漕船避黃河之險，天顏亦議爲無益。上命學士開音布、侍衞馬武往視，還奏天顏令漕船毋入中河，上以責天顏，逮下獄。天顏反覆申辨，副都御史噶爾圖舉天顏訴辭先後互異，坐奏事上書不以實論罪，上追錄天顏造舟濟師，特寬之。三十五年，卒。

天顏歷官有惠績，嘗疏請有司虧帑雖逾限，於發遣前清償，仍貰其罪。獄囚因逸犯株連，待質已三年者，於秋審時開釋；獄囚無親屬饋食，月給米三斗：皆恤下之政。在江南，與水利，蠲積逋，而請免縴夫，甦一時之困，江南民尤頌之。獨劾嘉定知縣陸隴其不協於輿論，左都御史魏象樞疏言：「天顏劾隴其，稱其操守絕一塵，德有餘而才不足。今之有司，惟操守爲難；既知之矣，何不留以長養百姓？請嚴飭諸督撫大破積習，勿使廉吏灰心，貪風日長。」會詔舉清廉，象樞遂以隴其應，語具隴其傳。

阿山，伊拉哩氏，滿洲鑲藍旗人。初自吏部筆帖式歷刑部主事、戶部員外郎。康熙十八年，授翰林院侍講，七遷至戶部侍郎。三十年，命治賑西安、鳳翔二府，明年還京。上聞流民有至襄陽者，以問阿山。阿山言正月已得雪，民無流亡。上曰：「正月雖雪，二、三月雨不時，麥收未可望。流民至襄陽甚多，汝未之知耳。」坐奉使不盡心，左授郎中。三十三年，擢左副都御史。三十五年，上親征噶爾丹，阿山從。授阿密達爲將軍，遂噶爾丹，阿山爲參贊。師還，授盛京禮部侍郎。三十六年，授翰林院掌院學士。

三十九年，授江南江西總督。安徽布政使張四教以憂去官，巡撫高永爵劾四教擅動庫帑，下阿山察奏。阿山言四教動庫帑爲公用，請免議，上復命具實狀以聞。阿山乃言：「三十八年上南巡，四教發庫帑十一萬供辦，議令各官扣俸抵補。各官皆自承，臣不敢隱。」上責阿山徇情沽譽，命漕運總督桑額鞫四教，論如律。阿山當奪職，上寬之，命留任。

四十三年，阿山劾江西巡撫張志棟大計不公，志棟及布政使李興祖、按察使劉廷璣、道員韓象起等皆奪職。阿山又言大計志棟主之，請復興祖等官。給事中許志進劾阿山恩威自擅，阿山疏辯，且詆志進爲淮安漕標營卒子，素行不端，爲志棟報復。志進亦追論阿山庇張四教，並收屬吏賄賂，盜倉穀不問，貪淫惡蹟，縱妾父生事。疏並下部議，部議皆奪職。上復寬阿山，命留任如故。四十四年，疏劾江寧知府陳鵬年貪酷，並以妓樓改建講堂，瀆聖諭，大不敬。命會桑額及河道總督張鵬翮集讞，坐鵬年罪至斬，上特命來京，事具鵬年傳。

阿山與桑額、鵬翮議自泗州開河築隄，引淮水至黃家堰，入張福口，會出清口，是爲溜淮套，疏請上臨視。四十五年，授刑部尚書。四十六年，上南巡，臨視溜淮套，諭曰：「阿山等奏溜淮套別開一河，分洩淮水，繪圖進呈。朕策騎自清口至曹家廟，見地勢甚高，雖成河，不能直達清口，與所進圖不同。且所立標竿多在民冢上，朕何忍發此無限枯骨耶？」命鵬翮罷其事。下九卿議，阿山及桑額、鵬翮皆奪職；上以阿山主其議，命但坐阿山，遂奪職。五十一年，江蘇布政使宜思恭以虧帑坐譴，因列訴總督噶禮等頻向需索，阿山亦受節餽，下部議，上以阿山老，寬之。五十二年，萬壽，復原品。逾年，卒。

阿山故精察，上嘗問大學士李光地：「阿山在官何若？」光地奏：「臣嘗與同僚，廉幹，果於任事。其失民心，獨劾陳鵬年一事耳。」上頷之。

噶禮，棟鄂氏，滿洲正紅旗人，何和哩四世孫也。自廕生授吏部主事，再遷郎中。康熙三十五年，上親征噶爾丹，次克魯倫河。噶禮從左都御史于成龍督運中路兵糧，首達行在，召對，當上意。尋擢盛京戶部理事官。歲餘三遷，授內閣學士。三十八年，授山西巡撫。噶禮當官勤敏能治事，然貪甚，縱吏虐民。撫山西數年，山西民不能堪。會潞安知府缺員，噶禮疏薦霍州知州李紹祖，紹祖使酒自刎，噶禮匿不以奏。上聞之，下九卿議罪，擬奪噶禮職，上寬之。御史劉若鼐疏論噶禮貪，得贓無慮數十萬，太原知府趙鳳詔爲其腹心，專用酷刑以濟貪壑事。下噶禮復奏，得辨釋。

平遙民郭明奇等以噶禮庇貪婪知縣王綬，走京師詣巡城御史袁橋列訴。橋疏聞，並言「噶禮通省錢糧加火耗十之二，分補大同、臨汾等縣虧帑，餘並以入己，得四十餘萬；指修解州祠宇，用巡撫印簿勒捐；令家伶赴平陽、汾州、潞安三府迫富民饋遺；又以訟得臨汾、介休富民亢時鼎、梁湄金；縱汾州同知馬遴；庇洪洞知縣杜連登，皆貪吏；隱平定雹災」，凡七事。上命噶禮復奏，山西學政鄒士璁代太原士民疏留噶禮。御史蔡珍疏劾士璁「職在衡文，乃與巡撫朋比。且袁橋疏得旨二日後，太原士民卽具呈，顯爲誣僞。噶禮與士璁同城，委爲不知，是昏憒也；知而不阻，是倖恩也。請併勅部議處」。尋噶禮復奏，以明奇等屢坐事走京師誣告，並辨橋、珍所言皆無據。下九卿察奏，明奇等下刑部治罪，橋、珍坐誣譴罷。

四十八年，遷戶部侍郎，旋擢江南江西總督。噶禮至江南，益恣肆，累疏劾江蘇巡撫于準、布政使宜思恭、按察使焦映漢，皆坐罷。知府陳鵬年初爲總督阿山劾罷，上復命守蘇州；及宜思恭罷，署布政使。鵬年素伉直，忤噶禮。噶禮續劾宜思恭虧帑，又論糧道賈樸建閘開河皆有所侵蝕，遂及鵬年覈報不實，鵬年復坐罷。噶禮復密疏鵬年虎丘詩怨望，上不爲動。

巡撫張伯行有廉聲，至則又與噶禮忤。五十年，伯行疏言本科江南鄉試取士不協輿論，正考官副都御史左必蕃亦檢舉同考官知縣王曰俞、方名所薦士有不通文字者。上命尙書張鵬翮如揚州會噶禮及伯行察審。鵬翮至，會讞，旣得副考官編修趙晉及曰俞、名諸交通狀，伯行欲窮其獄。噶禮盛怒，刑證人，遂罷讞。伯行乃劾噶禮，謂輿論盛傳總督與監臨提調交通鬻舉人；及事發，又傳總督索銀五十萬，許不竟其事：請敕解任就讞。噶禮亦劾伯行，謂：「方會讞時，臣正鞫囚，伯行謂臣言不當，臣恐爭論失體，緘口結舌。伯行遂陰謀誣陷，以鬻舉人得銀五十萬汙臣，臣不能與俱生。」因及伯行專事著書，猜忌糊塗，不能清理案牘。時方有戴名世之獄，又言：「南山集刻板在蘇州印行，伯行豈得不知？進士方苞以作序連坐，伯行夙與友，不肯捕治。」並羅列伯行不職數事。

疏入，上並命解任，令鵬翮會漕運總督赫壽察奏。獄具，晉、曰俞、名及所取士交通得賄，當科場舞弊律論罪；噶禮劾伯行不能清理案牘事實，餘皆督撫會銜題咨舊事；苞爲伯行逮送刑部，南山集刻板在江寧，皆免議；伯行妄奏噶禮鬻舉人，當奪職。上切責鵬翮、赫壽瞻徇，又命尚書穆和倫、張廷樞覆讞，仍如鵬翮等議。上諭曰：「噶禮才有餘，治事敏練，而性喜生事，屢疏劾伯行。朕以伯行操守爲天下第一，手批不准。此議是非顚倒！」下九卿、詹事、科道察奏，復諭曰：「噶禮操守，朕不能信；若無張伯行，江南必受其朘削且半矣。卽如陳鵬年稍有聲譽，噶禮欲害之，摘虎丘詩有悖謬語，朕閱其詩，初無他意。又劾中軍副將李麟騎射皆劣。麟比來迎駕，朕試以騎射，俱優。若令噶禮與較，定不能及。朕於是心疑噶禮矣。互劾之案，遣大臣往讞，爲噶禮所制。爾等皆能體朕保全廉吏之心，使正人無所疑懼，則海宇蒙昇平之福矣。九卿等議噶禮與伯行同任封疆，互劾失大臣體，皆奪職；上命留伯行任，噶禮如議奪職。

五十三年，噶禮母叩閽，言噶禮與弟色勒奇、子幹都置毒食物中謀弒母，噶禮妻以別戶子幹泰爲子，縱令糾衆毀屋。下刑部鞫得實，擬噶禮當極刑，妻論絞，色勒奇、幹都皆斬，幹泰發黑龍江，家產沒入官。上令噶禮自盡，妻從死，餘如部議。

論曰：廉吏往往不獲於上，豈長官皆不肖，抑其强項固有所不可堪歟？隴其之廉，天顏知之而不能容。鵬年初扼於阿山，繼挫於噶禮，皆欲中以危法，抑又甚矣。伯行與噶禮互劾，再讞不得直。幸賴聖祖仁明，隴其復起，鵬年致大用，伯行亦終獲全。二三正人詘而得申，人心風氣震盪洋溢，所被至遠。噶禮不足以語此，蓋天顏、阿山亦弗能喻也。